U1019077

中国外语教育研究丛书
刘道义　主编

高凤兰　著

俄语教与学的心理过程研究

EYU JIAO YU XUE DE
XINLI GUOCHENG YANJIU

GEP 广西教育出版社
南宁

序　一

由广西教育出版社策划、刘道义研究员主编的“中国外语教育研究丛书”是出版界和外语教学界紧密合作的一个重大项目。广西教育出版社归纳了本丛书的几个特色：基于中国特色的比较研究，原创性、研究性和可操作性，理论与实践相结合，学科和语种相融合，可读性较强。道义研究员则谈到五点，即理论性、实践性、创新性、研究性、可读性。我非常赞同来自出版社和主编的归纳和总结，尽可能不再重复。在这里，只是从时代性方面汇报一下自己的感受。第一，本丛书上述各个特色具有新时期所散发的时代气息。众所周知，我国的外语教育在20世纪50年代以俄语及其听、说、读、写四项技能的教学为主，改革开放后强调的是英语交际教学法。进入新时期后，我国外语教育的指导思想着眼于如何更好地为“一带一路”倡议和“教书育人”素质教育服务。应该说，外语教材和有关外语教学理念的专著在我国不同时期均有出版，但本丛书更能适应和满足新时期的要求。如果说过去出版社关注的是如何让外语教材在市场上占有一定的份额，那么，本丛书更关注的是如何指导外语教师做好本职工作，完成国家和学校所交给的任务，让学生收到更好的学习效果，让家长和社会提高对外语教学重要性的认识。当然，这套丛书也帮助外语教师实现从“教书匠”转变为真正的外语教学工作者，使他们既是教师，又是研究者。第二，本丛书的内容不仅适用于英、俄、日、法、德等传统外语语种，也适用于其他非通用语种。第三，就本丛书的选题而言，除传统的技能教学和教育学外，还有社会学、心理学、哲学、美学、神经学等内容。这体现了当代多种学科相互融合的先进思想。随着信息技术的发展，多模态的课堂教学和网络教学已成为本丛书关注的选题内容。

我和本丛书的主编刘道义研究员相识多年。由于她从不张扬，因此我有必要以老大哥的身份来介绍一下她。第一，道义自1960年从北京外国语学院（今北京外国语大学）毕业后，从事大、中、小学英语教学工作17年，对不同层次的外语教学均有亲身体验。第二，从1977年8月起，道义参加了历次的全国中小学英语教学大纲编制工作，编写和修订了12套中小学英语教材，并承担其中9套教材的主编工作；编著教师理论丛书4套、中学生英语读物2套、英语教学辅助丛书3套；发表有关英语教学改革的文章百余篇。由此可见，除参与教学实践外，她还长期从事外语教学理论的研究。最近在许多学校内时有争论，那就是教师只要教书即可，不必费神搞研究。我想道义以自己的行动回答了这个问题。第三，道义曾任教育部中小学教材审定委员会英语专家组组长、中国教育学会外语教学专业委员会理事长、课程教材研究所副所长、人民教育出版社副总编辑。这表明道义具有很强的领导和组织能力。第四，道义曾任党的十四大代表，我认为这说明了道义本人的政治品质好。党员既要把握正确的政治方向，又要在业务工作中起表率作用。所有这些归纳成一句话，本丛书主编非道义莫属。

除道义外，本丛书汇聚了我国从事外语教育研究的专家和名师。以道义所在的人民教育出版社为例，就有吴欣、李静纯、唐磊三位研究员参与编写工作。我退休后曾经在北京师范大学兼课10年，见到丛书各分册的作者名单上有王蔷、程晓堂、罗少茜等大名，顿时兴奋起来。这些当年的同事和年轻学者承担了本丛书15卷编写任务中的4卷，实力雄厚，敢挑重担，我为之感到骄傲。作者名单上国内其他师范院校从事外语教育的领导和专家有华东师范大学的邹为诚、华南师范大学的何安平、东北师范大学的高凤兰、浙江师范大学的付安权、福建师范大学的黄远振、天津师范大学的陈自鹏，来自综合性大学的则有清华大学的崔刚、范文芳和中国人民大学的庞建荣。在这个意义上，本丛书是对我国外语教育研究力量的一次大检阅。难怪本丛书的一个特色是中外外语教育思想和理论的比较研究，而且重点是中国外语教育的实践和理论。上述作者中不少是我的老相识。虽然有的多年未见，如今见到他们仍活跃在第一线，为我国的外语教育事业而奋斗，令我肃然起敬。祝他们身体健康，在事业上更上一层楼。上述作者中有两位（范文芳教授和程晓堂教授）是我在北京大学和北京师范大学指导过的博士生。目睹当年勤奋学习的年轻学子，现已成为各自学校的教学科研骨干，内心一方面感到欣慰，一方面感到自己落在后面了。

本丛书的策划者广西教育出版社成立于1986年12月。就出版界来说，时间不算太早，但本丛书的成功出版在于该社英明的办社方针。据了解，该社主要出版教育类图书。其中教师用书和学术精品板块是该社最为器重的。本丛书的良好质量和顺利出版还得益于该社两个方面的经验。首先，早在20世纪90年代，该社已出版了一套外语学科教育理论丛书（胡春洞、王才仁主编）。该丛书总结了改革开放后外语学科教育研究的成果，展示了其发展的前景，给年轻一代学者的成长提供了帮助，在外语教学界产生了很好的影响，为本丛书的组织和编写提供了宝贵的经验。其次，新时期以来，该社相继出版了数学、化学、物理、语文等学科教育研究丛书，积累了较多经验，如今策划、组织和出版“中国外语教育研究丛书”更是驾轻就熟。

天时、地利、人和，在此背景下诞生的“中国外语教育研究丛书”必然会受到国内外外语教学界和出版界的欢迎和重视。我很荣幸，成了第一批点赞人。

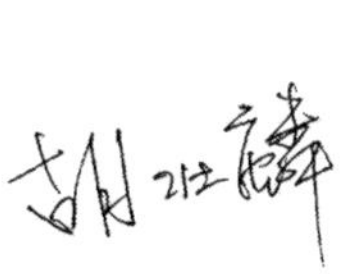

北京大学外国语学院

2016年12月1日

胡壮麟简介：教育部基础教育课程教材专家咨询委员会委员，北京大学资深教授、博士生导师。曾任教育部高等学校外语专业教学指导委员会委员、英语组副组长，中国英语教学研究会副会长，中国语言与符号学研究会会长，中国高校功能语法教学研究会会长。

序　二

一年多以前，当我接到广西教育出版社的邀请，让我主编一套外语教育理论研究丛书时，我欣然接受了。我担此重任的这份自信并非源于自己的学术水平，而是出自我对外语教育事业的责任和未竟的情结。

我这辈子从事外语教育，无非是跟书打交道：读书、教书、编书、写书。虽然教书认真，有良好的英语基础，但成绩平平。因为缺乏师范教育，并不懂得有效的教学方法。然而，17年的大、中、小学教学为我后来的编书和写书提供了宝贵的实践经验。改革开放后，我有幸参加了国家英语课程和教材的研制工作，零距离地与教育专家前辈共事，耳濡目染，有了长进；又有幸出国进修、考察，与海外同行交流切磋，合作编写教材、研究教法、培训师资，拓宽了视野。由于工作需要，我撰写了不少有关英语教育、教学的文章。文章虽多，但好的不多。为了提升自己的理论水平，我对语言教学理论书籍产生了浓厚的兴趣。退休后有了闲空，我反倒读了许多书，而这些书很给力，帮助我不断写文章、写书。2015年，我实现了一个心愿，就是利用我的亲身经历为我国的英语教育做些总结性的工作。我与同行好友合作，用英文撰写了《英语教育在中国：历史与现状》一书，又用中文写了《百年沧桑与辉煌—简述中国基础英语教育史》和《启智性英语教学之研究》等文章。

我已近耄耋之年，仍能头脑清楚，继续笔耕不辍，实感欣慰。当我正想动笔写一本书来总结有关英语教材建设的经验时，我收到了广西教育出版社的邀请信。这正中我的下怀，不仅使我出书有门，还能乘此机会与外语界的学者们一起全面梳理改革开放以来，特别是这十几年的外语教育教学的研究成果。我计划在20世纪90年代出版的，由胡春洞、王才仁先生主编的外语学科教育理论丛书的基础上进行更新和补充。发出征稿信后，迅速得到了反馈，10所大学及教育研究机构的多位学者积极响应，确定了15个选题，包括外语教学论、教与学的心理过程研究、课程核心素养、教学资源开发、教学策略、教学艺术论、教师专业发展、信息技术的运用、教材的国际比较研究等。

作者们都尽心尽力，克服了种种困难，完成了写作任务。我对所有的作者深表谢意。同时，我还要感谢胡壮麟教授对此套丛书的关心、指导和支持。

综观全套丛书，不难发现此套丛书的特点主要反映在以下几个方面：

一、理论性。理论研究不仅基于语言学、教育学，还涉及社会学、心理学、哲学、美学、神经学等领域。语种不只限于英语，还有日语和俄语。因此，书中引用的理论文献既有西方国家的，也有东方国家的。

二、实践性。从实际问题出发，进行理论研究与分析，提供解决问题的策略和案例。

三、创新性。不只是引进外国的研究成果，还反映了我国改革开放以来的教育改革历程，具有鲜明的中国特色，而且还开创了基础教育教材国际比较的先例。

四、研究性。提供了外语教育科学研究的方法。通过案例展示了调查、实验和论证的过程，使科学研究具有可操作性和说服力。

五、可读性。内容精练，言简意赅，深入浅出，适合高等院校、基础教育教学与研究人员阅读。

此套丛书为展示我国近十几年的外语教育理论研究成果提供了很好的平台，为培养年轻的外语教育研究人才提供了很好的平台，为广大外语教研人员共享中外研究成果提供了很好的平台，也在高等教育机构的专家和一线教学人员之间建起了联通的桥梁。为此，我衷心感谢平台和桥梁的建造者—广西教育出版社！

我除组稿外，还作为首位读者通读了每一本书稿，尽了一点儿主编的职责。更重要的是，我从中了解到了我国外语教育近期的发展动态，汲取了大量信息，充实了自己，又一次体验了与时俱进的感觉。为此，我也很感谢广西教育出版社给了我这个学习的机会。

1998 年，我曾经在我的文章《试论我国基础外语教学现代化》中预言过，到 21 世纪中叶中华人民共和国成立一百年时，我国的基础外语教学将基本实现现代化。今天，这套丛书增强了我的信心。我坚信，到那时，中国不仅会是世界上一个外语教育的大国，而且会成为一个外语教育的强国，将会有更多的中国成功经验走出国门，贡献给世界！

刘道义

2016 年 11 月 21 日

刘道义简介：课程教材研究所研究员、人民教育出版社编审。曾任中国教育学会外语教学专业委员会理事长、课程教材研究所副所长、人民教育出版社副总编辑。曾参与教育部中学英语教学大纲的编订和教材审定工作。参加了小学、初中、高中 12 套英语教材和教学参考书的编写和修订工作。著有《刘道义英语教育自选集》《英语教育在中国：历史与现状》，主编“著名英语特级教师教学艺术丛书”、《基础外语教育发展报告（1978—2008）》、《新中国中小学教材建设史 1949—2000 研究丛书：英语卷》等，并撰写了有关英语教育与教学的文章 100 多篇。

前　言

新中国成立以来，外语一直是我国基础教育与高等教育阶段开设的必修课程，俄语是外语课程中的主要语种之一，在整个外语教育事业中具有举足轻重的地位。经过几十年的发展，我国的俄语教育积累了大量的经验，取得了令人瞩目的教学成果。进入21世纪以来，随着社会的迅速发展和国际交流的日益频繁，学习者对俄语的需求也在不断发生变化。伴随着相关学科、交叉学科理论的出现，有关俄语教学问题的探讨逐步从对外部因素的关注转向对心理层面的研究；与此同时，俄语教育者也在不断反思教学中所涉及的一系列问题并努力寻求解决方案。这样一来，对俄语教与学心理过程的研究便首先得到了关注。

俄语教与学的关系问题，既是俄语教学理论的核心问题，也是俄语教育界长期争论的问题。由于教与学关系的复杂性和人们对其认识的多维性，俄语教育界对二者的关系存在多种假设，观点林立。然而，无论学者们在理论层面上有多少分歧，在实践层面上有多少争议，都不能将该问题的关注点单纯地引向具体操作层面的方法上，更不能简单地用静态的观点去看待这样一个动态的过程。归根结底，要阐明并澄清教育者和学习者在教与学这一相互作用、动态发展过程中共同面对的规律性问题，就必然涉及对教与学心理过程的理论探索。如此一来，我们又将回到哲学认识论的逻辑起点上。在这一方面，备受世界瞩目的俄罗斯著名心理学家维果茨基（Л. С. Выготский）、А. Н.

列昂节夫（А. Н. Леонтьев）和鲁利亚（А. Р. Лурия）共同创建的以马克思辩证唯物主义思想为核心价值观的俄罗斯心理语言学为解决该问题奉献了一个成功的范例，也为相关研究提供了新的视角。

基于此思想，本书研究以俄罗斯心理语言学的言语活动理论(теория речевой деятельности)为出发点，以维果茨基提出的一系列教育观点为基本依据，以其思维与言语相互转化的辩证过程为问题的切入点，力求更好地解释俄语教学过程中教与学的哲学方法论问题，旨在为基础教育阶段的俄语教育者和高等教育领域的俄语专业师生提供俄语教与学理论与实践方面的、有一定价值的依循和借鉴。然而，一提到哲学问题，很多人就会以为这是一个可望而不可及的既抽象又深奥的命题，它会与本书的阅读对象——广大一线的中学俄语教师、大专院校的俄语学习者对理论的通俗性的诉求形成强烈反差。因此，我们在本书的编写过程中力图选用更多的言语实例，以更通俗易懂的语言来诠释那些抽象、晦涩的理论问题，让更多的外语教育者和学习者能够从中受益。

本书共分为八章。在第一章中，作者将维果茨基基于马克思辩证唯物主义思想提出的“教育要促进发展”和“最近发展区”等理论从宏观层面进行阐释，以明确教师的教学与学生终身发展的核心价值观体系；从维果茨基提出的发现式教学过程与儿童科学概念发展之间的关系是教学的一项重要的实践任务的观点出发，在心理层面为俄语教与学寻找哲学的方法论基础，同时将维果茨基的语言哲学观点概括为并行—交叉的思维与言语关系说、相互转化的外部言语与内部言语关系说、整体—部分的“单位”分析方法说、相互作用的概念形成过程说、对立—统一的“科学概念”发展说，以及内—外结合的词义发展过程说六个方面，最终将俄语教与学的关系概括为蕴含辩证唯物主义哲学思想的主客体关系论和内外因关系论。

在第二章中，作者依据维果茨基的心理学理论，首先对母语与外语习得的心理过程进行了深入分析，阐述了儿童母语概念形成的心理过程和大致经历的认知阶段，以及每个阶段儿童所面临的心理问题。之后，借助维果茨基的教育理论对儿童母语日常概念（житейские понятия）与科学概念（научные понятия）相互作用的心理过程进行了阐释，提出了外语学习与母语习得的共性与个性特征。最终，分析了维果茨基基于儿童母语日常概念（自下而上）与科学概念（自上而下）形成过程既相异又相关的事实，提出外语学习与母语习得过程之间既有许多相同之处，又与儿童日常概念习得过程有所不同的哲学观点，为俄语教与学心理过程的研究奠定理论基础。

第三章主要涉及课堂教学过程的划分。作者提出了教学内容、教学手段与教学过程合理组合的一系列理论问题，目的是使更多的教育者能够在课堂教学的各个阶段洞察学习者心理过程的不同特点，并据此采用更有效的教学方法。在本章中，作者选取了以词汇、语法、会话、课文为主的课堂教学案例，具体分析并展示了教学过程与内容、手段与方法等合理组合的一系列实践问题。与此同时，作者依据外语教学的实质提出了交际性、情境性、循序渐进性与评价方式多元性等俄语教与学心理过程的主要特征。

第四章、第五章和第六章是对俄语语言知识教与学心理过程的分析。在第四章中，作者对词汇及其范畴进行了界定，并借助波代布尼亚“思想与语言”的哲学方法论和维果茨基思维与言语相互作用的动态发展理论，运用“单位”分析方法，从语义学的视角对俄语词进行了语义学分析，阐明了词与概念、词与意义的关系，提出了词与意义关系发展的动态性特征，最终对俄语词汇概念习得的心理过程进行了具体分析和论证。在第五章中，作者分析了俄语语法规则教与学的心理过程，首先阐述了言语活动理论对学校语法教学提出的任务，并对我国外语语法教学进行了历史回顾和现时反思，在此基础上论述了语法在外语学习中的意义与作用，同时对语法能力获得的一般心理过程进行了深入剖析，最终提出了语法教学的三种方法，即归纳、演绎、归纳与演绎相结合的哲学认识论的方法。在第六章中，作者基于言语活动理论对语篇认知的心理过程进行了分析，具体从言语活动的视角解释了语篇的概念，并从衔接性、连贯性和情境性三个方面对语篇的认知心理特征进行了论述，最终提出语篇认知心理过程的特征及语篇整体和局部结构的认知策略。

第七章和第八章是作者对俄语言语技能教与学心理过程的分析。在第七章中，作者首先依据维果茨基思维与言语相互作用的关系分析了二者之间相互转化的辩证过程，阐明了外部言语向内部言语的动态转化性，并勾勒出内部言语的基本特征，指出外部言语向内部言语转化的中间环节以及介于思维与言语之间的自我中心言语产生的社会根源；之后，作者遵循加利佩林“智力活动按阶段形成”理论的五个阶段，即活动的定向基础阶段、物质和物质化的活动阶段、大声言语活动阶段、不出声的言语活动阶段、内部言语活动阶段，进一步阐释了外部言语向内部言语转化过程的理论，在此基础上提出了言语理解的心理过程，即感知外部言语、外部言语向内部言语的转化、内部言语三个阶段；最终，作者从听读能力形成的角度提出了其心理基础及教与学的心理过程。在第八章中，作者从相反的角度对言语生成的心理过程进行了追踪，依据维果茨基思维与言语动态作用下的言语生成观，运用书面语和口语的语料分析了外部言语的基本特征；论述了外部言语（他人的言语）向内部言语（自己的言语）转化过程中言语结构发生的变化，紧接着将内部言语与思维特征进行了比较，阐明二者之间的差异，并追溯到思维的激发要素——动机，完成了对言语生成心理过程的反向追溯；在最后两节中，作者依据维果茨基思维与言语关系理论，将言语生成过程概括为动机、思维、内部言语、外部言语四个阶段，并对说和写言语生成能力的形成策略及相关因素进行了总体分析。

本书的全部理论体系都来自世界著名心理学家维果茨基的思维与言语辩证关系学说以及俄罗斯心理语言学言语活动理论。应该说，这既是笔者对维果茨基充满辩证唯物主义哲理和具有前瞻性理论的钟爱，也是作为一名教育者为解决我国俄语教学中一系列理论与实践问题的一贯追求。

本书中俄语教与学心理问题的全部分析和案例，都来自笔者对俄语教育孜孜以求且坚定不移的探索。在这里，要感谢基础教育给笔者带来的收获，20年的宝贵时间让笔者对俄语教学有了深深的感悟；还要感谢笔者的母校、工作单位——东北师范大学外国语学院俄语系，同样是20年的光阴，让笔者对俄语教育实践有了理论上的升华，并有机会将自己对俄语教育的所思所想回报社会；更要感谢笔者的导师——俄罗斯著名对外俄语教学法专家、普希金语言学院资深教授安南托尔·尼古拉耶维奇·休金（А. Н. Щукин）对笔者的指导和点拨，是他带笔者踏上俄罗斯对外俄语教学法这片沃土，使笔者对俄语教学有了更理性的认识，并有机会将所学回馈社会。

本书在编写过程中除引用俄罗斯心理语言学理论和维果茨基“思维与言语”关系学说的主要观点之外，还引用了国内外最新出版或发表的一些外语教学理论方面的论著、译著和教材，特此向各位专家表示由衷的感谢。

由于写作水平有限，书中若有不当之处，诚请各位专家不吝赐教，作者将不胜感激。

2022年元月于长春

目　录

第一章 基于言语活动理论的俄语教与学的心理过程

俄罗斯心理语言学言语活动理论是20世纪世界范围内心理语言学发展的一座丰碑，它以辩证唯物主义的理论建树和独树一帜的哲学研究方法享誉世界。维果茨基作为20世纪杰出的心理学家，是俄罗斯心理语言学言语活动理论的创始人。在本章中，我们一起来了解维果茨基依据马克思辩证唯物主义思想提出的言语活动理论，分析言语活动理论的内涵，为俄语教与学找到哲学的方法论基础和可依循的理论观点。

第一节　言语活动理论概述

俄罗斯心理语言学形成于20世纪50年代，最初称为苏联学派。“由于苏联学派在哲学指导思想、心理语言学方法论和本体论以及术语概念体系上不同于西方诸家，苏联学派把自己的理论体系称为言语活动理论。”[1] 可以说，“言语活动理论就是俄罗斯心理语言学的别称或同义词”[1]。俄罗斯心理语言学自形成以来，研究成果逐年增加，研究质量不断提高，得到各国学者们越来越多的关注，赢得了国外心理语言学界的普遍承认和高度评价。西方著名心理语言学家米勒（J. Mehier）和诺瓦泽（G. Noizet）将本领域研究方向和时期分为三个学派、三个时代，将俄罗斯心理语言学称为“第三派心理语言学中最大、最有影响力的支派”[1]，“言语活动理论是第三代诸多支派中的最有影响者”[1]。可见，俄罗斯心理语言学言语活动理论在世界心理语言学界的重要地位。

俄罗斯心理语言学认为，“第一代的研究方向和取向是心理学的,其指导思想是以斯金纳（B. F. Skinner）为代表的新行为主义”[1]，“其基本观点是把一切言语现象都看作人体对各种言语刺激与非言语刺激所做出的直接的或间接的消极被动的反应系统”[1]。“该理论缺乏解释力，说明不了许多复杂的言语心理现象”[1]。第二代则把立足点由心理学转向语言学，其指导思想是乔姆斯基（N. Chmsky）的生成语法学，“其研究方向和取向是语言学的，而非心理学的，甚至是反心理学的”[1]。第二代着重研究的不是心理过程的系统，而是言语生成与理解过程的规则系统。“他们把言语生成过程中的各种社会因素有意无意地排除在研究视野之外，而只着重分析个体如何通过与生俱来的语言规则系统生成和理解言语。”[1] 作为第三代的俄罗斯心理语言学 “把理论取向从语言学又转向心理学，但此时的心理学已不再是新行为主义的，更非认知心理学的，而是各种具有反实证主义和反生成语言倾向的新学说”[1]。其理论体系的创建者是俄罗斯心理语言学界以维果茨基、A.H.列昂节夫、鲁利亚（以下简称维—列—鲁）为代表的几代学者。

维果茨基是20世纪杰出的心理学家，是俄罗斯心理学和心理语言学的创始人。他在自己短暂的一生中，科学地探索并完美地诠释了马克思主义辩证唯物论的哲学思想，独特的研究视角和具有开拓意识的研究方法使其在心理学领域获得了具有超越性的研究成果。他提出的一系列重要的心理学原理不仅对20世纪俄罗斯心理语言学言语活动理论（теория речевой деятельности）的发展产生了重要影响，而且为建立以马克思主义哲学为基础的科学的心理学体系做出了巨大贡献。他是一位“天才的马克思主义心理学家”[2]和“出色的心理学方法学家”[2]。他从心理学角度写就的《意识是行为心理学的问题》《高级心理机能的发展史》《思维与言语》等著作，以哲学的辩证思想为逻辑起点，对言语和语言问题进行了全面的剖析，他在《思维与言语》中运用马克思辩证唯物主义思想论证的“并行—交叉的思维与言语关系说”[3]“相互转化的外部言语与内部言语关系说”[3]“整体—部分的‘单位’分析方法说”[3]“相互作用的概念形成过程说”[3]“对立—统一的‘科学概念’发展说”[3]“内—外结合的词义发展过程说”[3]，把俄罗斯心理语言学的研究推向一个新的高度，并使其成为该领域在世界上独树一帜的学派。

在学习过程方面，维果茨基认为个体的学习是在一定的历史、社会文化背景下进行的，社会可以为个体的学习发展起到重要的支持和促进作用，即“文化历史发展”理论。与此同时，他又提出了“最近发展区”理论（Зона ближайшего развития）。他区分了个体发展的两种水平，即现实的发展水平和潜在的发展水平。现实的发展水平，即个体独立活动所能达到的水平，而潜在的发展水平则是指个体在成人或比其成熟的个体的帮助下所能达到的活动水平，这两种水平之间的区域就是个体的“最近发展区”[4]。进而，他又在“最近发展区”理论的基础上提出了“教育必须走在发展的前面”[4]（Педагогига должна ориентироваться на завтрашний день）和“教育要促进发展”的思想。此后，以维果茨基为首的维—列—鲁学派深入地研究了“活动”和“社会交往”在人的高级心理机能发展中的重要作用。所有这些研究都得到了丰富和完善，为其应用于教学过程创造了条件。

第二节 活动的源起

在心理学研究中，行为、认知等概念早已深深印在研究者们的心里。而“活动”（деятельность）作为俄罗斯心理学的核心概念也于20世纪50~60年代悄然进入了这一领域。俄罗斯心理学中活动的概念来源于马克思辩证唯物主义的理论体系，是马克思主义哲学的一个重要研究对象。

马克思认为：“人类活动的首要特点在于其生产性和劳动性。劳动是人类通过自身活动作用于自己与自然界之间的交互过程。人在作用于外部环境的同时又在改变着它。与此同时，人类也在改变着自己的属性，发展着自己的潜在能力。如果人们不通过共知的方式进行活动和交流的话就不能进行生产劳动。所以，为了进行生产劳动，人们必须与社会建立联系。”[5] 可以说，人类只有在进行生产劳动的活动中才能获得自身经验，才能认识社会，才能与社会建立联系。

在人类社会发展中，人的实践活动是多种多样的，这些实践活动都具有共同的特性：动机性、主体性、对象性和中介性。活动的动机性是主体某种需求的具体表现，是人的活动的动因；活动的主体性体现在人能够根据自己的需求，主动参与活动过程，运用活动方法，把握活动方向，在活动中具有主观能动性；活动的对象性是指任何实践活动都是双方或多方参与的，人总是在面对活动对象的前提下，通过设定目标，在与对象的活动过程中使目标得以实现；活动的中介性是指人的实践活动都需要借助某种中介手段去进行，如劳动工具、科学仪器，甚至语言符号，等等。

马克思在指出人的主体性发展的实践活动源泉的基础上，还明确区分了人类认识活动的经验层次和理性层次。他指出：“感性认识和理性认识是人类认识活动过程中的两个方面和必要环节，在实践基础上产生和发展起来的人的认识，经历由实践到认识，再由认识到实践的过程。作为认识过程的两个阶段，感性认识和理性认识相互渗透、互为促进。

在认识活动中，只有感觉到了的事物，才能够真正地理解它；反之，只有理解了的事物，才能够深刻地感受它。”[5] 马克思科学地指出了人类的认识过程，也指出了二者之间相互的关系。关于实践认识论的观点，列宁在他的《哲学笔记》中也有过经典的论述：“由生动的直观到抽象的思维，再由抽象的思维到实践，这是认识真理、认识客观实际的辩证统一的途径。”[6]

在俄罗斯心理语言学言语活动理论中，活动这一概念既包括人的外显的言语或非言语的实践活动，也包括人的内在的认识活动。也就是说，言语活动既强调言语外部的实践交流过程，也强调内在心理的感知、记忆、理解等认知过程。因此，在言语活动中，活动这一概念除具备活动共有的动机性、主体性、对象性和中介性等特征外，还具备活动的目标性和结构性特征。活动的目标性是活动的目的性，即活动的目的、意义和任务，在言语活动中主要指言语交际活动要达到的目标，它由活动的动机引发。但是，任何活动都需要运用一系列操作过程才能达到目标。因此，活动又有了结构性特征。活动的结构性是活动内容的组织方式，即活动内容的一系列操作动作，该动作既包含外部言语表达的一系列过程，也包含内在心理的一系列思考过程。总之，言语活动正是由活动的动机开始，在活动目标的驱动下，确定交流思想，经由内部言语，再转化为外部言语的过程。

马克思辩证唯物主义认识论从科学的角度阐释了人类的认识过程，为我们研究学生的外语学习过程奠定了坚实的哲学方法论基础，辩证统一和相互作用论是我们研究问题的重要指南和立足点。马克思辩证唯物主义相互作用论是哲学领域中的核心理论和重要研究对象，按照马克思主义的相互作用理论，无论是经验主义，还是理性主义都不能揭示认识的本质，经验主义坚持认识始于感性经验，但却忽视了理性认识的本质与科学抽象的重要意义，而感性认识只能提供个别的和偶然的知识经验。马克思辩证唯物主义的相互作用论还强调，“感性认识和理性认识是人类认识过程中的两个方面和必要环节，是在实践基础上产生和发展起来的人的认识，经历着由实践到认识，再由认识到实践的过程”[6]。作为认识过程的两个阶段，感性认识和理性认识是相互作用、相互渗透、互为补充的，而且在一定条件下还可以互相转化。也就是说，只有能够被感觉到的东西，人们才能真正地理解它。因此，任何把感性认识和理性认识分裂开来的观点都违背了马克思辩证唯物主义认识论的实践观。在人类的认识过程中，感知是理论认识的前提和起点，没有经验和直观，任何科学抽象都是不可能的。

第三节 言语活动理论的形成

作为世界上极具影响力的心理语言学流派，俄罗斯心理语言学以其独特的哲学思想、研究方法和所关注的研究对象区别于西方心理语言学。其著名学者A. A.列昂节夫（A. A. Лентьев）创建的言语活动论便是俄罗斯为世界心理语言学界所贡献的瑰宝。作为心理语言学新的研究，它在很大程度上代表了俄罗斯心理语言学的最新发展趋势，其核心概念来源于马克思的辩证唯物主义思想。

马克思认为，活动是主体与客体、主体与主体之间相互作用得以实现的中介，它“是人类进步、历史演变和社会发展的原动力”，可以说，“历史就是追求着自己目的的人的活动”，人的存在离不开活动，“人的类特性恰恰就是自由的自觉的活动”[6]。在活动中，人们不断把客观世界摄入自己的视觉，运用自身的体力和智力，通过一定的手段和方式，形成主观和客观之间的联系，以达到“有意识地改造客观世界”[7]的目的。俄罗斯心理学的奠基者——维果茨基依据马克思主义哲学的实践—活动理论，从社会文化历史观出发，提出应以社会与人、社会性与个性、活动与意识相互作用并相互转化等动态发展的辩证观点来看待人的实践活动、认识活动和交际活动。维果茨基在其撰写的《思维与言语》《高级神经机能的发展史》《意识是行为心理学的问题》等著作中科学地诠释了上述观点，为后来的言语活动论奠定了心理学理论和方法论基础。俄罗斯著名心理学家A. H.列昂节夫在从心理学的活动向心理语言学的“言语活动”过渡的进程中做出了卓越的贡献。他在继承维果茨基理论观点的基础上进一步完善了活动的理论体系，在其发表的《心理发展问题》和《活动、意识、个性》等著作中“把活动这一概念上升为俄罗斯心理学的基本概念范畴”[1]。在某种程度上可以说，俄罗斯心理学中活动这一概念经维果茨基与A.H.列昂节夫两代学者的奋斗已逐步齐名于行为主义心理学的“行为”和认知主义心理学的“认知”等概念，以至于“俄罗斯许多学者把他的理论称为‘活动心理学’”[1]。在此基础上，A. H. 列昂节夫又依据马克思的“人的思想、观念、意识……与现实生活的语言交织在一起”[8] 等理论，剖析了“人的外部实践活动和内部精神活动具有共同性”的特征，提出了活动中“主体的物质活动和精神活动在发生和机能上相互联系和相互转化”[8] 等哲学观点，为活动在言语现象中的系统应用，即言语活动理论的形成迈出了关键性的一步。俄罗斯著名的神经心理学家鲁利亚在言语活动论的形成与发展中同样功不可没。他从人的神经系统和言语机制相互联系的角度撰写了《人脑和心理过程》《语言和意识》等著作，为言语活动论的建立提供了神经心理学和神经语言学等理论的支持，也为言语活动中听话者和说话者的话语理解与生成提供了强大的科学依据。在此期间，俄罗斯许多著名学者，如 С. Л. 鲁宾斯坦（С. Л. Рубинштейн）、П. Я. 加利佩林（И. Р. Гальперин）、Н. И. 任金（Н. И. Женкин）、В. А. 阿尔乔莫夫（В. А. Артемов）等人的研究成果也对言语活动论的产生起到了积极的促进作用。至此，俄罗斯心理学界以维—列—鲁为代表的学者们完成了他们对俄罗斯心理语言学言语活动论的心理学理论体系的建构。然而，要建立一个心理语言学理论体系，没有语言学的理论支撑是不可能的。俄罗斯著名语言学家谢尔巴（Л. В. Щерба）院士的著作《论语言现象的三个方面和语言学中的实验》（1931）为俄罗斯心理语言学言语活动论的建立打开了语言学的大门，使言语活动论真正站到了语言学和心理学交叉的逻辑起点上。谢尔巴在继承其导师博杜恩·德·库尔德内（Бодуэн де Куртенэ）语言—言语二分法的基础上提出了语言现象的三个方面，即语言系统、语言材料和言语活动，并进一步论证了他们之间的区别，尤其是谢氏对语言现象三方面之一——言语活动的论述，为日后言语活动论的产生提供了“最早的语言学理论来源”[8]。

俄罗斯心理语言学言语活动论的始创者 А. А. 列昂节夫继承了俄罗斯心理学维—列—鲁学派的理论观点，在谢尔巴院士语言学理论的指导下，在六年间（1965 ~ 1970），首先撰写了专著《言语活动中的词》，宣布言语活动论成为一门独立的学科；继而，在《语言、言语、言语活动》《心理语言学单位与话语生成》等多部著作和论文中又进一步完善了该理论；之后，与多名学者合作完成了巨著《言语活动论原理》，提出了“言语活动论的全部理论纲领”，为俄罗斯心理语言学“奠定了坚实的基础”。[9] A. A.列昂节夫的博士论文《交际心理学》的问世标志着言语活动论进入一个全新的发展阶段。此后，俄罗斯心理语言学异军突起，以不可阻挡的气势迅速进入世界心理语言学界的主流，形成独具特色的俄罗斯心理语言学言语活动论的完整体系，尤其在进入21世纪之后，那些曾被具有西方哲学特征的极端观点困扰的学者们在反思心理语言学理论指导实践的功过与得失之际，蕴含着辩证唯物主义哲学思想的俄罗斯心理语言学的方法论使他们在科学的探索中向前迈出了一大步。

第四节 言语活动理论的内涵

“言语”与“语言”相对，二者共同构成语言学中一对重要的基本概念。语言指一个民族的语言体系，它体现民族语言的共性特征，包括语音、语法和词汇；言语是个体使用语言进行交际的过程以及这一过程的产物或结果，它体现语言的个性特征，包括听、说、读、写四种形式。从思维与言语的关系角度出发，言语又是心理学的重要范畴，因为任何言语的理解与产生都要经过人的生理机能——大脑和心理机能——思维的加工。也就是说，“在言语交际过程中，交际双方的言语通过经历外—内—外的心理转换过程而产生”[10]。其言语的结果（成品）受交际者个体语言意识（языковое сознание）的制约。因此，研究言语必须站在以语言学和心理学为基础理论的交叉点上，才能获得科学的成果。

在俄罗斯心理学中，活动被认为是“人同周围环境发生联系的基本形式，是联系主观和客观的桥梁，即主体（人）与客体（客观世界）、主体与主体在发生联系过程中的相互作用”[8]。活动这一概念通常可以从三个不同的层面得到解释：从宏观层面看，“它是指最抽象的心理学概念范畴”，其地位同心理学中的“意识”“个体”等相仿，同“实践”相类似；从中观层面看，“它是指不同种类的活动”，如认知活动、智力活动、交际活动、言语活动等；从微观层面看，“它是指某一个或某一次具体的活动”。[8]［以下所说的活动主要针对微观层面，也可称为“行动”（акт деятельности）。］活动作为一个事物的整体，它具有完整的系统结构特征，其内部结构可以从纵向和横向两个方面来考察：从纵向发展的动态结构看，活动可以同时进入两个动态结构过程，一方面进入“由动机、目的和实施等要素组成的心理结构”，另一方面又进入“由活动（деятельность）、动作（действие）和操作（операция）等行为构成的具有层级特点的内部结构”。[1] 从横向发展的动态结构看，“活动一般分为五个阶段，通常以时间分布，即了解情况—确定行为目标—制订计划—付诸实践—进行检验等循环式动态结构过程”。[1] 活动的主要特点是活动者意识的参与，在活动中“主体的意识控制着活动的过程”[7]，并始终在活动中占据主要地位，即人的意识与活动相随相伴、相互作用、动态发展。由于活动是人的有意识的行为，人的任何活动都表现出主体鲜明的动机性和目的性的特点，并且人在活动中始终“对客体实施影响”。[7]由此可以看到，依据马克思辩证唯物主义的方法论，建立在俄罗斯心理学活动论基础之上的俄罗斯心理语言学言语活动论具有以下基本特征。

一、相互作用的动态发展性

在俄罗斯心理语言学中，“言语活动”通常被界定为主体参与言语活动的过程及过程的结果。从根本上来说，言语活动论建立在交际双方相互作用的前提下，“侧重对言语活动发展过程本身的心理予以分析，而不是对过程的结果（句子、话语成品、文本）进行研究”。[11]言语活动的相互作用性可以从以下三个方面来追溯：首先，就“言语活动”这一概念本身而言，它既有内在的思维成分，也有外显的言语特点。换言之，言语活动包括内在思维活动和外部言语活动。“内部活动表现为人的心理的、精神的、思想的内容，外部活动表现为人的生理的、物质的、劳动的内容”。这样一来，“言语活动既同人的内在思维活动相联系，又同人的外部交际活动相关联，二者相互作用，相辅相成”。[11]其次，言语活动属于人的社会实践活动，它主要指在社会环境下人与人的交往活动。在活动中“交际者必然受所在社会环境（民族文化）的影响”。[12]因此，言语活动是在人与社会、主观与客观、自然与文化的相互作用下进行的，即“言语活动在社会外部环境和个体内部语言意识的相互作用下产生”。[12]再次，言语活动（行动）是说话者和听话者的交际活动，其“言语的产生与理解必然受交际者语言意识和话语水平的影响”[13]。因此，言语的产生与理解是在交际者内在思维与外部言语、内部言语与外部言语、内部话语意义与外部话语形式相互作用的条件下进行的，即言语活动者的言语产品经历外—内—外的思维与言语的相互作用而产生。

概括起来，在言语活动中，交际者需要不断地把社会现实或交际对方的言语（观点）整合到自己的认知结构中，同时不断调整自己的言语（观点）以适应社会现实或交际对方的言语（观点），使自己的认识达到一个新的高度。言语活动的动态发展性则来源于“言语活动”这一概念本身，因其强调交际双方言语交互行为的过程，所以它是动态发展的，而且相互作用的过程也意味着活动（行为）的动态发展。

二、意识的支配与调节性

在俄罗斯心理学的研究中，“意识”（сознание）是一个重要的概念。按照俄罗斯最近出版的《心理学大辞典》中的解释，“意识”是指“人所特有的与客观现实的联系方法，它以人的社会历史活动的一般形式为介质……包含着在先前历史中获得的历史经验、知识和思维。意识从观念上掌握现实，并提出新的目的和任务，指导人的全部实践活动。意识在活动中形成，同时又影响该活动，规定和调整该活动”[14]。由此看来，意识是人认识世界的一个特有的机制，它受所处社会民族文化的制约，在认识客观世界的活动中形成。从人的心理机能角度看，“意识包括人的感性内容（事物的感性认识）、意义（事物的客观含义）、个体化含义（事物的主观意义）”，三者“呈整体性结构在个体活动和现实交往中形成、发展”。[15]从人的生理机制角度看，“人的意识根源不可能在精神内部、在大脑内部找到，而只有在人同现实的关系里，在人的社会历史发展中才能被发现”[16]。可以说，是人类的各种活动成就了人的意识，“活动和意识相互统一”、相互促进。概括起来，意识具有以下特点：首先，意识具有人的动机—价值性质以及不同程度水平的明确性，即意识的动机目的性；其次，由于意识的动机目的性，使意识具有人的主观能动性，即意识的主动积极性；再次，意识受社会文化制约，即不同社会文化背景的人有不同的意识观念，即意识的社会文化性。在活动中意识（观念）的上述特征起支配与调节作用。由于意识的构成要素为感性内容、意义和个体涵义，“具有意识即掌握语言，掌握语言即掌握意义，意义（词语意义）是意识的单位……意义是符号性的”[12]，即意识以语言为中介反映个体对客观世界的主观认识。

从活动和意识相互统一的原则出发，可以得出言语活动的以下特征：一是言语活动的动机目的性。动机是一个人行为的动因，它来源于人的需求、利益或爱好等，是人参与活动的原动力。可以说，动机规定了活动的目的。言语活动是交际者有意识地运用语言手段来完成这样或那样的交际任务的活动，所以言语活动是“有动机、有目的指向的自觉性（сознательность）活动”[13]。其目的和动机主要在于解决一定的交际任务。言语活动过程同时又是一种交际活动过程，这个活动过程有三个重要特点：第一，言语活动由四个阶段构成——预先定向阶段、计划阶段、实现阶段和检查阶段。第二，言语活动由一系列言语事实组成，这些言语事实由具有独立中间目的特点的活动成分构成。第三，言语活动都具有预先提出活动，并最终达到目的的特点。在这一过程中，一切言语活动都被自觉或不自觉地按一定步骤组织起来，同时用最合适的手段去完成目的。在外语学习中，动机作为人的内在心理准备而存在，它是人的言语活动内在心理准备的定式。外语教学应特别强调动机在实现外语言语活动中的重要作用。二是言语活动的主观能动性。“言语活动的目的主要在于解决一定的交际课题。”[16]这就意味着言语活动的过程就是一个交际活动的过程。在言语活动中，交际者为完成一定的交际任务，一方面需要调动自己的原有知识，积极地进行思考，主动参与交互；另一方面，还要根据不同的交际情境、交际条件和交际任务不断建构自己的话语。其“言语产品（句子、话语成品）不可能是千篇一律的，而无论是话语形式，还是话语内容都应该是创新性的”[13]。三是言语活动的社会文化性。“言语活动不是一种独立的、内在的活动，而是一种思维的概括活动和交际活动的统一体。”[13]交际者不同的社会文化背景，如地域、民族、职业、性别、年龄等因素构成他们不同的语言世界图景（языковая картина мира），形成不同的思维模式，并反映在其话语的形式、手段中，形成千差万别的具有个性语言意识的话语。

三、活动—行为—操作的动态结构性

在俄罗斯心理语言学中，言语活动主要研究主体参与言语活动的过程，其过程是一个动态的结构系统。该系统由三个要素，即“言语活动、言语动作和言语操作组成，呈梯次式结构”[17]。言语活动属第一个层面的结构，言语活动同活动的动机、总体目的相适应，表现为主体参与活动的自觉性特征，它通常由一系列的言语动作组成。言语动作属于言语活动第二个层面的结构，是言语活动的子系统，“是言语活动的结构单位或结构环节”[17]。言语动作具有与言语活动总目的相适应的子目的。一般情况下，子目的与言语动作相匹配，即有几个子目的，就有几个言语动作。言语动作一般以时间分布，表现为一个线性序列，即言语动作在时间上依次发生。言语操作属于言语活动第三个层面的结构，“它一方面是言语动作的结构单位，另一方面还承担实现其上位系统——言语动作的方式方法”[17]。由于言语活动和言语动作受一定动机和目的的支配，它们是自觉的、有意识的，即受意识的监控。言语操作虽然也要听命于上位系统的动机和目的，也要有意识的参与，但言语活动中所观察到的言语操作表现速度之快，熟练程度之高，说明其已不同程度地摆脱了意识的监控。所以，“言语操作具有相对无意识性、直觉性和自动化的特征”[17]。

综上所述，我们看到，每一项活动（行动）“都从动机和计划开始，以达到预期的目的而告终。在起点和终点两端是由连贯的动作所组成的动态结构系统，而这些连贯的动作又由一系列的操作所组成，一个接一个、一环扣一环地指向预定要达到的目的”[17]。

第五节　言语活动理论对俄语教与学的指导意义

言语活动论自产生之日起，始终把理论与实践的结合看作是自身发展的原动力，并在很多方面取得了卓越的成就。在外语教学领域中，闻名中外的外语教学法流派——自觉实践法（Сознательно-практический метод）就产生于俄罗斯，该方法的理论依据和教学原则大多来源于言语活动论。应该说，言语活动论在俄罗斯对外俄语（俄语作为外语）教学理论体系的建构中做出了重大贡献。

一、自觉实践法的方法论基础

自觉实践法的方法论基于言语活动论相互作用的动态发展观。自觉实践法认为，“自觉”（сознание）是指学生要理解所学语言材料，“实践”（практика）是指学生参加的外语实践活动。“自觉实践”是指既可以在理解规则的基础上通过实践活动来掌握外语，又可以通过实践活动去理解语言材料来掌握外语。“在教学中自觉与实践相互联系、相互促进，二者不可偏废。通过实践掌握外语是要达到的目的，自觉理解语言规则是达到目的的手段”[18]。在自觉与实践相互作用的前提下，该方法提出一系列具有辩证哲学思想的教学理念和方法，并始终在外语教学过程中遵循合理的教学途径，即自下而上，自上而下，直觉—自觉、自觉—直觉。

二、自觉实践法的教学原则

教学原则是教学过程依据的法则，它不仅要体现社会的需求，更需要有系统的理论建构。自觉实践法的一些主要教学原则同样来源于“言语活动论”。第一，言语活动同实践活动、认识活动一样是人类诸多活动中的一种，且同属于人的智力活动。因此，言语活动是有动机、有目的的自觉活动，其动机和目的主要体现为“解决一定的交际课题。这种交际课题可能是独立的，也可能是从属于更广、更为普遍的交际课题”[19]。由于言语活动是一个解决交际课题和完成交际任务的活动，交际性原则就当之无愧地成为自觉实践法中核心的教学原则。第二，言语活动要解决一定的交际课题，交际者就要根据不同的交际对象和交际条件来建构自己的话语以完成不同的交际任务，同时交际者还要不断调整自己的话语来适应不同的人、事、时、地，所以言语活动中交际者的话语是千变万化、具有高度创新性的。也就是说，言语活动的最终目的是培养学习者创造性的语言能力，而非熟练模仿的语言习惯。如此一来，创造性原则就成为自觉实践法的另一个重要的教学原则。第三，在外语教学中，言语活动和言语动作始终与一定的教学目的相适应，在意识的控制下逐步展开。即使是具有自动化特征的言语操作也开始于意识，然后经过大量实践而达到无意识的程度。这便是自觉实践法的另一个教学原则——自觉性原则。但是，该原则并非始终如一地贯穿于教学的全过程。自觉性原则提倡：通过大量的言语实践达到自觉掌握语言的目的，即直觉—自觉的过程；在自觉的前提下通过大量的言语实践达到掌握语言的目的，即自觉—直觉的过程。第四，言语活动是人与人的交际活动，由于人生于不同民族，生活于不同地域，要面对不同的社会文化，进而也就形成了不同的思维模式和价值观，并反映在人的话语中。作为外语教学法流派之一的自觉实践法，它要面对不同于本国文化的国外学习者，而其教学目标不仅要求学习者话语的准确性，还要求他们的表达恰当得体。这就一定要考虑到学习者母语与俄语语言体系的差别，因为学习者要在原有（母语）语言体系的基础上重构一套新的语言规则体系。同时，还要关注学习者本国文化和所学语言国家文化的差别。例如，学习者在学习俄语的同时还要深入了解俄罗斯的社会文化。这样一来，自觉实践法的情景性原则和考虑学生母语的原则也顺理成章成为其重要的教学原则。当然，自觉实践法除上述教学原则外，还有如综合性原则、口语领先原则等，但基本上是由上述原则延伸出来的，这里不再赘述。

三、外语教学活动的构成因素

外语教学活动由两部分因素组成：一部分是使学习者获得语言知

识，另一部分是使学习者的言语熟巧和技能得到发展。语言知识指的是所教外语的语言材料，即语音、词汇等语言单位及其语言运用规则。言语熟巧是在多次言语操作后达到的自动化程度，它是实际掌握外语的必备条件和前提。对实践掌握外语来说，只获得了语言知识和言语熟巧是不够的，还必须具有能够运用所学语言知识和言语熟巧来完成实际交际任务的能力，这种能力就是言语技能。如果一个外语学习者有良好的外语言语技能，说明他已经很好地掌握了该门外语。在“言语活动论”指导下的自觉实践法中，“技能”是言语熟巧发展到的自动化程度，是一种综合熟练运用已获得的语言知识解决实际交际课题的能力，即知识—熟巧—技能。

四、语言学习的心理过程

上面已经谈到，掌握语言有两种途径：自下而上，即直觉—自觉的过程；自上而下，即自觉—直觉的过程。第一种途径：直觉—自觉。从直觉到自觉掌握语言是幼儿掌握母语的自然过程。幼儿吸收和积累语言材料的过程同时也是言语机制形成的过程，这是由基本到完全、由简单到复杂、由错误到正确的语言发展过程。例如，幼儿掌握母语的过程是：先形成语音的发音机制，然后向高一级的水平发展，直到运用自如，最后对语言形式进行理性的认识。第二种途径：自觉—直觉。从自觉到直觉掌握语言是已经掌握母语的学习者再去掌握外语（或第二语言）的学习过程。已掌握母语的学习者有一个完备成熟的母语的言语机制，当他在吸收外语语言材料时以母语为基础的言语机制就会起作用。因此，外语学习者掌握外语的过程通常是从自觉选择语言材料和手段表达思想开始，经过大量言语实践，逐渐达到语言自动化的程度。

第二章 母语习得与外语学习的心理过程分析

儿童对母语习得的心理过程是外语学习心理过程分析中最直接的理论依据和实践借鉴。虽然母语习得与外语学习有诸多相异之处，但就语言概念获得的心理过程来说，有更多的相同和可借鉴之处。本章将依据俄罗斯心理语言学言语活动理论，从维果茨基提出的思维与言语相互联系的视角出发，根据儿童习得母语词的过程，探究儿童概念形成的一般认知心理，最终提出母语习得与外语学习既相异又相同的心理历程，旨在为俄语教与学的心理过程提供理论依据和可借鉴的模式。

第一节 儿童母语习得的相关概念与研究方法

研究母语习得的心理过程可以从儿童习得母语的过程中得到确切根据，因为这可以从动态发展视角客观解释儿童习得母语时所面临的心理问题，并解释这些问题是如何被儿童克服或解决的。在母语习得过程中，母语中的词作为儿童概念形成的主要单位，一方面可以对儿童概念的形成起指引和助推作用，另一方面也可以通过儿童在语言中词的操作程度客观反映儿童概念的发展水平。在进入这一问题的讨论之前，我们首先要弄清词与概念之间的关系。

一、词与概念的关系

“概念”（понятие）是指人们在认识客观事物时对“反映对象本质属性认识的思维形式”[20]。概念的形成是在社会实践中，通过人们对所认识事物的综合、分析、抽象、概括的思维过程，“从对象的许多属性中抛开非本质属性，抽出本质属性概括而成”[21]。可见，概念的形成过程是人们由感性到理性逐步抽象的思维过程，这个过程亦可称之为“概括的过程”。在概念形成过程中人们需要借助一种符号对所认识的事物进行概括和总结。与此同时，还需要将所概括的内容在社会团体内部相互传递，予以交流。这时，人们就必须借助该民族的语言去概括（思维）、去表达（言语），而“表达概念的语言形式是该民族语言的词”[22]。因此，一个词“兼有外部形态（言语表征）和内部语义（概念表征）两个方面，即言语内部的、有意义的、语义的方面和外部的、语音的方面”[23]。也可以说，一个词既反映了人的言语特征，也反映了人的思维特征。在社会发展中，人类对客观世界的认知，对科学成果的掌握等就是通过借助一种语言（符号）对事物加以总结和概括，从而使人们在心理上形成各种概念，然后通过有声言语将其外显而用于交流。

二、儿童母语概念习得的研究方法

成功运用实验和观察方法对儿童概念的形成进行研究并取得卓越成就的，当属俄罗斯心理学和心理语言学的创始人、20世纪杰出心理学家维果茨基。维果茨基在分析以往概念研究方法的基础上指出，传统上研究概念的方法大致可以分为两类：第一类方法是通过儿童自身形成的概念内容确定语言定义的形式，对他们已经形成的概念进行调查。这种方法仅仅是在处理已经完成的概念（词义）产物，它把儿童的注意力引向了心理形式和语言内容的整体——词，“并没有考虑到儿童产生概念的感觉材料的心理阐述和知觉过程等，从而忽略了概念形成过程本身的动力和发展的研究”[24]。因此，概念与现实的发展关系并没有得到探索。第二类方法由研究抽象概念的方法组成，它要求儿童在一系列互不关联的印象特征（词的概念组成特征）中发现某种共同的特征，然后从其他特征中提取出这些共同特征。这种方法的不足之处是它无视概念形成过程中语言符号——词所起的作用，归根结底“是一种用简化的部分过程取代复杂结构的整体过程的研究”[24]。由此可见，上述两种传统方法都把儿童的外部词语和他们的内部知觉过程分开，只对其中的一个进行研究。因为缺乏儿童概念形成过程的内部动力激发，所以并没有得出儿童概念形成过程及发展阶段的研究成果。

第三种方法是在上述两种方法的基础上创立的，其创立者在新的方法中“为实验环境引进一些无意义的词（人为创造的词），这些词从一开始对被试者（无论儿童还是成人）来说既是未知的，也是毫无意义的，它通过使每个无意义的词与物体属性的特定结合（对这些物体来说，不存在任何现成的概念或词语），从而引出一些人为的概念”[24]。例如，“在阿赫（H. Ach）的实验中，гацун代表的词义是‘大而重’，фаль代表的词义是‘小而轻’。这种方法充分考虑到概念不是孤立的、不变的形式，而是智力过程的主体部分，它始终参与交流、理解和问题的解决”[25]。里马特（F. Rimat）也运用该方法对青少年实施了一个概念形成的研究，其主要结论是：“真正的概念形成超出了处于青春期以前一段时期的儿童的能力，真正的概念形成只能从青春期开始。”[25] 阿赫的实验表明，“概念形成是一种创造性过程，而不是机械被动的联想性联结的过程。一个概念产生和形成于一种复杂操作的过程之中，这个复杂的过程在于解决某种问题”[25]。也就是说，概念形成是一种具有目标指向性的活动过程，活动本身不会导致概念的形成，而是儿童在活动过程中通过解决问题形成了一个新的概念。D. 乌斯纳兹（D. Usnadze）对学前儿童的实验也表明：“充分形成的概念相对来说比较晚，儿童早期就开始运用词语，在词语的帮助下与成年人相互了解，是词接替了概念的功能，充当了交流的手段。”[24] 也就是说，词语是概念形成过程的工具，它反映了儿童概念形成的心理过程。

维果茨基在上述研究的基础上提出：“所有的高级心理机能都是中介过程，而符号则是用来掌握并指导这些高级心理机能的基本工具。中介的符号被结合进高级心理机能的结构，作为整个过程的一个不可缺少的部分。在概念形成中，符号就是词，词在形成概念时，一开始便起着工具的作用，后来又成为概念的象征。”[24]

随后，维果茨基采用了其合作者之一——L. S. 萨哈洛夫（Л. С. Сахаров）设计出来的“双重刺激法”（методика двойной стимуляции），对儿童概念的形成进行了实验。这种方法同时“向被试提供两套刺激，一套是儿童从事活动的物体，另一套则是为其组织活动服务的符号，即从事活动的物体的名称——词”[25]。实验研究证明，概念形成是一种创造性的过程，一个概念产生和形成于一种复杂操作的过程之中，这种复杂操作的目的在于解决某种问题，仅仅具备有利于词语和物体机械联结的外部条件是不足以产生一个概念的。实验研究还证明，“儿童概念的形成是一个由低到高的过程，这个过程可以分为三个基本程度水平，每一个程度水平又分为若干个阶段”[24] 。

第二节　儿童母语概念习得的心理过程与阶段划分

根据维果茨基的观点，儿童刚开始掌握语言时，由于语言的交流者是父母或周围的成人，儿童同语言打交道就是与标准语言打交道，即与客观现实的正常语音和语义打交道。儿童呈阶段性地形成自己的言语机制，形成个人的语言体系，或称之为语言能力。这一能力越来越接近由语言体系和语言标准建立的“典型的”语言能力。对言语声音方面而言，规则形成了词的某种声音界限和条件。对语义方面而言，规则构成了使用词的界限和条件。换言之，“儿童认为某个词与某种现实的（事物）现象有关。而这种关系的实质，对儿童来说，不同阶段有不同的含义”[10]。

一、概念混合阶段

维果茨基将概念形成的第一个基本程度称为“无组织的聚集”（образование неоформленного и неупорядоченного множества），是幼儿概念形成的第一步。在这个程度水平上，儿童通常以“堆积”的方式把若干个自认为一样的物体聚在一起并命名（词），这时无论在儿童的思维中还是在行动上，“都倾向于把最为变化多端的要素凭借某种偶然的印象结合进一种无联结的意象之中”[24]。克拉帕雷德（E. Claparede）把这种明显带有儿童的思维特征称为“儿童认知的混合”（синкретизм детского восприятия），而布隆斯基（П. Блонский）则称其为“儿童思维的不相干的联合”（бессвязная связность детского мышления）。处在这一程度水平的儿童只能感知一些具体的事物，他们仅能按照自己的主观意向，将自己认为同样的事物或物体聚集在一起。此时，他们还不具备按客观联系综合事物的能力。从思维角度看，这种情况表明儿童处于思维发展中的尝试错误阶段。在实验中，儿童先是将物体无规律地随意堆放，继而物体堆积受限于空间位置，接下来他们又陷入更为复杂的概念混合（物体堆放）之中。从言语角度看，处在这一阶段的儿童和成人交往时，他们“所知道的一些词（尤其是那些在儿童生活环境中标识具体物体的词）在某种程度上与成人所指的是同一事物，即儿童和成人对一个词的各种意义往往会在同一具体事物上‘相遇’，这就保证了他们之间的相互交流和理解”[24]。

这一阶段儿童思维的总体特征是：儿童不是遵循事物中被揭示的客观联系，而是遵循通过个人的知觉所产生的主观联系把事物归属为同一意义下的同一系列。也就是说，儿童并不是因为这些事物本身固有的共同本质特征将其归属为同一类，而是在儿童印象中，它们之间是相似的。这一阶段儿童是根据事物之间的相似性而将其归为一类。从语言学角度来说，这就是著名的儿童言语的多义现象，即用一个词指一些客观上没有联系或联系很少的相似物体或现象。例如，观察发现，在儿童1岁3个月时，红蛋和红色的苹果都被称为ябоко；几天以后，这个名称又可以用于指称红铅笔和黄铅笔；再接下来，又有一些物体被并入这一行列，直至用于指称所有圆形的事物，甚至包括脸颊。再如，儿童1岁1个月时，把狗称作вава，而大狗则被叫作му。

从心理语言学方面看，这一阶段事物意义的联合仅仅是情境的。在这种情况下，相应意义的联想性结合成为一些可能的特征，其主要特点是：“意义的易变性和意义的主观本质性。这些特征是儿童言语发展唯一可行的途径，它源自这一阶段语言材料关系中存在的完全自由的语义换位，它通常是语言微观结构（物体与物体之间）上出现的等价成分。”[26]俄罗斯学者什瓦奇金（Швачкин Н. Х.）曾就儿童对事物特征进行识别的活动做过考察。在实验过程中，他要求儿童识别两个具有相似特征的事物，如颜色或形状，之后再进行概括。实验中，儿童在掌握了原有事物的名称之后，随之将这一名称扩展应用于所有具有同样颜色的事物上，色彩成为了事物的概括特征。“事实上，儿童在这种程度上进行的概括并不是在有意识地区分所知事物的结果中产生的，这时他们还不能区分事物的本质特征。儿童的这种概括是凭借（主观）印象观察到的事物的特征，因此可以称其为直观概括，即在第一信号系统水平上产生的概括。”[27]那么，是什么导致这种“多义现象”的发生呢？正如什瓦奇金所认为的，“儿童说出的第一批反映他们对所观察到的事物的直接感受的词并非真正意义上的词。对儿童来说这些词并不具备稳定的意义，因为它们不是通过概括的过程以概念形式对物体的命名（词汇），而是包含相近意义的事物的语义综合体”[25]。这种综合主要由儿童在知觉和表达过程中所感觉到的事物的物质的、情感的、功能的三个方面的相似性决定。这三个方面儿童不是分别感受，而是整体感受。例如，儿童用“呜——呜——呜”来表达看到火车或汽车的感受，这不只是因为它们有相似的物质性含义，还因为它们有情感和功能的相似含义。在儿童看来，含义是被感受事物的物质的、情感的、功能的相似性综合体，这就是儿童语言最初的语义单位。

二、复合思维阶段

维果茨基将概念形成的第二个基本程度称之为“复合思维”（комплексное мышление）。“这一时期儿童按着自己的想法把单独的、具体的事物构成一个组合体。这些组合体在儿童心里已经不仅以他们印象中确立的主观联系为基础被联合在一起了，而是以确实存在于这些物体之间的客观联系为基础而被联合在一起的。其实，在成年人的思维中也仍然存在这种描述事物本身的复合思维的形式。”“处于这一程度的儿童用世代相传的名称来思维。”[25]换句话说，对儿童而言，统一物质世界的联合和组织的方法是依照单独的、相互间联系的事实将事物进行的分类。在这一发展阶段，“词的意义可以作为复合体或事物的组合体与世代相传的名称联系在一起”[25]。如果在概念中他们将事物按照他们认为的同一特征概括，也就是说，他们认为概念是以一种类型为基础的，那么事实上在这个复合体中这一特征可能就有几种，或者是各不相同。如果在概念中他们认为反映的是事物的本质联系和它们的关系，那么在这个复合体里就是一种具体的偶然（非客观的）联系。这迫使儿童在寻找形成复合体的基础时，在很大程度上以已知描述该事物的语言（词）为依据。也就是说，他们相信描述该词的语言是同一类事物的标志。基于这种观点，出现了一个很有特点的情景：儿童持续不断地指着一组组相似的事物，并试图确认它们（事物）的名称是否相同。例如，季玛从一个路灯走向另一个路灯，指着每一个路灯用疑问的语调问父母：“灯吗？”

处在这一阶段的儿童，他们不仅能通过主观印象把个别物体聚集在一起，而且还能通过实际存在于这些物体之间的联系把个别物体聚集在一起，这是儿童意识水平上升的一个标志。尽管复合思维还没有达到概念思维的程度，但这足可以说明复合思维已经是部分相干的或较为客观的了。在儿童创建的复合体中，各个组成部分之间的联系是具体且实在的，它“是由事实联系而联结起来的物体的聚集”，“复合体不是在抽象和概括水平上形成的，因而它缺乏逻辑的综合”。[24] 儿童创建的这些复合体大致经历了以下五个阶段，形成了许多不同的复合种类。

（一）联想复合

首先，儿童进入联想复合。“这一阶段的主要特征：核心物体和另一物体之间的任何一种联系，即只需一种特征儿童就会把那一物体归入一类中。”[24] “对这一阶段的儿童来说，语言中的词已经不再是单个物体的专有名词，它已成为由各种方式相互联系的一类物体的‘家族姓氏’（фамильное имя），也就是像人类家族关系一样，繁多却又不同。”[24] 这一阶段的儿童在概念形成方面主要是通过联想型（ассоциативный тип）的方式找出事物的共同特征，即儿童根据相似性和事物之间直觉上的联系，凭借主观意象对物体进行归类。

（二）聚集复合

紧接着，儿童进入聚集复合（комплексные образования）阶段。这一阶段的主要特征：儿童把物体或物体给自己造成的具体印象与那些最接近的或最相似的类别联系起来。在实验的具体操作过程中，他们不知不觉中发现了物体不同的特征，这是生活经验在告诉儿童某些复合体的功能分类。例如，儿童能将代表所穿的一组衣服的词或代表一套餐具的词进行自然的聚集。这一阶段的儿童通过对照方式形成联想，即儿童在归类的基础上具有了初步的分类能力。在科学思维过程中，归类（综合）和分类（分析）的能力是同等重要的。

（三）连锁复合

之后，儿童进入连锁复合（цепной комплекс）阶段。连锁复合的主要特征：事物之间是“一种动力的、连贯的连接，在连锁中一个环节与前一个环节和后一个环节相连接的方式没有任何连贯性，环节中事物的决定性属性（核心意义）始终在变化”[24]，最初的事物在前一个环节中具有核心意义（在儿童看来），但是在下一个环节中又被另一个核心意义的事物所替代，即不再具有核心意义。在连锁复合阶段，事物没有前后一致的核心，只在单一要素之间存在并列关系，而没有任何上下位的层次结构。可以说，这一阶段的儿童对事物的认识是模糊的。正因为儿童认识的模糊性，所以物体的核心意义是流动的、不稳定的。从思维层面看，这种流动性既有综合（归类）性的、也有分析（分类）性的，二者不规则地交替出现。

（四）扩散性复合

接下来，儿童进入扩散性复合（комплекс–коллекция）阶段。扩散性复合的主要特征：“具体的一组组物体或意象是通过扩散的、不确定的联系手段形成的。”[24] 由于这种思维的复合是不确定的，这种扩散实际上是难以计数的、无限的，“它就像一个具有无限权利的家族，通过向原始的族群增添越来越多的个别组员而使自己膨胀起来”[24]。这说明，随着儿童的成长，他们知道或习得了更多的词，但是由于儿童认知范围和智力发展所限，即此时他们不具备概括能力，使他们对事物的认识陷入更大的复合体中而难以抽身。这期间儿童言语中运用的词只是在一个个相同或不同的复合体中，并且很长时间他们都不能理解，为什么苹果还有一个名称——水果。

（五）假概念

最终，儿童进入复合思维的最高阶段——假概念（комплекс псевдопонятия）。“假概念在表面上与成年人的概念思维很相似，但是在心理上却完全不同于概念思维本身。”[25] 在这一阶段，儿童能够根据物体之间的客观联系对事物进行综合分析，但是仍然不具备抽象概括的能力。他们学会了大量的词语，所感知的词义已经涉及成年人心中所想的物体，但这时儿童与成年人却是在用不同的心理过程思考同一件事情。在儿童的言语中，他们站在了意识的起点上，即在思维的感觉或知觉阶段看待事物或表达语言，而成年人则通常是站在意识的终点，即在思维的抽象概括阶段看待事物或表达语言。这时，在儿童和成年人的语言中，儿童意指具体的物体，而成年人则主要意指赋予物体的概念。实验还发现，在儿童的实际语言中，其“假概念具有双重性，既达到了复合思维的程度，也同时带有概念思维的萌芽”[25]。如“花”和“玫瑰”可能同时出现在复合思维阶段，但是他们并不知道二者具有上下位的概念关系。另外，儿童能说出大量的词语，却只能完成该词的指称功能，只是把它们作为物体的功能或属性来掌握，并不知道物体的名称（词）是赋予该物体的符号。事实上，正如维果茨基所注意到的，“恰恰是这最后一类的复合体始终占据着优势，因为意义的体系是由成年人强加给儿童的。儿童从成年人那里学会词的意义，他们不必亲自选择具体事物及其复合体。但是，儿童不能马上掌握成年人的思维方式，即儿童是通过与成年人完全不同的智力行为和用完全不同的思维方式去挖掘所获取的材料的”[25]。

以上从联想复合、聚集复合、连锁复合、扩散性复合、假概念五个阶段分析了儿童复合思维发展的整个心理过程。那么，在整个复合思维阶段，儿童的语言发展有哪些表现呢？

维果茨基认为，在不同民族的语言中拥有的大量同义词和多义词就是对复合思维的最好印证。不仅如此，还可以从同义词的一些细微差异中清楚地发现反映在词源学中一个民族认识世界的思维发展的演化过程。例如，俄语中有两个词都代表月亮，一个词是луна，它来自拉丁语，意思是“不能解释的怪想，反复无常和幻想”，这主要是强调月亮和其他天体相区别的变化形式；另一个词是месяц，这个词的始创意图显然受到下列因素影响，即时间可以通过月相而测得，因此месяц意指“测量者”。同样，在不同的语言中这种现象也存在。例如，在俄语中，портной（裁缝者）这个词来自кусок ткани（一块布）这样一个古老的词语，而在法语和德语中，“裁缝者”一词来自кроить、резать（剪裁，剪短）。那么，一词多义现象是怎样产生的呢？它怎样表明人类认识世界的过程？

追寻事物发展的历史，我们应该看到，世界上的事物和现象是无穷无尽的，而用于描述这些事物和现象的语言单位却是有限的。随着人们对自然界的认识不断加深，有限的词汇无法描述无穷的世界，于是人类从词的基本意义上衍生出了其他意义。这样一来，原本表示单一意义的词，即单义词，就逐渐地演化成了多义词，由此产生了一词多义现象。俄语中сутки一词，它表示“昼夜”，最初它指的是“接缝”，即把两块布的拼接处缝织在一起；之后它用来指任何接缝处，如一间屋子两堵墙之间的接缝处，因此意指“墙角”；后来，它又开始隐喻“黎明的曙光”，即白天和黑夜的交接处；再后来，它开始意指从一次曙光到下一次曙光之间的时间，即目前所指的昼夜。

维果茨基认为，“多义词其意义衍生过程中出现的新现象或新事物一般是根据非本质的属性来命名的”[24]。也就是说，词的名称并不能真实地反映被命名事物的本质。一个名称刚刚出现时不是经历概括而出现的概念，而通常是按照其外部特征、属性或功能来命名的。例如，俄语中корова（母牛）一词原先指“有角的”рогатая，其实对一头母牛来说，除了角，它还有许多其他的特征。мышь（老鼠）一词原先指“贼”вор，而对一只老鼠来说，它还有比“贼”多得多的特征。一方面可以说，它们名称的属性太狭窄，因为一个名称不只有一个特征；另一方面也可以说，它们的名称太宽泛，因为上述特征在其他许多生物的身上也具有。因为在复合思维阶段，复合创造的名称是以一个属性为基础的，所以在复合思维向概念思维的过渡中，那些原始的意象逐渐被概括的概念所代替。例如，最初所有的墨水都是黑色的，因此俄语中чернила（墨水）一词来自чёрный цвет（黑色）。但是，经过人们对这一事物本质的认识不断加深，现在也并不影响人们用它来表示红色、绿色、蓝色或蓝黑色的墨水。

维果茨基认为，追溯任何语言中一个词的演变历史就会发现，“类似的意义迁移在语言发展中是按照事物的接近性和相似性在不断地运动，这一运动过程是在复合思维五个阶段的具体联系基础上发生、发展的”[24]。在现阶段，词的意义构成就形象地说明了意义聚集的整个心理过程。例如，当讲到“桌脚”ножка стола、“门把手”ручка двери、“河岔”рукав реки、“瓶颈”горлышко бутылки时，人们都是以复合方式将事物聚集在一起的。这种相似性的迁移主要以其形象和功能的相似为主要媒介。当然，这并不妨碍还可以由最不相同的联想来进行迁移。

概括起来，“对一个概念来说，最初的词不是一个简单的外部象征，而是一种心理的意象，或是一个图景，也或是一种概念的心理描述，还可能是一种概念的简短故事。人们就是凭借一种心理意象、图景或描述来命名一种事物，于是人类便把它与其他事物联系起来归为一类”[24]。

维果茨基的上述实验结果为儿童母语概念的发展成功地获取了宝贵的第一手数据。为了检验并补充自己的实验结果，他又分别从聋哑儿童、原始民族（巴西的布罗罗人）以及精神分裂症患者中获取了大量的具有与儿童复合思维特征相似的语言材料，以此证明了自己科学实验的可信度。

三、概念思维阶段

概念形成的第三个基本程度被称为概念思维（мышление в понятиях），即“真概念”的出现。需要注意的是，在这里，概念的存在与对概念的认知出现的时间并不重合。“在概念的帮助下，行为分析比概念分析出现得更早。”[24] 常有这样的情况：在确定概念问题之前，儿童已经开始在具体情境中说出被这些概念所概括的具体事物。例如，儿童可以在自己的话语中正确使用含有“因为……所以……”“当……时候”的句子，但却不知道它们之间的逻辑关系。这一阶段的另一个重要特征是：儿童从来不用形式逻辑的方法，即使用区分相似特征的方法掌握某种概念。通常情况下，概念只是存在于判断共有结构的内部并作为其不可分割的一部分。这一阶段，儿童概念的发展经历了新结构和潜在概念两个阶段。首先，新结构的出现标志着儿童向抽象概括迈出了第一步，但是它并“不是完全出现在复合思维之后，它在儿童运用假概念思维之前就已经被观察到”[24]。应该说，“新结构在儿童心理发展中具有独特的发生学功能”[25]。如果说复合思维的功能是建立联系和关系，即通过把互不关联的各个要素组织成一个类别，随后再将分类的印象统合起来的话，那么新结构的出现就证明儿童有能力在统合的基础上进行分离，即在具体经验中提取和挑选（抽象）出新的要素。在朝着真概念前行的过程中统合和分离是同等重要的，即在思维过程中综合（统合）和分析（分离）必须相互结合，最终才能走向抽象。其次，潜在概念的出现证明儿童向抽象概括又前行了一步，就其实质来讲，“潜在概念就是真概念的先兆，它是儿童在依据最大程度相似性对物体进行分类的基础上对其单一属性的分类”[25]。就潜在概念本身而言，事物全部的具体特征因抽象而遭“破坏”，而一个属性的共有特征被统一在不同基础上的事物中，即一个新概念（词）的出现。之后，随着概括程度的发展变化，在儿童的语言中最明显的标志是出现了抽象程度不同的上下位概念和不同概念范畴的词语。

综上所述，一方面，儿童概念的形成始于直接经验的感知，即在经历概念混合、复合概念、概念思维等发展阶段之后，达到理性认识的抽象概括。儿童这种在无意识中通过感知、注意、记忆、抽象等方式逐步形成的概念通常被称为“日常概念”（житейские понятия）或“自发概念”，它伴随着儿童对外部世界的认识（思维发展）而同步形成。可见，日常概念的发展是由无意识到有意识，由具体到抽象的自下而上的发现过程。这一过程始终伴随着儿童的生活情境，以及与父母及家人的交互情境。另一方面，“一个概念不是通过联想的相互作用而形成，它是儿童一系列智力操作的结果。儿童只有掌握了抽象（从统合中分离）并与科学的复合思维结合（重新综合），才能发展到形成真正的概念阶段”[25]。在这一过程中，词义的运用作为儿童概念形成的外部特征自始至终被用来指导真正概念的形成过程。可以说，词（意义）在概念形成中发挥了决定性的作用。

此后，随着儿童进入青少年时期，概念混合和复合概念形式开始逐步衰退，潜在概念的使用也越来越少，而真正概念突然出现（表面上看是突然，而心理形成过程已很长），尔后越来越频繁地出现。但是，实验证明，在这一时期，即便“青少年学会了抽象概括，也仍然没有放弃原有的初级形式——复合思维，他们始终保持概念形成的两个方向，即总是在特殊到一般（复合思维——概念思维），一般到特殊（概念思维——复合思维）之间变换着”[25]。所以，青少年在具体情境中能正确形成和使用概念，但用话语界定概念意义则十分困难。对青少年时期智力过程的实验证明，这种“从抽象再向具体的过渡，就如同早先从具体向抽象过渡一样艰难”[24]。

概括起来，可以得出以下结论：首先，在儿童和成年人言语活动的大多数情况下所观察到的言语外部现象的一致性方面，不论是保证交际需要声音方面一致性的结构，还是保障语义单位相互融合的结构，其形成都不是立即的，而是经过一系列学习的过程或是借助于各种概念体系的帮助来进行的；其次，由于儿童不同年龄段智力结构发展的差异性，词的意义结构在不同年龄阶段是不同的，甚至词汇语义的外部一致性也是不同的，这些情况在词的运用中都可以体现出来；最后，在成年人的言语中，即在成年人言语意义的结构中仍然同时具有不同类型——复合思维和概念思维共存的情况。

第三节　儿童母语日常概念与科学概念相互作用的心理过程分析

一、日常概念和科学概念的关系

一个母语学习者的概念体系的形成不仅依靠“日常概念”的习得过程而获得，而且还需要通过“科学概念”（научные понятия）的学习过程来最终形成。科学概念一般指学校教学过程中掌握的概念，它通常是在教师的指导下，学习者通过理解概念与概念范畴有意识地掌握概念的过程。但是，日常概念与科学概念并不是各自独立的概念系统，它们的关系是：“一个科学概念的掌握是从儿童最原始的概括（日常概念）中经智力的不断加工被高级类型的概括（科学概念）所代替。”[11] 这些复杂的心理过程“只有在儿童智力发展水平，如审慎的注意、逻辑的记忆、抽象的概括等达到要求时方能获得。[11]”所以，科学概念的获得通常需要儿童进入学龄期后，即在学校教师的指导下有意识地掌握。那么，科学概念在儿童的心理是怎样发展起来的？维果茨基认为，“儿童在学校里同化概念（科学概念）和当他们自行其是地形成概念（日常概念）时，其心理面临不同的问题”[25]。儿童在学校课堂上面临的通常是一个陌生的抽象概念（科学概念），如враг（敌人），而与家人交互则通常面临的是亲历的生活经验（日常概念），如брат（兄弟）。儿童对上述两个概念的认识途径一定不同。由于学校教学无法或很少能做到让学生先接触生活事实再进行综合、分析和概括，“科学概念和日常概念因与儿童的经验有着不同联系而最终导致在儿童对事物的看法上具有不同的影响”[25]。

日常概念是从概念的低级属性向高级属性发展，即自下而上的发展，如对брат（兄弟）这个词的认识。而科学概念则反其道而行之，即自上而下的发展，如对враг（敌人）这个词的认识。然而，相反的路径并没有消除两种概念形式相互联系和相互作用的发展规律，即“日常概念为科学概念及其向下发展清理出了一条路，而科学概念则依次为儿童有意识地和审慎地使用日常概念的向上发展提供构架”[25]。也就是说，科学概念通过日常概念向下运行，日常概念通过科学概念向上运行。同时，我们也看到，在科学概念的发展中，“儿童的日常概念扮演了正面的促进角色”[25]。儿童亲历的具体生活经验始终在帮助他们理解和掌握新的科学概念，即日常概念帮助儿童成功地向科学概念迁移。当然，科学概念的发展还需要儿童具有与之相适应的智力水平。但是，科学概念的掌握不是在等待儿童智力的成熟，一个合理的教学就是要使“教学走在发展的前面，并引导发展”[25]。

二、日常概念与科学概念相互作用的心理过程

关于日常概念和科学概念发展的心理过程问题，许多学者都做过深入的研究，由于研究的角度不同，得出的结论也各不相同。

皮亚杰认为，“学龄早期儿童的思维是不周密和无意识的”[24]。也就是说，这一阶段儿童的概念（日常概念）是以他们“意识不到关系为主要特征的。这一时期儿童用自发且缺乏思考的方式正确地把握了这些关系”[24]。也就是说，他们能正确地说出具有逻辑关系的句子，但却不知道其中的逻辑关系。例如，皮亚杰询问过7~8岁的儿童在句子“因为我病了，不能去上学”中的“因为”一词的词义。大多数儿童都说“它意味着他生病了”，另一些儿童则说“它意味着他不能去上学了”。那么，儿童最终是如何认识并把握自己的思维的呢？皮亚杰认为，从儿童的日常概念到科学概念的发展需要两条心理学规律：一是觉知律。在这一时期，儿童的心理运算（智力发展程度）与成年人的思维反复冲突，“由于儿童缺乏逻辑，他们经历了失败和挫折，这些痛苦的经历让他们产生了意欲觉知概念的需求”[24]；克拉帕雷德的规律告诉我们，“我们运用活动中的关系越是顺利，我们便越难察觉到这种关系，我们觉知我们正在做的事情是与我们正在适应该环境时所经历的难度成正比”[24]。也就是说，当儿童面临思考或表达困境时更有利于觉知的产生。二是转换律或移置律。皮亚杰认为，“觉知到一种心理运算意味着要从活动（心理活动）层面迁移到语言（内部言语）层面，也就是在想象中再造

它，以便它能用外部言语来表达"[24]。也就是说，觉知是一种心理认识过程，但是要把认识到的东西表达出来则需要将其转换为言语。这一变化既不迅速，也不顺利，因为在更高的言语思维层面上把握一种运算与在早期活动层面上把握一种心理运算同样困难。

维果茨基把儿童的日常概念到科学概念的发展概括为从无意识到有意识的过程，其中一条重要的规律是儿童思维活动的意识性和控制性。维果茨基认为，这种意识和控制出现在儿童无意识地、自发地思维活动的运用和实践之后。在某种程度上说，儿童思维活动的意识和控制的功能隶属于其智力和意志的控制，它由知觉、记忆、注意等功能构成。他认为，"在学龄早期，以反省的觉知和有意识的控制为主要特征的高级智力机能其实已经出现在发展过程的前缘，具体表现为：先前不随意的注意逐渐随意，且日益有赖于儿童自己的思维，机械的记忆变成了受意义指导的逻辑记忆，并且能被儿童有意地运用"[24]。他还认为，一个将要入学的儿童是以稍微成熟的形式拥有一些其必须学会的、需要意识控制的功能，这时儿童形成的概念只是刚刚从概念复合体中演化出来，虽然在言语层面上看似形成了意识和控制的功能，但是在心理机能上还没有达到真正的意识和控制的程度，它需要在接下来的学校教育中得到继续发展。学校教育能促使儿童把先前知觉到的东西概括起来，并且在帮助儿童意识到他们自己的心理过程方面扮演着决定性的角色。在这一过程中，科学概念（词）及其概念之间相互关系的层次系统就像一种媒介，儿童通过这个媒介首先发展起来的是他们的觉知，然后掌握它们，再后来又把觉知到的内容迁移（转换）到思维的其他概念和其他领域，最后形成儿童反省的意识和控制的能力。可以说，儿童反省的意识和控制能力伴随科学概念的掌握过程最终变为儿童自身的思维能力。在母语习得中，只有当儿童所掌握的概念成为一个系统的组成部分时，才可以说这一概念达到了意识和控制的掌握程度。在这里，意识则意味着概念的概括，而概括则意味着能使概括的特定概念进入一个包含着特殊情境的上下位的概念体系之中。一个上位的概念系统包摄一系列下位的概念要素，在这个概念系统中包摄概括水平不同的概念层次。例如，儿童学习 овощи（蔬菜）这个词，接着学习 огурец（黄瓜）这个词，虽然 овощи

比 огурец 这个概念具有更广的涵盖性，但在日常生活中儿童一般不会去说 овощи 这一概念。此时，在儿童的心里 овощи 这个概念既不包摄 огурец，他们也不把 огурец 作为下位概念。在他们的眼中，这两个概念是可以交换和并列的。当 овощи 这一概念在儿童这里变得概括化时，овощи 和 огурец 的关系就像 овощи 和其他下位概念的关系一样，在儿童的头脑中发生了变化。这时，包摄上下位不同层次的一个概念系统就产生了，即儿童的"真概念"就出现了。还可以说，他们的概括能力就形成了。维果茨基认为，"儿童在学校里获得的科学概念与其他一切事物的关系从一开始就是以一些其他概念为中介的，因此，对一个科学概念的理解也包含着这个概念与其他概念的关系"[24]。在 овощи 和 огурец 的关系系统中，同时也包含着 овощи 和另一些下位概念，如 капуста（白菜）、помидор（西红柿）以及众多具体蔬菜的概念关系。所以，系统的萌芽首先是通过儿童与科学概念的接触，然后才进入他的心理，最后被迁移至儿童的日常概念，即与儿童在生活中形成的概念相联系，从而完全改变了他们的心理结构。那么，学校教学又是怎样改变儿童的心理结构，并促进儿童的心理发展的？

第四节　学校教育与儿童心理发展的关系

关于学校教学与儿童心理发展的关系问题，许多学者也做过研究。概括起来，其研究结果主要集中在以下几个方面。

一、教学和发展的“彼此独立”观

持这一观点的学者们认为，发展是一个自然的成熟过程，而教学则被视为对由发展（成熟）所提供的机会的利用。维果茨基认为，这一研究结论隐含着以下观点。一种观点可以理解为发展遵循着自然法则的进程，不经教学的任何帮助也能达到高级水平。如此推理：一个不入学的儿童也能够发展起接近人类的最高思维形式。这一理论观点明显改变了发展和教学之间存在的关系。另一种观点可以理解为：如果发展是产生潜能的话，那么教学就是实现其潜能的过程，这时教学就可以被视为一种以成熟为基础的上层建筑。或者还可以这样认为，教学与发展的关系如同消费与产品的关系，这种单向的过程其实是无法考虑两者之间的关系的。如此推理：学习有赖于发展，但发展并不会受学习的影响。诚然，任何教学都需要儿童某种智力功能的某种程度的成熟。但是，“一旦将学习还原为取决于儿童的发展（成熟）水平，即儿童的各种心理功能对教学来说是必须达到的可行条件的话，那么，教学必然蹒跚于儿童的发展之后”[24]。试想一下，“如果一个儿童的记忆、注意和思维已经发展到能够教他书写和算术的程度，那么书写和算术的学习对儿童的记忆、注意和思维的发展究竟还有哪些帮助呢？”[24]

二、教学和发展的“彼此同一”观

这种观点最早是由詹姆斯（W. James）提出的，它建立在联想和习惯形成的基础之上，后来这种观点因为得到桑代克（Edward L. Thorndike）等人的积极支持而得到复兴。在他们看来，教学和发展是同一的，两者之间不存在任何具体关系问题的探究。

三、教学和发展的“整体结构”观

教学和发展的整体结构观是以格式塔心理学为依据建立起来的。考夫卡（Kurt Koffka）认为，“所有发展都具有两个方面：成熟和学习”[24]。维果茨基认为，这种观点意味着格式塔心理学用不偏不倚的态度接受上述两种观点，但终究还是实现了之前两个观点的综合，这种新的研究结果至少在三个方面比之前的两种研究结果前进了一大步。一是承认成熟和发展之间存在相互依存的关系；二是就教学进程本身而言，它提出了一个新的概念——新结构的形成和旧结构的完善，即新旧结构之间知识的迁移；三是提出了教学和发展的时间关系。正是这第三种观点具有一定的理论价值：“由于在一个领域获得的教学（知识）可以迁移至儿童思维中的其他领域并改组这些领域，发展不仅跟随成熟，或者与成熟同步，甚至在其进程中还可以领先于成熟。看来，教学和发展之间不同的时间序列是同样有可能出现的，而且对学校教学和儿童心理发展而言是重要的。”[24]

四、教学和发展的“相互作用”观

在分析上述三种研究结果的基础上，维果茨基进行了教学和发展关系的系列调查和实验，以揭示在学校教学的某些规定领域（学科）教学和发展之间的相互关系，并在此基础上提出了自己的观点。

在第一个系列研究中，他们检验了学校学习的基本科目——阅读与书写、算术、语法、自然学科和社会学科所需要的心理功能发展水平。研究发现：“在教学开始时，儿童在这些学科所需的一些心理功能尚未成熟，甚至那些能够非常成功地掌握这些课程的儿童亦是如此，如书面言语就是一个例子。”[24] 在儿童的发展中，书面言语通常滞后于口头言语，这是因为相对于口头言语来说，书面言语具有更抽象的特征，甚至它的最初发展也需要一个高水平的抽象，它要求作者语言运用正确，逻辑严谨，结构合理，段落分明。也就是说，书面言语比口头言语的难度更大。研究证明，“书面言语的发展并不重复口头言语的发展历史”[24]。书面言语的发展是自上而下的过程，口头言语的发展则反其道而行之。

书面言语和口头言语发展的不一致源于儿童十分熟悉的自发的、无意识的口头言语活动，以及缺乏抽象的、深思熟虑的书面言语的操作技能。研究还证明：“当书写教学开始时，作为书面言语的基础——儿童的心理功能尚未在适当意义上开始发展，书面言语的能力只有在其所需要的心理功能出现时方能建立。”[24] 这一研究结论同样在算术、语法和自然学科中获得了相似的结果。例如，儿童在入学之前就已经拥有了母语的语法，儿童在交流中能正确使用语法，但是让儿童说出其语法规则却出现了困难。总之，调查表明，在一些基础学科中教学所需要的儿童心理基础的发展水平并不领先于教学。

在第二个系列研究中，调查集中在教学过程与儿童相应心理功能发展之间的关系方面，具体是在学生解析算术题的一系列步骤过程中展开的。解析算术的不同步骤对儿童心理发展具有不同的价值，可能前几个步骤对儿童来说很容易，但是最后一个步骤儿童则要颇费一番周折才能解决。正是这最后一个步骤的运算具有决定性的作用，其发展曲线显著上升了。这说明前几个步骤的解析过程对儿童心理发展的价值并不大，即发展的曲线没有显著上升，但这也是长期学习积累的结果，它们可能在过去的某个阶段也类似现在所解析算术题的最后一个步骤。研究发现：“儿童在有意地审慎地学习运用某些习惯和技能之前已经在某个特定领域获得了与这些习惯和技能相关的习惯和技能。在教学过程和相应的功能发展之间不存在完全的平行和对应。儿童心理发展的曲线与学校教学的曲线并不一致，大体上说，教学通常先于发展。”[24]

第三个系列是对训练迁移的研究。研究发现：智力发展不是根据教学的主题来划分的，不同的学科对智力发展均有影响。“当教学过程遵循它们自己的逻辑顺序时，它们在儿童头脑中唤起智力活动的一系列过程，虽然这个过程难以直接被观察到，但是它一定服从于智力的发展规律。”[24] 在不同的学科中，教学所需要的心理先决条件是大致相同的，就一个特定的科目而言，教学对高级心理功能发展的影响远远超过该特定学科的界限。也就是说，涉及各学科学习的主要心理功能是相互依存的，其共同的心理功能基础是意识和深思熟虑的自我控制。在这个过程中学校所有的基础科目都充当了形式训练的科目，而且每一个学科都促进了其他学科的学习。

在第四个系列研究中，维果茨基尝试了不同的方法，探讨了在以往研究中从未涉及的问题。研究发现：面对两个智力和年龄基本相同的8岁儿童，分别给予他们比自己能够解决的问题难度更大的问题，并且给其中之一提供少许的帮助。例如，帮助他解决问题的第一步，或提供一点线索。实验结果证明：当其中一个儿童不能解决为9岁儿童设计的问题时，另一个儿童在接受少许的帮助下能解决为12岁儿童设计的问题。在这里，儿童实际的智力水平与其在接受帮助的情况下所达到的解决问题的水平之间形成了他的最近发展区（Зона ближайшего развития）。这个最近发展区对第一个儿童来说是1，而对第二个儿童来说是4。实践证明：最近发展区较大的儿童在学校将学习得更好。维果茨基认为，在儿童的心理发展中，模仿和教学扮演了重要的角色，正是模仿和教学促进了儿童的心理发展，从而把儿童导向新的发展水平，尤其是在其学习说话时（无论是学习母语，还是学习外语），模仿是必不可少的。“今天儿童在协作下（帮助指引下）能做的事情，明天他就能自己去做……一个合理的教学就是使它走在发展的前头，并引导其发展，不必像考虑成熟的心理功能那样去过多地考虑成熟。维果茨基还认为，有必要考虑教学的最低限度，最低限度的心理功能的成熟度在教学中是需要了解的，但是也必须要考虑教学的较高限度，教育必须面向未来（Педагогика должна ориентироваться на завтрашний день），而不是它的过去。”[24]那么，日常概念和科学概念相互联系与相互作用的关系，以及学校教学和儿童心理发展的关系给外语学习者目的语概念学习能够提供哪些借鉴呢？

第五节 外语学习与母语习得的共性与个性分析

从以上的分析阐述中，我们看到，儿童母语概念体系的形成首先经历了自下而上的综合、分析、归纳、概括的逐步发现过程。在这一过程中母语中的词始终引导并促进儿童概念的发展进程。随着儿童进入学龄期，他们开始在学校接受有教师指导的科学概念的学习，由于课堂教学学习的概念无法先让儿童接触生活情境，即在生活情境中无意识习得言语。这样一来，教师需要在教学过程中运用学生已有的概念去解释新学的概念，所以说学校教学中科学概念的掌握是在教师指导下学生有意识的认知过程。可见，母语词概念的获得经历了幼时生活积累的自下而上和学校教学的自上而下的双向的相互作用过程。然后，我们又依据维果茨基的理论分析了日常概念发展与科学概念发展的相互作用的关系，阐释了从无意识到意识与控制的概念内涵，并在此基础上解读了维果茨基关于学校教学和儿童心理发展的过程，即教学和发展之间的关系。追溯了“最近发展区”和“教育必须面向未来”等科学论断提出的文化背景。

此后，维果茨基将科学概念的研究引入外语学科言语发展的领域中，并运用大量的实验证明了外语学习的一系列理论与实践问题。他认为，母语和外语的发展过程之间既有许多相同之处，也有许多不同之处。他又进一步指出，鉴于儿童母语日常概念（自下而上）与科学概念（自上而下）形成过程的既相异又相联的事实，可以推断：儿童母语科学概念的掌握过程类似于外语学习的过程。这样一来，外语学习就必定与儿童日常概念的习得过程有所不同。尽管如此，外语学习仍然需要以母语的发展为依托，这与儿童母语科学概念的发展需要日常概念的助推道理是相同的。维果茨基认为，“儿童母语日常概念与科学概念之间存在的相互作用与母语和外语之间存在的相互作用的可类比性并不令人吃惊，因为这两个过程都属于言语思维的发展范畴”[24]。

首先，外语学习与母语科学概念掌握的进程是相同的，它们通常始于学校的课堂教学。学习者需要依据教材这一媒介，在教师的指导下按计划、分步骤、有意识地进行学习，且学习者所学的新概念需由教师通过一系列相关概念来解释。虽然教师通常也要举出一些生活实例，但这时所举的生活实例是为概念理解服务的，即是为了验证所学的新概念，并不完全是儿童亲身经历的。外语学习的这一心理过程类似于儿童母语科学概念掌握的过程与情境，而完全不同于儿童母语日常概念获得的过程与情境。

其次，儿童在习得母语的过程中具备教学者和语言环境的优势，他们是在生活情境中与周围人（父母及母语操作者）通过言语交流无意识习得母语的。此时，教学者（父母及家人）与儿童是同一民族，即他们都是在用母语进行交流，并且在儿童的言语表达中饱含着具体的生活经验，充满了言语的发生情境。也就是说，在儿童的心中，言语表达所用的词是表示该词所指事物的功能象征，而不是其概念象征；在外语课堂教学中，外语学习者面对的是一种无论在发音、言语结构，还是语言单位的概念意义上都完全陌生的、不同于母语的语言。因为缺乏对目的语国家文化的了解，且又在自己生活经历中没有具体的生活经验可借鉴，所以也无法想象言语发生的具体情境，这些情况让外语学习者在初学阶段感到很难学。这说明儿童日常概念获得的生活环境与言语情境是外语学习的一个重要因素，即在外语学习过程中，目的语概念体系的掌握不是教出来的，更不是背出来的。如果一味地用学生不熟悉的其他概念解释所学的新概念的话，学生将一无所获，这时他们更需要的是一个概念（词）应用的具体情境。由此应该说，外语学习者只有与目的语国家的具体文化情境联系起来才能最终掌握该目的语。

第三，儿童的语言学习与他们对世界的认识同时展开。在儿童的语言中不仅反映着母语的语言特点（音、形、义），同时也反映着本民族的文化（思维模式、价值观体系）。而由青少年时期起步的外语学习者已经形成了母语的思维定式，他们在学习外语时必然受到母语（语言特点、本民族文化）的干扰，即外语学习者要排除母语的干扰，在不具备所学语言本国教学者和语言环境的条件下进行外语学习。这样一来，外语学习者必须把所学语言的规则通过大量的言语训练逐步内化到自己的知识结构中，即重构一套目的语的规则结构。可以说，“外语学习从一开始就是一个有意识的和审慎的过程，即自上而下的过程，它通常以一些语音、语法和句式等形式结构的意识性为先决条件”[24]。这与母语科学概念的掌握过程极其相似。与此同时，在母语日常概念习得的进程中，儿童总是“基本（简单）言语能力的获得在前，而复杂言语能力的获得在后”[24]。也就是说，流利的言语表达能力在前，对言语内在规则逻辑关系的意识或掌握在后。例如，儿童会熟练地在言语中运用“因为……所以……”“当……时候”等复合句，却意识不到句中所包含的内在逻辑关系。在言语表达中他们能正确运用母语的动词变式和名词等性、数、格的变化形式，但却无法意识到，也无法正确说出它们的变化规则。而外语学习者在语言发展的起始阶段便能充分把握目的语的语言符号和意义之间的关系，既能意识到语法规则的形式，也能清楚地区分词的性、数、格等，但是用目的语进行流利表达的能力却相对滞后。所以，“外语学习者通常是一些高级的语言规则形式比自发的、流利的言语先发展起来”[24]。在语音方面，也表现出同样的情况。一名儿童难以正确发出母语中的单音，同时也意识不到自己发出的声音正确与否，并且在学习拼读时他们也很难把一个单词划分出组成该单词的音节。而外语学习者在学习的起始阶段就能准确发出单音，有些与母语相似的单音经纠正后就能意识到自己发出的音是否准确，同时也很容易说出其变化规则。在母语习得中，儿童在很长一段时间内，即在学龄前期只能运用语言在口头上进行交流，直至上学后在教师的指导下才认知语言的书写形式，接下来进行书写的训练，之后再进行书面语和阅读能力的培养。而外语学习者在学习的一开始就强调听、说、读、写同步发展，虽然更偏重听和说技能的形成，但是读和写作为检验听和说的重要教学手段，教师从来不敢小觑。所以，从总体上看，外语学习者言语能力的发展，其阅读与书写并不落后于听与说。可见，“儿童在母语发展中的劣势恰恰是其学习外语的优势，反之亦然”[24]。实验研究也证明，儿童只有通过长期艰巨的学习并伴随着自己的智力发展，才能迅速无误地说出一些受语法结构支配的自发性言语。

第四，当儿童掌握母语科学概念的时候，他们需要依托自身的生活经验以及在此基础上形成母语的日常概念。在这一过程中，儿童的具体生活经验，即他们经历的语言发生情境有助于他们掌握科学概念。也就是说，儿童是在母语日常概念的基础上掌握母语科学概念的。同理，当外语学习者开始学习外语的时候，他们已经基本具备母语的概念体系，那么在学习的过程中，他们一定会去借鉴之前的概念体系来掌握新的概念体系——外语。可见，一个成功的外语学习者需要有较好的母语做依托，这样才能在以往的语言情境中迁移出新的语言来。与此同时，因为掌握外语的概念体系要依托母语的概念体系，这就必然对母语的概念的理解有反向的推进作用，所以外语学习也能促进更高形式的母语的掌握。也就是说，当外语学习者需要理解目的语的语法时，他们才会真正去深入认识母语的语法。正如歌德（Johann Wolfgang von Goethe）所说："不懂外语的人不会真正懂得自己的母语。"[24]

第五，维果茨基通过实验证明，"一个概念的形成既不只是记忆的简单联结，也不只是一种心理习惯，它是一个复杂而又真实的思维活动，只有当儿童的智力发展到一定程度时，如审慎的注意、逻辑的记忆、抽象的概括等，一个真概念才能获得"[17]。当一个新词被儿童习得时，其概念刚刚开始发展，最初这个词是最原始的概括，随着儿童智力的发展，这个词不断被更高级类型的概括所取代。这个过程最终导致儿童新概念（新词或上位词）的出现，这些复杂的心理过程不是单凭最初的学习就能被掌握的。如果关于外语概念的学习建立在与母语科学概念习得具有相似性逻辑起点上，那么外语词概念的学习既不是靠简单的刺激—反应形成的联结，也不是单纯靠模仿—操练—强化形成的心理习惯，而是一个实实在在的思维活动过程。它不仅需要在言语情境中对语言现象进行综合分析，更需要在综合分析的基础上对言语现象进行归纳和抽象，之后再进入学习者所熟悉的生活情境中进行应用。因此，"概念的直接教授是不可能的，也是没有效果的"[11]。尤其在教儿童书面语或外语的时候，教师切记不能人为地用学生不懂的词或不可解释的词去解释新词义（概念），并要求学生在不理解的基础上强记或重复。虽然表面上看起来学生也模仿运用了新学的概念，但实际上学生头脑中词的概念意义仍然是一片空白。在这个问题上，列夫·托尔斯泰（Лев Толстой）曾有教授儿童书面言语（科学概念）的亲身经历。他说："我们不得不承认，我们尝试过无数次……这样做时，几乎总是遇到孩子们那种不可克服的厌恶，它表明我们处在错误的轨道上，这些经验留给我们一个必然的事实——解释一个词的意义是完全不可能的……当你解释某个词时，如впечатление（印象）这个词，你用其他某个同样不可解释的词或整个一系列词去替代，这些词之间的关系就像впечатление（印象）这个词一样不可理解。这时，孩子们需要的是一个从普通语言上下文的情境中发现新概念和词语的机会。”[11] 托尔斯泰的精辟论述，不仅为母语科学概念的掌握，同时也为外语教学与学习解决了一个理论上的问题。这就意味着外语教学中言语情境的创设、言语活动类型的选择等是必不可少的。

第六，维果茨基进一步提出，人的心理发展遵循两条连续不断的客观规律。首先，人的心理机能不是从人的心理内部自发产生的，“它们只能产生于人们的协同活动和人与人之间的交往”[17]。在集体活动和社会活动中最先形成人的外部心理及其方式，紧接着外部掌握的这一活动方式被逐步改造成内部心理过程，即外部心理向内部心理转化。在这一“内化”过程中，其心理过程是作为个体的内部思维方式，即个性活动出现的。可以说，人的内部心理机能是“在活动着的外部的、集体的形式向着完成活动的内部的、个体形式的转化中实现其发展的”[4]。

那么，人的心理发展在由外部心理向内部心理转化的过程中都经历了什么？首先，人们需要感知和注意周围的环境；随后，新的感知立即与原有的记忆，即个人原有经验产生密切联系；这时，感知开始反映现实，并依据概念的外部表现形式——语言（词的意义）的基本功能进行抽象和概括；最后，完成一个新的意识过程。也就是说，人们在经历感知、注意、记忆、抽象等心理运作的同时，在外部语言的操作下完成意识过程。在这一过程中，意识各机能始终在主导着活动的发展。

综上所述，我们一直在说儿童母语科学概念的掌握与外语学习过程的相同之处，那么它们之间的不同之处又有哪些呢？维果茨基认为，科学概念的掌握和学习外语的过程也存在基本的区别。在外语学习中，学习者的注意力通常集中于言语思维外部的、发音的和语言规则的方面，然后再向内部的、语义方面发展，即由外向内的单向发展；在母语的掌握中，学习者的注意力通常集中于词的内部语义方面，然后才能向着词的外部的特征——音和形的方面发展，即由内到外的单向发展。“两个过程沿着相似而又彼此独立的路径前行。”[24]

第六节 基于外语学习与母语习得异同关系的教学理念

鉴于儿童母语日常概念与科学概念形成过程的既相异又相互联系的科学实验结果，维果茨基推断："儿童母语科学概念的掌握过程类似于外语学习的过程，而外语学习必定与儿童日常概念的习得过程有所不同。"[28] 尽管如此，外语学习仍然需要以母语的发展为依托，这与儿童母语科学概念的发展需要日常概念的助推其道理是相同的。基于维果茨基的上述理论观点，俄罗斯心理语言学言语活动理论在对外俄语教学理论体系的建构中做出了自己的重大贡献，在所创建的现代外语教学法流派——自觉实践法中，完美地阐释了维果茨基的关于外语学习与母语习得既相异又相互联系的心理学理论观点，创建了世界范围内具有较高学术影响的集语言理论与言语实践的辩证统一，知识理解与技能训练的相互作用，自觉与直觉、有意识与无意识地掌握外语的综合教学方法体系。

一、自觉与直觉认知语言的心理过程

在心理学词典中，"自觉"（сознание）一词具有"知觉，意识，认清，觉悟"等意义，具体指对认知的事物有所意识而觉悟。在自觉实践法中，自觉是指学生要意识、认清所学的语言材料，这里主要指语言的知识体系。"实践"（практика）是指学生参加的外语实践活动，在这里主要指外语教学中听、说、读、写的实践活动。自觉实践是指掌握外语既可以在理解规则的基础上通过实践活动达到，又可以通过言语实践活动去理解语言材料而达到。在教学中，自觉与实践相互联系、相互促进，二者不可偏废。实践掌握外语是要达到的目的，自觉理解语言规则是达到目的的手段。在自觉与实践相互作用的前提下，该方法提出一系列具有辩证哲学思想的教学理念和方法，并始终在外语教学中遵循自下而上—自上而下、直觉—自觉、无意识—有意识相互统一的途径教授外语。该方法认为"掌握语言有两条途径：第一条途径是'自下而上'，即从直觉到自觉的过程；第二条途径是'自上而下'，即从自觉到直觉

的过程”[19]。

从直觉到自觉掌握语言是“遵循幼儿掌握母语的自然过程。幼儿吸收和积累语言材料的过程也是他们言语机制形成的过程，这个过程遵循从基本到完全，从简单到复杂，从具体到抽象，从错误到正确的语言发展过程”[19]。例如，幼儿掌握母语是先形成语音的发音机制，然后向高一级的水平发展，直到运用自如，最后才能对语言形式方面做理性的认识，即对语言规则、原理的认识。当然，从直觉到自觉的学习过程并不只限于学习母语的儿童，一些外语短期强化的教学过程通常也会采取从直觉到自觉的自下而上的过程。

从自觉到直觉掌握语言一般是指已经掌握母语的学习者再去掌握一门外语（或第二语言）的学习过程。此时，已掌握母语的学习者已经有一个完备成熟的言语机制，当他们在吸收外语语言材料时，以母语为基础的言语机制就会起作用。因此，“外语学习者掌握外语的过程通常从自觉选择语言材料来表达思想开始，经过大量言语实践，逐渐达到语言自动化的程度”[19]。当然，根据维果茨基的关于外语学习与母语科学概念掌握有其相似性的观点，学习母语在很多情况下也可以采取自上而下的途径，在这里主要指的是言语机制已经成熟的学龄儿童在学校课堂上学习母语的过程，这时他们的言语活动很多时候也是从自觉到直觉的自上而下的过程。根据这一事实可以确定，在外语教学中，学习者的言语行为也可以遵循这一心理过程，因为人类掌握语言将面临一些共性的心理问题。这一过程可以分解为三个步骤：首先，让学习者理解所要学习的语言知识内容；其次，在理解的基础上进行多种形式的言语训练；最后，在大量的、多种形式的训练基础上逐渐摆脱意识的控制，从而达到言语完全自动化的程度。

综上所述，掌握母语一般是“自下而上”的过程，学习外语则通常是“自上而下”进行的，是从完全有意识地选择语言手段，自觉地运用语言规则开始，直至言语的自动化为止，两种途径完全相反。所以，可以确定，掌握外语需要自觉和直觉的双向过程。

二、知识理解与技能训练的自觉实践过程

语言知识是指语言中的语音、词汇和语法。在语言系统中“语言”和“言语”是两个不同的概念。“语言是社会历史现象，是人类社会共同所有的，它表现为一个民族所拥有的语言共性特征，即各民族语言都有自身的语音、词汇和语法体系。而言语则是运用语言的过程，是个人的心理现象，它为个人所有，表现为语言的个性特征，有视觉、听觉、动觉的感性基础。语言和言语紧密联系，它们在社会生产劳动中产生和发展，它们都具有交际功能，都与人的思维直接联系。”[3] 在外语教学中，语言知识是语言的理论知识，理论知识的掌握要靠理解，其教学过程或是从自觉到直觉，或是从直觉到自觉。

言语实践在外语教学中起决定性作用，外语教学的主要目的就是掌握用外语进行听、说、读、写的能力。但是，这并不是说外语教学就没有必要学习语言理论，而是说应该以言语实践为主，语言理论为辅。语言理论的学习有助于自觉地对待语言现象，促进言语实践。“在外语教学过程中，非翻译性的言语实践所占比例应该在85 %左右，而语言理论的学习，即语言练习和帮助理解规则的翻译性练习应该占15 %左右。”[3] 如果从语言理论出发教外语，容易使学习者形成用逻辑推理方式来掌握语言的习惯，而通过这种方式学习，学习者是难以真正掌握外语的，这只能说是掌握了语言知识。只有通过大量的言语活动，最后达到直觉掌握外语的程度才有真正的价值，因为在自觉的言语活动中，外语学习者的意识集中在语言内容方面，这时对语言的使用就带有直觉的因素。在这种情况下，言语技能才是在熟巧和语感的基础上发展起来的，也只有这样才能发展起学习者直觉掌握外语的能力。

在言语实践中，听、说、读、写四个方面并重，要全面发展。听、说、读、写的言语活动可以分为理解和表达两个方面，听和读是理解语言，是领会式掌握语言的过程；说和写是运用所学的外语表达思想，属于复用式和活用式掌握言语的过程。“听、说、读、写四会是相互联系的，说以听为基础，听时产生内部言语，没有内部言语，就无法感知笔语，也就谈不上读；读能促进口语，也有助于写，在促进口语和读的同

时还可以加强对语言的理解和运用。所以，听、说、读、写技能必须全面发展，否则就会增加掌握语言的困难，减慢掌握语言的速度。”[3]

三、语言—言语—言语活动的综合教学过程

依据谢尔巴关于语言、言语、言语活动三分说理论，在外语教学中，语言、言语、言语活动需要解决各自面临的问题。语言是一种语言的语音、词汇、语法的知识体系。在语言教学方面，语音体系在教学一开始就要全部给予学习者；语法和词汇是知识教学的主要内容，进行语言知识教学时，必须做大量的语言练习，即在句型练习的基础上培养学习者语音、语法和词汇综合运用的熟巧。言语是指交际过程中用语言来形成思维和用该语言使思维外化的各种方法，即听、说、读、写言语活动。在言语教学方面，听、说、读、写言语实践活动是言语教学的主要形式，同时也是实现言语教学目的的主要手段。言语活动指的是运用听、说、读、写教学手段实现教学交际活动的过程。在言语活动教学方面，它应通过教师为学习者创建的言语情境，完成创造性言语交际活动。

一般情况下，外语教学活动由两部分组成。“第一部分是使学习者获得语言知识；第二部分是使学习者的言语熟巧和言语技能得到发展。”[3] 言语熟巧是在多次言语操作后达到的自动化程度，它是实践掌握外语的必备条件和前提。“在外语教学中，通常可以把熟巧分为三类：第一类是可以从母语中直接迁移的熟巧，即母语中完全与外语相同的部分；第二类是教学中需加以矫正和加工的熟巧，即母语与外语相似却不相同的部分；第三类是需要重新培养的熟巧，即只为外语所有而母语所无的部分。教师的首要任务是完成第二类言语熟巧，然后才是第三类。”[3] 但是，“对实践掌握外语来说，只获得语言知识和言语熟巧是远远不够的，还必须具有能够运用所学语言知识和言语熟巧完成实际交际任务的能力，这种能力就是言语技能”[19]。言语技能是运用语言知识进行听、说、读、写的基本能力，它是人类运用语言进行交际活动的主要形式，也是人们赖以认识事物、获取知识、发展智力、交流情感的重要途径。如果说言语熟巧的教学目标是言语技能的话，那么言语技能的教

学目标便是自觉的言语活动。如果一个外语学习者不仅具备了言语熟巧，而且还具备了良好的言语技能，这说明他已经初步具备了使用该门外语的能力。

言语活动是将语言知识合理应用在各项言语技能训练中，最终在大量的言语活动中使各种知识与各种技能得到综合运用。在言语活动中，言语表达不是熟练技巧，而是一种技能。技能是人们进行自己所理解的行为，而熟练技巧是没有意识参加而完成的动作。言语活动是一种自觉性的活动，不能将其归结为熟练技巧，它是人们重新组织语言，创造性地运用熟练技巧和知识的行为，是技能的表现。言语活动中的话语交流是创造性地运用语言，复用仅仅是记忆活动，不是思维活动。创造性的言语活动是根据具体交际场景以新的方式重新组织词汇和语言手段的过程，它具有语言应用的灵活性特征。在言语活动过程中，说话人的意识集中在思维内容上，而非言语形式上，此时外语的语言形式是与思维直接联系的。在言语活动中，话语分内部言语和外部言语，内部言语是外部言语的前提，它和思维直接联系，思维转向词的过程是内部言语向外部言语转化的心理过程。外语教学应加强对学习者运用外语进行听、说、读、写言语交际活动的训练，且言语交际活动要保持语言的真实性、现实性和趣味性。教师的主要努力目标应该是培养学习者用外语思维的能力和语感。与此同时，还要在外语学习者的思想意识中建立外语词语所表达的概念，以利于他们尽快形成用外语思维的能力。在学习者进行外语言语活动的训练之前，有必要向他们讲解一些语言理论知识，在学习者理解了外语的语言特点后，再培养相应的熟巧，效果可能会更好。

总之，基于外语学习与母语习得异同关系的教学理念建构起的外语教学法——自觉实践法，不仅继承了各外语教学法流派的优势，同时在自身的发展过程中又不断吸收国内外教育学、心理学和语言学的理论来丰富与完善自己。例如，自觉实践法把功能法的意念功能，情境—句型同话语题材巧妙地结合起来，创建了功能—情境题材的教材编写原则；又如，自觉实践法借鉴直接法的口语领先原则和听说法的句型操练原则的思想提出了“在口语基础上进行书面语教学”的原则；再如，自觉实践法还继承了直接法所大力提倡的语言直观和非语言直观的思想，在教学中广泛运用电化声像技术设备，为学习者创建了直观、形象、真实的言语情境，从而为直观性教学原则注入了新的含义。可以说，自觉实践法作为一个综合的外语教学方法流派不仅在过去指导我国的外语教学，而且可以预测，自觉实践法将在今后很长一段时间内继续指导我国的外语教学，尤其是俄语教学。

第三章 基于认知视角的俄语教学过程与内容的合理组合

从俄语教与学的角度出发，俄语课堂教学过程必须涉及两个要素：一是教师的教学过程，它包括教学内容的安排，教学策略的选择和教学情境的设置；二是学生的学习过程，它包括学习内容在时间上的展开，学习策略的选择和对学习活动的参与。如果把上述两个要素置于一个教学过程中，我们就可以从这一过程看到教与学的认知心理表现。本章将教学过程与教学内容合理组合作为研究的对象，深入分析俄语教与学的认知心理过程。

第一节　教学过程与内容合理组合研究的历史回溯

一、相关概念的分析与理解

众所周知，教学过程是教学活动的启动、发展、变化和结束在时间顺序上连续展开的程序结构，它是教师根据社会要求和学习者身心发展的特点，借助一定的教学条件，“指导学生通过认识教学内容从而认识客观世界，全面发展学生综合能力的过程”[29]。教学内容是“课堂上教与学相互作用过程中教师有意识地传递给学生的主要信息”[30]，它主要来自师生对课程内容、教材内容与教学实际情境的选择和综合加工。

“组合是指由若干相互联系、相互影响的部分按照某种方式所形成的具有一定结构和功能的整体。组合是客观事物普遍的存在方式。”[29]例如，生物学认为所有生物都是由细胞组合而成的，化学认为自然物质都是由元素组合而成的，医学认为所有动物都是由各种组织和器官组合而成的，经济学认为所有经济系统都是由生产者和消费者组合而成的。同理，俄语课堂教学也是由教学过程与教学内容组合而成的。正是因为组合的存在，才使教学内容得以呈现，教学过程得以展开。基于上述分析，我们认为合理组合是指教师依据科学标准，将教学过程与内容合理地结合，组成一个有机的整体。教学过程依据教学内容展开，教学内容在教学过程中呈现，使学生在这个过程中获得最大的进步和发展，在此基础上达到教学目标。“教学过程与内容的合理组合主要体现在以下三个方面：一是教学过程要完整，不能缺少或忽略某一环节；二是教学内容要适当，不能过难或过易，不能过多或过少，要按照由易到难的认知顺序循序渐进地展开；三是教学时间要合理，各过程要依据内容合理分配时间，讲课速度不能过快或过慢。可见，教学过程是一个有机统一体，是一个以时间为维度有序展开的动态发展过程。”[29]

分析目前我国各级各类学校俄语教学大纲和课程标准，可以将俄语教学的主要内容概括为：俄语教学的主要内容是向学生传递俄语语言知识，训练俄语的听、说、读、写言语技能，最终培养学生的跨文化交际能力。我们知道，教学内容的传递要通过教学过程才能得以实现，如果没有教学内容，教学过程就只是一个空洞的时间流程。而如果没有教学过程，教学内容就无法按一定的时间顺序呈现出来。所以，教学过程与教学内容相互依存、相互制约，是一个整体系统的两个核心要素。也就是说，俄语课堂教学只有将教学过程与教学内容合理组合在一起，才能在向学生传递语言知识的同时形成学生的言语技能，从而发展学生的跨文化交际能力。

为了使俄语教学过程能科学、有效地展开，我们将俄语教学过程置于国际教育的大视角和教育心理的交叉视角，通过分析比较该领域著名学者对教与学过程的精辟阐述，建构一个俄语教与学的科学过程。但是，在以往的研究中，多数学者更偏重于研究教学过程，并形成了比较完善的教学过程理论。而教学过程与教学内容二者相互组合、相互对应的研究尚显薄弱。事实上，教学内容总是与教学过程紧密联系在一起的，它们是一个不可分割的整体。

二、历史回溯与现时解读

早在古罗马时期，著名教育家昆体良（Marcus Fabius Quintilianus）就比较明确而具体地提出了“三个递进的学习阶段：模仿—接受理论的指导—练习”[31]。这一过程以模仿为前提，以接受理论的指导为重点，以练习为根本。该思想体现了在教学过程中既应重视知识的掌握，又应强调技能的训练，还体现了学习具有的循序渐进性的特点。文艺复兴时期，捷克教育家夸美纽斯（Comenius Johann Amos）认为，教学过程由感觉、记忆、理解、判断这四个阶段构成。他主张“教学应该从感觉开始，经过记忆、思考和练习达到对知识的理解，最终培养学生的判断能力。该理论强调教学应适应自然的规律，应与学生天赋的自然力相适应”[32]。也就是说，应该依据人的自然本性和学生的认知心理发展特点进行教学。德国教育家赫尔巴特（Johann Friedrich Herbart）认为，任何教学过程都是按一定顺序展开的。他把教学过程划分为明白、联想、系统、方法四个阶段。该理论重视知识与技能的传授以及教师在教学中的作用，对指导和改进教学实践起到了广泛、积极的作用。后来，赫尔巴特的后继者——齐勒（T. Ziller）将该理论发展为准备—呈现—联想—概括—应用五步法。赫尔巴特派的“五段教学法提倡教师使用直观教具进行教学，重视培养学生的兴趣，注重形成新旧知识之间的联系，强调知识的巩固和强化”[33]。该理论深深影响并引领着19世纪末、20世纪初欧美国家学校的教学，成为教学过程的基本模式。

20世纪初，美国进步主义教育学家杜威（John Dewey）依据学生在做中学的认识，提出了教学的五个阶段：从情境中发现疑难，从疑难中提出问题，从问题中做出假设，从假设中做出推断，经过检验获得结论。这就是著名的“五步教学法”，“可以简明地概括为：困难—问题—假设—验证—结论”[33]。该理论突出了学生在教学中的主体地位，重视学生的生活经验，主张通过在做中学来调动学生学习的积极性和主动性，从而促进学生的发展。20世纪上半叶，苏联教育家凯洛夫（Кайлов）依据马克思主义认识论，把教学过程概括为感知、理解、巩固、应用四个阶段。“他运用马克思主义的观点来科学地解释教学过程的规律，揭示学生认识的特点，概括教学过程的基本环节，提出并阐明教学必须遵循的原则。”[33]该理论强调在教学过程中要充分发挥教师的主导作用，使教学活动高效、有序地展开。该教学过程理论在苏联教学理论中曾占据统领地位，并极大地影响了我国当代教学过程理论的发展。当代国外教学过程理论主要有信息加工、情意交往、认知同化、结构发现、程序教学等。结构发现理论认为，教学过程就是科学发现的过程，其程序是提出问题—创设情境—提出假设—形成概念—评价验证，该理论以美国教育心理学家布鲁纳（Jerome Seymour Bruner）为代表。认知同化理论认为，教学过程就是新知识不断地归属到原有的认知结构中，与已有的旧知识发生联系的过程，该理论以美国认知心理学家奥苏贝尔（David P. Ausubel）为代表。“信息加工理论把教学过程看成是信息输入、编码、加工、贮存、译码、输出的过程，该理论以美国教育心理学家加涅（Robert Mills Gagne）为代表”[34]。

从以上几种教学过程理论中可以看出，国外传统教学过程理论将教学过程等同于学生的认识发展过程，认为教学过程应与学生的认识发展过程相一致，而教学内容也要通过遵循学生的认识过程来呈现。国外当代教学过程理论则受传统教学过程理论的影响，依然重视学生的思维活动和认知发展，但对认知过程的内在运行机制进行了更为深入的探索与研究，强调教学过程应与认知过程相一致的同时，也强调教学内容应依据认知过程而展开。

在中国古代，对教育及其相关问题的研究也并不落后。早在春秋时期，孔子的教育思想中就孕育着教学过程理论的萌芽。他的关于教学过程的主张可以概括为三个阶段，即学、思、行。他主张多见多闻，学思结合，提倡“躬行”，最终达到学以致用。这是我国最早的教学过程思想，对后世教学过程理论的发展产生了深远影响。荀子提出闻、见、知、行的教学过程，尤其强调了“行”在整个教学过程中的重要地位，即强调了实践应用的重要性。可以说，他继承和发展了孔子的教育思想。在《中庸》中也明确提出了“博学之，审问之，慎思之，明辨之，笃行之”的教学理论，“从中看出了学—问—思—辨—行的教学过程观。这一过程理论更符合学生的认知规律，更强调学生要主动学习、深入思考、亲身实践，对后续教学过程理论的发展产生了直接影响”[33]。朱熹把《中庸》的教学过程理论与孔子的教学过程思想相结合，提出了学、问、思、辨、习、行六段教学过程论。他不仅认为学、问、思、辨、行是教学的必然程序，还强调学习需要反复练习与复习。他认为，只有不断练习，才能加深理解；只有不断复习，才能熟练巩固。可以说，朱熹的教学过程模式是我国传统教学过程的经典模式。也可以说，我国当代教学过程理论是在继承传统教学过程理论，吸收近现代国外教学过程理论的基础上形成和发展起来的。

自20世纪80年代起，我国教育理论界对“教学过程”进行了长期的大范围研讨，许多学者提出了各自关于教学过程的见解，大致有以下几种理论。“四段论，感知—理解—巩固—应用（李秉德，1991）；五段论，感知—理解—巩固—应用—检查（王策三，1985）；六段论，动机—感知—理解—巩固—运用—评价（刘克兰，1988）；七段论，动机—感知—理解—记忆—迁移—应用—评价（曾欣然，1992）；八段论，传授／摄取—批改／排除—分析／改造—示范／适应—启发／联想—复习／储备—讲解／理解—作业／运用（田龙翔，1988）。”[34] 从以上几种教学过程理论中可以看出，早期的传统教学过程理论侧重于从教师教学的角度看学习过程，把教学过程看作是学生内在的认知过程，还把教学过程看成是知行统一的过程。而在教学内容方面，早期的传统教学过程理论既重视知识的学习，又强调知识的应用，这与教学过程的“知”与“行”遥相呼应。我国当代教学过程理论则更侧重“从学生学习的角度看待教学过程，即把学习过程当成教学过程”，“把学生的心理活动过程特别是认知活动过程作为教学过程”。[34] 也就是说，当代教学过程理论在继承与发扬传统教学过程理论的基础上，从学生学习过程的规律出发，将教学过程与内容有效组合的问题进行了进一步的分析研究。其中，四段论和六段论在我国教学过程理论中占主导地位，对课堂教学实践影响最大，是我国当前最基本的教学过程理论。

综观国内外各种教学过程理论，它们都具有一定的科学性。学者们根据社会的不同需求，从不同角度、不同侧面对教学过程进行了深入的分析和研究，从而揭示了教学过程的特点和规律。与此同时，他们还强调在教学过程中应遵循学生的认知规律和认知水平，以及教学内容应依据学生的认知能力呈现于教学过程。虽然各种理论流派对教学过程的基本阶段有不同的看法，对每一阶段呈现的教学内容有不同见解，但不可否认的是，上述每一个教学过程模型都揭示了人们对知识、技能的一个完整的认识过程和训练过程，只不过有些教学过程更偏重于学生的知识理解和应用，有些教学过程更偏重于学生的技能操练和能力的形成，还有些教学过程更希望看到二者能够相互作用，协调发展。当然，不同社会发展时期产生的任何一种教学过程理论都很难在教学中兼顾所有学习内容。

第二节 俄语课堂教学过程的阶段划分

一、理论起点

在现代教学中，人们更倾向于从教育学和心理学交叉的逻辑起点上看待教与学的过程，更注重从学生认知水平、认知方式的角度将所选择的学习内容置于教材内而用于教学过程。也就是说，教学内容的展开是建立在学生的认知方式和水平之上的。而在现代外语教学中，更倾向于从心理学、教育学和语言学多学科视角看待外语教学与外语学习。现代外语教学不仅注重学生的认知水平、学习方式，关注外语教学的自身规律，还考虑到所学语言的特点和目的语国家的文化。因此，建立在对所学语言及文化特点认知基础上的学生心理内部活动与教学过程的某一阶段一定要相互吻合。

此外，我们还看到，在教学过程中，教师不是把知识的答案直接告诉学生，而是要按照一定的方式、方法和手段将教学内容适宜地呈现在教学过程中，以便学生跟踪这一过程，最终发现知识、形成能力。也就是说，学生在教学过程中获得的不仅仅是知识，伴随这一过程的还有获得知识的方法。所以，教学方式、方法和手段是架设在教学过程和教学内容之间的一座桥梁。由于我们探讨的主题是教学过程与教学内容的有机组合，这里不再赘述有关教学方法的内容。

二、教学阶段的划分

依据教育学、教育心理学和心理语言学的理论观点，可以把俄语课堂教学目标简化为“三个认知程度：懂、会、熟”[29]。因此，我们可以将俄语课堂教学过程分为三个阶段：第一阶段通过感知与了解达到“懂”的程度，具体指根据所学知识的外部形态结构和直观情境，即实物或实物化教学手段，在教师的引导下去感知俄语语音、词汇、语法知识等，在此基础上通过对语际、语内新旧知识的对比分析，达到对新知识的一般了解；第二阶段是在第一阶段的基础上通过理解与巩固达到

"会"的程度，具体指在言语情境中将所学知识用于听、说、读、写等有意义的练习，通过有意识的训练过程，达到巩固所学语言知识，形成熟练的言语技能；第三阶段是在第二阶段的基础上通过运用与反馈达到"熟"的程度，具体指在接近真实的交际情境中运用所学语言知识进行言语交际活动，通过大量言语活动反馈并评价学生的掌握程度。三个阶段的顺序是稳定的、依次递进的。根据以上分析，我们可以将俄语课堂教学过程划分为动机、感知、理解、巩固、运用五个阶段。

需要强调的是，以上"对俄语教学过程的划分是建立在以学生认知心理过程为主线的基础上，首先考虑的是学习者的认知过程，即按照学习者的认知过程确定教学过程的每一个阶段。此外，将教学过程进行阶段划分，并不意味着每一过程之间是截然分开的。相反，各阶段是一个整体，每个阶段之间相互联系"[29]，呈循序渐进式向前运动和发展。

第一阶段为动机阶段。动机是指激励人们去行动的内部动因和力量，它包括个人的意图、愿望和企图达到的目的。俄语学习动机表现为学习者渴求学习俄语的强烈愿望，它是推动俄语学习的直接动力，它通常发生在课堂教学的开始阶段。这一阶段教师的主要任务是：第一，带领学生复习，唤起学生记忆中与即将所学新知识相联系的旧知识，使新旧知识之间建立起更好的联系，为学生即将进行的学习活动做好知识准备。第二，以学生感兴趣的、熟悉的生活情境或话题引出要学习的新知识，唤起学生的学习兴趣和强烈的求知欲望，顺利地将学生带入新的言语情境，为学生即将进行的学习活动做好动机情感方面的准备。课堂导入环节的合理设计，既可以复习、巩固之前学过的内容，使已学过的知识更加清晰化、系统化，使新旧知识建立有效联系，又可以使学生对所要学习的内容产生兴趣和求知欲望，为接下来进入的新知识教学做好准备。

第二阶段为感知阶段。感知是客观事物通过人的感觉器官在头脑中的直接反映。此时，人们感受到的知识是事物的表象，即事物的外部形象。在俄语教学中，它是指"通过视觉和听觉感官的作用对教学材料进行初步认识，形成客观事物的正确表象，从而有利于学生对知识的正确理解"[31]。这一阶段教师的主要任务是：第一，带领学生通过分析认识新学内容的语音、语调、形式等外部形态结构，使学生产生感性认识。第二，最大限度调用各种不同的直观手段，如各种实物、图表、图片、多媒体手段等，促使学生通过各种感官来感知俄语，将教学材料承载的抽象的知识与直观、生动的形象结合起来，为学生接下来进一步理解抽象的知识创造有利的条件。

第三阶段为理解阶段。理解是通过对新旧事物之间逻辑关系的了解来把握事物内在属性的认识过程，也是外部知识向学生内部心理转化的开始。然而，内化的过程不是一蹴而就的。从认知心理角度看，首先，内化是将瞬间记忆所选择的信息输入到短时记忆进行加工；然后，在短时记忆加工车间里通过与已有知识的同化，逐步将新旧知识进行归类和系统编码；最后，将系统编码的知识分门别类储存到学生的长时记忆库中留待后用。这一阶段学生应在教师的指导下，通过大量的有利于知识记忆的听、说、读、写练习活动，在感知俄语材料的基础上，经过大脑的进一步加工，理解所学材料的意义。在这一教学过程中，教师的主要任务就是通过各种教学方式、方法，调动学生的学习积极性，引发他们的学习兴趣，建立新旧知识之间的有机联系。"引导学生通过积极地综合、分析、判断、对比、归纳、抽象等方法启发学生进行积极的思维活动，通过大量的言语练习活动，在言语情境中理解俄语"[35]。

第四阶段为巩固阶段。巩固就是使理解的知识更加牢固，它是指"把所学的俄语知识牢牢地保持在长时记忆库中，这是俄语教学的一个重要阶段。俄语学习过程既是一个记忆和保持的过程，同时也是一个反遗忘的过程"[29]，所以学生要不断地巩固强化所学的知识，否则就会遗忘。教师在这一教学过程中的主要任务就是运用各种有效的方式、方法、手段，安排丰富多彩的听、说、读、写言语活动，设置不同的言语情境，激发学生的学习兴趣，促进他们积极主动地参与，从而巩固所学知识。与此同时，教师要科学运用各种教学方式，"帮助学生掌握记忆的基本规律，形成科学的记忆方法"[36]。

第五阶段为运用阶段。运用就是将所学知识根据其属性综合运用于言语情境中。所以，运用是俄语课堂教学过程的综合实践环节，也是对所学知识的反馈评价环节。诚然，在教学过程中的每一阶段都存在对知识的运用，如在感知中运用、在理解中运用、在巩固中运用，但是在运用阶段强调的则是知识的综合运用。在这一阶段，教师的主要任务是将所讲的教学内容融会贯通，根据所讲内容依附的话题为学生创设不同的主题情境，设计不同的言语活动，鼓励学生在活动中广泛运用所学知识。同时，教师也可以通过学生的活动及时反馈他们的学习情况，从而有效地调控课堂教学过程。

综上所述，俄语课堂教学过程的五个阶段是一个认识发展的完整过程，学生的认知活动总是“从已知到未知，从具体到抽象，由易到难，由浅入深，循序渐进，呈螺旋式向前运动和发展的”[29]。不仅如此，这五个阶段还是一个辩证的统一体，“尽管它们有其相对的独立性、阶段性，但它们更是相互联系、相互促进的。动机是感知的前提，感知是理解的基础，理解是感知的提高，巩固是感知和理解的发展，感知、理解和巩固又共同作为运用的基础，而在这一系列的过程中，评价贯穿始终，及时为教学提供反馈信息，从而使教师能够更有效地调控课堂教学过程。但是在实际教学过程中，由于情况的复杂多样性，教学过程的各阶段不可能一成不变，教师需要根据具体情况做出适当的调整”[29]。

第三节　不同课型中俄语教学过程与内容的合理组合

依据俄语教学的主要内容，在确定将俄语课堂教学过程分为五个阶段的基础上，可以将所开设的课程划分为四种类型。具体是：以语音为主要内容的教学、以词汇为主要内容的教学、以语法为主要内容的教学和以语篇为主要内容的教学。以上四种课型是在以掌握俄语知识的基础上划分的，同时将听、说、读、写的技能训练以及言语运用等全部贯穿于知识掌握的教学过程之中。当然，也可以把上述课型理解为综合俄语课或基础俄语课的某一教学内容的侧面。

一、以语音为主要内容的教学过程

语音阶段是学生学习俄语的基础阶段，它通常集中在俄语学习的初始阶段，即在一段时间内完成语音教学任务。语音课的教学任务主要是教授发音、书写、语音规则，让学生在掌握一些常用句型以及简单语法规则的基础上，进行语音、语调的训练。“在语音阶段打好基础，形成基本正确的语音语调，不仅会使之后的学习变得轻松，也会有助于其他言语技能的形成”[29]。因此，以语音内容为主的教学就显得尤为重要。“在语音教学中，教师首先应带领学生复习学过的字母、音组和单词的发音，引出要学的语音教学内容，以激发学生的学习动机。之后，教师示范语音语调或播放录音，让学生初步感知语音并模仿。在此基础上，教师根据情况适当讲解发音规则和具体的发音方法”[37]，在示范的基础上对语音、语调的特点做出简明的分析和对比，“引导学生通过对字母、音组、单词发音特点的归纳，找出其发音和拼读的规则，并让学生理解”[38]。在这一过程中，教师应采取个别练习与集体练习相结合的方式，让学生在模仿的基础上多次重复、反复实践，使语音语调得到巩固，“根据教材内容，将字母发音、音组拼读与单词、句子、课文有机结合起来，培养学生拼读能力，尽早运用所学的知识”[29]。虽然语音阶段教材中出现的内容是以综合性原则呈现的，既有字母发音、音组、单词，也有简单的对话等，但是由于这一阶段学习者掌握的俄语知识非常有限，语音教学并不能在言语情境中操作，只能运用一些常见的、与学习者发音学习相关的，以及与生活密切相关的直观性教学手段，如挂图、实物、图画等辅助教学。

二、以词汇为主要内容的教学过程

以词汇为主的课堂教学是综合俄语教学为学习者掌握某一话题的内容服务的。词汇教学的主要任务是使学生正确理解所学单词的基本意义，在言语活动中熟练掌握其用法。在俄语教学中，词汇既可以与课文、会话结合在一起呈现，也可以单独作为一个整体内容呈现。由于现今大、中学校使用的教材基本是以话题为主线编写的，词汇出现的范围与话题内容密切相关。这样一来，教师在带领学生掌握单词的过程中，就不能将其与话题的情境割裂开来，而是要利用话题的情境，根据单词内容设置一些情境或设置一些故事情节，使学生在言语情境中通过情境和故事情节来感受单词的含义，从而达到掌握单词的目的。

"词汇学习是学好俄语这门语言的关键，也是俄语课堂教学过程中极为重要的教学内容"[35]。"由于俄语词汇结构复杂，运用灵活多样，无论发音、书写以及意义都与汉语词汇差别极大，掌握词汇对学生来说难度较大"[29]。"在教学中，教师首先应带领学生复习旧单词，用学生学过的旧单词引出要学的新单词，以激发学生的学习动机；紧接着，介绍新单词的词类、词性、变格、变位、意义、搭配等基本知识，让学生初步感知新单词"[18]；之后，"通过词的聚合和组合关系来理解新单词。聚合关系可以通过新单词与其他词的同义关系、反义关系、上下义关系来确定词的概念意义。但是，通过这种关系确定的概念意义是抽象的、概括的、多义的"[18]，因此必须运用一种方法使其进入具体的、个性化的、语义确定的意义之中，以便学生掌握，这就是词的组合关系，也就是使词进入搭配规则中的关系。在确定词的组合关系的基础上，教师采用多种识记手段，运用各种复习方式，选择多种教学方法，设计合理的词汇练习体系，把单词纳入词组中，把词组纳入句子中，把句子纳入语篇中，反复强化，使新单词得以巩固；最后，设计并组织大量听、说、读、写的言语实践活动，训练学生在不同情境中灵活运用词汇。

三、以语法为主要内容的教学过程

以语法为主的课堂教学也是精读课教学为解决学习者掌握某一话题内容服务的。“语法教学的主要任务是向学生讲授词法和句法的基本知识，运用句型、会话等进行语法练习，通过大量言语活动熟练应用语法规则”[35]。就语法规则本身来讲，它与情境并没有直接的内在联系，但是由于现今我国俄语教材的编写大多是以话题为主线，即以交际中常用的话题情境为主线，这样语法内容的安排也被置于话题的情境之下。“在语法教学中，教师首先应带领学生复习学过的语法或以贴近学生生活的场景引出要学的语法，以激发学生的学习动机”[29]。教师可以在课文和会话中将涉及的语法现象的句子作为语法教学的第一步，即首先把大量的与语法相关的言语事实在言语情境中展示给学习者；其次，在此基础上，引导学习者认识并概括出语法规则；再次，将语法规则带回到情境中进行大量练习，形成学习者的言语熟巧；最后，将所学语法规则迁移到不同的情境中进行应用。这是我们在语法教学中通常采用的归纳方法。但是，语法教学也可以运用另一个过程，即首先带领学习者分析、认识语法规则，之后再进入情境中练习。这是我们在语法教学中通常采用的演绎方法。需要注意的是，当我们在教学中遇到难度稍大、学生难以掌握的语法项目时，可以将上述两种方法结合起来使用，给学生增加一次认识和实践的过程，教学也将会收到更好的效果。

总之，将语法规则带回到情境中进行练习，并将所学语法规则迁移到不同的情境中进行运用，在语法教学中无疑是最重要的。

四、以语篇为主要内容的教学过程

语篇教学是将语篇整体作为一个话题情境来进行信息处理的过程。也就是说，俄语教学不能只停留在对目的语孤立的词、句分析水平上，而应该从语篇的形式结构和内容两方面入手，结合语言运用的环境和背景来帮助学生理解和掌握语篇。语篇教学的主要任务是通过话题情境培养学生理解和表达俄语的能力，以及分析、思考、判断和评价问题的综合能力。在语篇认知过程中不仅要注意语言形式，更要注重语言功能。具体来说，如果我们学的语篇是书面文章类的，那么我们就要在理解语言形式结构的基础上分析作者布局语篇的特点和遣词造句的手法，并结合文章的语言特点来学习目的语国家的有关社会文化和其他各种知识；如果我们学的语篇是口语会话类的，则要充分注意口语会话的特点，结合交际双方的目的和关系，结合目的语国家社会行为模式和文化背景等因素来处理所接触的语言材料。总之，语篇学习不仅是对语言知识本身的学习，还要在学习语言知识的同时，将语音、语义、语用知识，以及目的语国家的文化背景知识结合起来用于对语篇的理解。

会话教学是以教材中话题为主线模拟交际情境展开的一个个交际活动的教学过程，其突出特征是它的言语实践性。“在以会话内容为主的教学中，教师首先应给学生介绍所学会话在生活中出现的场景，或者通过复习旧知识引出要学的会话内容，以激发学生的学习动机”[29]；然后，再把会话内容以听的形式全部呈现给学生，使学生对会话内容有一个初步的、概括性的了解和总体上的感性认识；接下来，在教师的指导下师生共同逐段分析会话内容使学生理解透彻，在这一过程中教师需要运用会话中出现的新单词、新语法和较复杂的语言现象进行大量操练，通过练习使学生初步掌握会话内容；之后，运用对会话中常用结构和句型进行扩展性替换练习，将其迁移到不同的话语情境中，扩大其应用范围；最后，再通过提问、复述以及模拟接近真实的交际情境使学生将会话主题顺利迁移到应用场景中。

课文教学是通过细致的分析，从而透彻理解课文内容的教学活动。由于课文内容涵盖了诸多单词、语法、文化等知识和语言现象，课文教学内容的综合性最强。在以课文内容为主的教学中，总体上应遵循整体—部分—整体的过程模式进行。首先，教师带领学生站在语篇“整体”层面，运用先行组织者模式，将课文的背景知识、文化知识介绍给学习者，使他们从总体上把握语篇的基本内容；然后，教师带领学生进入语篇的“部分”层面，即通过逐段分析课文的知识，讲练课文中出现的常用结构、固定搭配、惯用结构，并通过大量练习将上述内容迁移到不同的语言情境中，使学生透彻理解课文内容；最后，带领学生再回到语篇的“整体”层面。通过对课文内容的提问、复述、转述等方式综合运用学过的语言知识，全面加深对课文的理解。

第四节　俄语教学过程的主要特征

依据俄罗斯心理语言学言语活动论的核心概念，可以将俄语教与学的过程看作是一个言语活动的过程。那么，言语活动的特征是什么样的呢？按照马克思的观点，甚至是思维行为本身，以及其中蕴含着思维活动的因素——语言，它具有人的特性，是人的本质能力对象化的成果，也是人的心理能力的成果。然而，无论是思维活动，还是言语活动，都包含着主体的某种具体需求，以及主体在活动中力求达到的结果。作为言语活动，它是人类活动的一种，包括人的外在话语的交流活动和人的内在思维活动，其具体形式既可以是对话，也可以是言语理解；既可以是对话言语与内部言语的连接互通，也可以是诗歌言语与内部言语的相互转换；既"可以与外部具体行为的心理内部相关联，也可以将其理解为外部行为向内部思维活动的转化"[39]。总之，一旦我们将俄语教学过程置于言语活动这一范畴，那么言语活动的所有特征——交际性、情境性、循序渐进性、评价方式的多元性等都将服务于俄语教与学的整个过程。

一、交际性

辩证唯物主义认为，世界是一个过程，事物是一个过程，认识也是一个过程，并且是一个认识的活动过程。这正像恩格斯所说："事物总是作为过程出现的，事物总是向前发展的，自然界中的一切运动都可以归结为一种形式向另一种形式不断转化的过程。"[40]任何事物的发生和发展都是一个过程。同理，交际也是一个过程，而且必须是两个人或多个人之间的活动过程。在交际活动中人们通过相互接触、交流，使原有的认识得到提高，建立起新的认识关系，从而进一步提高实践、认识活动的质量。每一次交际活动中的信息传递和接收并不意味着交际的结束，而是新的交际的开始，这意味着交际要依靠一系列活动，才能使人的认识水平得到提高。

在现代语言研究中，有很多语言学家对语言及其属性问题做过许多论述，先后提出过多种理论，其中给语言的一个重要的定位就是：“语言是人与人之间的交际工具，是人类进行交际的重要手段。交际性是语言最本质的属性，它随着人类交际的需要而产生、发展和继续存在。”[18] 既然语言在人类交际中产生和发展，那么在交际中掌握语言就顺应了事物的发生、发展规律。所以，交际性不仅是俄语教与学的主要方法，同时也是俄语教与学的主要目的。目前，俄语教与学过程的交际性以及在俄语教学中培养学习者交际能力等问题在大多数俄语教育者和学习者中已达成共识。然而，在实际教学与学习中，关于学习者交际能力的培养还有许多亟待解决的问题。例如，一些教育者和学习者对交际的内涵还比较模糊，还有一些教育者和学习者仍然按照自己习惯的方式学习俄语，他们大多数时候还沉浸在语言知识的大量练习中，其学习的侧重点还是在语言规则的变化和使用上。诚然，语言知识的掌握在交际能力的形成中是非常必要的，它是交际能力形成的基础与前提，但是如果没有大量交际的学习过程，也很难成就学习者的交际能力。近些年来，随着国际间经济、文化交流的日渐频繁，各国人民之间的合作与往来与日俱增，新的社会背景使“交际”一词获得了更多新的含义，我们通常将其称为“跨文化交际”，即两种不同文化背景下人与人之间的交往，是两种不同思维模式的人与人之间的心灵碰撞。从“交际”一词应用范围的逐渐扩大和语义内涵的加深可以看出，交际在现代社会发展中有着更重要的意义。这不仅要从根本上提高教师对教学中交际性的理解，同时还要让教师学会如何将交际活动贯穿俄语教学的始终。

在社会生活中，每个人的生活都直接或间接地与他人发生着联系，每个人都不可能孤立地生存。在交际中每个人都有一定的交际动机，都要在动机的驱使下展开一系列交际方法和行为，从而达到交际目的。教学活动也是人与人之间的一种交往，也是一种有目的的活动。在俄语教学中，它主要是指师生之间和学习者之间的交际，其主要特点体现为交际的合作性、交际的频繁性和交际的直接性三个方面。合作性是因为俄语课是一门实践课，实践的形式多种多样，无论以何种方式进行实践，都需要师生之间和学习者之间的合作。只有大多数学习者的参与才能有合作，只有合作才会有活动，而只有交际活动，才会有更好的俄语学习。频繁性是因为交际是理解、巩固俄语知识，培养俄语言语技能的主要途径，学习者需要在大量的、频繁的、多种形式的教学交际活动中才能掌握语言。也就是说，学习者的交际能力是在大量言语活动中“练”出来的，而非教师“讲”出来的。直接性是因为教学中的交际是具体、公开、直接的，交际的过程与结果，学习者的认知、情感、意志的表现等都置于教学的公开过程中，并即时转化为一种认知心理活动。在教学交际中，师生共同创建的平等、民主、尊重、信任、理解的学习氛围，使学习者在受到激励、鞭策、鼓舞的情感体验中加速形成自己的语言综合能力。

在教学方法层面，有一部分教师对交际性的理解仍较为片面。他们往往认为，只有将社会生活的所有场景全部移入课堂，才算是“交际”。事实上，从俄语教学过程看，交际性主要体现为教学过程中的信息传递和师生间的情感互动。我们知道，俄语学习是“学习者掌握一种新的语言的过程，这个过程是由许多具体的信息传递和接受步骤构成的，教学的每一步都是输入信息—言语交流活动—输出信息的过程。当教师呈现出一个新的语言材料时，对学生来说就是信息的输入，当学生接受新的信息时，就要通过一系列言语交流活动，这里包括感知、理解、归纳、记忆等活动”[3]。俄语课堂上信息的传递与接受是循环的、反复的、多次进行的活动。当然，信息的传递与接受不仅是在师生之间，更多的时候表现在学生与学生之间。一般情况下，学生之间的言语交流活动在课堂上占用的时间量要大于师生之间的交流。教师在课堂上的任务是指导学生如何接收、处理、保存、运用俄语信息，而学生是在教师的指导下，通过听、说、读、写言语活动去接受信息、处理信息、保存信息和运用信息。

当然，“俄语学习不仅是传递和接受语言信息的过程，也是在传递和接受语言信息的同时师生之间、同学之间进行情感上交流的过程”[3]。我们知道，语言是表情达意的工具之一，语言的情感性也是语言的一个本质属性。在俄语教学过程中，教师表现出来的对学习者各方面能力的肯定性情感会促进学习者的学习，提高学习者的学习兴趣；反之，则会起到阻碍作用。所以，教师应该千方百计为学习者创造一个具有安全感的学习环境，减少学习者的紧张和焦虑，从而提高学习效果。现代教育提倡学习者之间的合作性学习，其主要意义也在于使学习者在交际过程中互相理解，促进彼此间情感的交流，形成健康、和谐、向上的人格。

从师生的交际过程看，众所周知，语言在人类生产和生活中产生，它是人类的交际工具。俄语学习是掌握一门语言，所以语言的掌握应该回归于交际。首先，“俄语学习过程是教与学的双方——师生之间的交际，所以，教与学也是人与人之间进行思想、感情、信息交流的过程”[3]。教学这一概念不再是你教我学，而是双方的互动交流，教与学的效果也是双方互动的结果。其次，“俄语学习的交际活动是由听、说、读、写言语活动所组成，这种言语技能活动不能只是一种操作性的，它应该与学习者的认知性、思维性活动联系在一起”[3]。所以，俄语学习就是通过师生之间以及学生之间的交际活动，在听、说、读、写言语活动中认识俄语、掌握俄语，形成运用俄语的综合能力。再次，“俄语教与学的认识活动是相互依存，相互作用的”[3]。师生各有自己的认识客体，学生认识的客体是俄语，教师认识的客体是教学规律。学生认识俄语的过程离不开教师对教学规律的认识，教师对教学规律的认识也离不开学生在教师指导下学习的客观效应。事实上，教与学双方都为对方提供信息，教学就是为了促进这种交流。

二、情境性

形成学习者恰当得体的交际能力是俄语教学的最终目标，要实现这一目标必须在俄语教学中为学习者创设大量的符合俄罗斯文化的交际情境，使学习者在教师设置的情境中通过言语交流感受俄罗斯文化，体验和了解俄罗斯民族的思维方式，最终达到恰当得体地运用语言的教学目的。在俄语教学中，情境性极为重要，它可以与交际性共同被视为教学的第一原则。“俄语教学的情境性可以从两个方面理解：一是话题情境下教学内容的设置，二是教学过程中情境性手段的选择”[3]。随着我国综合国力的不断提升，我国的外语学习者在涉外交往中所扮演的角色也由传统意义上的外国文化的吸纳者、引介者，更多地转向了中华文化的承载者、传播者。因此，为俄语教学所创设的情境，除了要考虑俄语语言国家的社会文化等因素，还要有益于培养学生的中华优秀传统文化的传播能力，使学习者能在特定的场合以恰当的方式用俄语介绍中华优秀传统文化，展现华夏文明的魅力。

（一）情境性教学内容的安排

目前，在我国的俄语教学中，仍然有不少的教师对情境性的认识仅停留在理论层面上，大多数俄语课堂仍然是以讲授语言知识为主。从言语活动的概念内涵以及语言与文化的关系等可以得出，情境是指言语交际的社会情境，情境与言语交际活动始终伴随出现，二者是一个整体。可以说，任何的言语活动都在一定的言语情境中发生，在社会交际中没有无情境的活动，情境是言语活动自身的一个重要组成部分。可见，情境性实实在在地存在于言语交际中，它不能脱离言语活动而存在。在俄语教学中，情境性教学内容的安排应该与不同课型有机结合。

在语言教学中，情境是指言语交际活动中的社会语境和言语表达中的上下文语境。在俄语教学活动中，无论是对语音、语法、词汇（语义）等语言知识的理解，还是听、说、读、写等言语技能的训练都应该在话语的情境中完成。在中学，俄语作为基础教育阶段的一门课程，它通常是以语音、语法、语义（词汇）、语篇（课文或会话）来进行综合性教学，情境只是根据教学内容的进程在某个课堂上进行创设。“在高校，精读课教学作为俄语知识教学的综合性课型，不仅要承担语法、语义、语篇（词汇）等知识的教学，还要承担对学生听、说、读、写技能的训练。但是，精读课中听、说、读、写的任务主要是为学生获得知识和检验所掌握知识的正确与否而服务”[3]。所以，精读课本身强调对知识理解的准确性，言语输出的正确性。精读课要依据话题的总体情境，根据课堂教学侧重的某一教学内容创设不同情境，有所侧重地对语法、语义、语篇等进行讲练。但是，无论是侧重语法、语义，还是侧重语篇的教学，都必须置于当课话题的情境之下，为学生创造一个在情境下实践所掌握语言的课堂教学过程。除此之外，针对学习者的言语技能，课型还可分为会话课、视听说课、阅读课和写作课等。从课型的名称上可知，上述技能课要侧重对学生进行某一方面言语技能的训练。但是，侧重某一技能训练并不意味着运用单一的教学手段，而恰恰需要多种手段有机组合在一起才能有效促进学习者对某一言语技能的掌握，因为大脑中各语言区的神经网络以相互联系、相互反馈为主要特征。技能不同于知识，知识的掌握靠理解，技能的掌握则要通过训练而达到熟巧，进而形成语感。由此可见，技能课中的听、说、读、写训练要体现语言的流利性和得体性，所以在情境中进行大量的实践运用是技能课的主要特征。当然，言语技能的形成是一个渐进的过程，它要依据教材提供的内容，从模仿练习开始，逐步进入复用练习，最后达到脱离教材内容在不同情境中进行活用练习，即从教学交际逐步走向真实交际。

综上所述，俄语教学要完成多维的、综合的教学任务，即不论是知识理解、技能训练，还是言语活动，都要为学习者设置情境，以培养学习者跨文化交际的能力。因此，情境的设立必须考虑到学生的言语实践活动，既要适合学生言语技能的实践训练活动，又要符合俄罗斯的文化情境和问题情境的创立。正如本小节开篇所讲，现在外语学习的目的不只在于传统意义上的对异国文化的吸纳，更在于对本民族文化的传播。因此，俄语教学的一个潜在目标就是对学生跨文化能力的培养。具体来讲，包括培养跨文化意识的敏感性、夯实本民族文化基础、形成良好的跨文化交际品质、突出语言的交际功能、将知识传授与文化教育相结合、创设多维度的跨文化交际情境等。

（二）情境性教学手段的应用

“情境性的教学手段即教学手段的映象性”[3]。从认知过程看，“人类对世界的认识首先来源于事物的外部形式，即事物的映象。映象是人类对客观现实的第一反应，在映象里可以同时出现事物的空间形式、时间顺序和运动方式，即事物的形象，所以事物的映象是人类认识活动的第一步”[3]。从生理学和心理学角度看，映象是在视觉上呈现的实物、图像、图表等，是知识储存和提取必不可少的一个部分。如果在教学中将概念、命题、规则、话语等语言符号以映象的形式呈献给学习者，同时又加入声音信号，这就更有利于形成学习者的语感，因为在信息输入过程中符号、映象、声音可以相互促进，在信息提取过程中符号、映象、声音又可以相互启发。在课堂教学中，教师应最大限度地为学生的认知活动提供更为直观的图像手段，启发他们的直觉思维，帮助他们形成丰富的想象，尽量减少单纯的语言化教学和过多的讲解性语言。

三、循序渐进性

循序渐进指学习或工作按照一定的步骤逐渐深入或提高的过程。从人们对客观世界的认识过程来看，人们对任何事物都不可能一步就达到对其本质的认识。该认识过程都有一个由简到繁、由易到难、由低级到高级、由具体到抽象的循序渐进的过程。人们的这一认识过程不仅受人体生理机能的制约，受条件反射和分析、综合的逻辑思维规律的支配，还受到学习者所处社会环境和个体认知能力的制约。在俄语教学中，循序渐进性是指教学内容的安排、教学过程的顺序、知识理解与技能训练的教学环节等都应由易到难、由简到繁、逐步深化提高，使学生掌握的语言知识更扎实、形成的言语技能更娴熟、获得的综合能力更强。当然，我们对循序渐进的理解切不可僵化，不能寄希望于将所有的知识都以量化的方式确定其难易程度。所有的繁简、难易、高低、具体和抽象都具有相对性。在贯彻循序渐进性原则时，应着重考虑学生的知识基础和接受能力。只要在学生可理解的范围内，任何知识都可以以适当的方式进行呈现。

（一）教学内容安排的循序渐进性

在俄语学习中，学生需要掌握俄语的语音、词汇、语法、语篇和俄罗斯的社会文化知识等内容，而俄语教学则需要将学生所学内容合理地整合到教材中去，以便学生能够有效掌握。因此，教材中知识的呈现方式直接影响到学生对知识的掌握。在教材中，俄语的语音、词汇、语法、语篇和俄罗斯的社会文化知识等内容要同时进入教材的两个内容结构中，即进入知识的纵向结构和横向结构中去。纵向结构是指教学内容——语音、词汇、语法、功能话题、国情知识，由这些内容编写的听、说、读、写训练材料以及进一步理解、巩固这些内容的各项练习等按照一定顺序组织起来的结构。这个顺序的安排应当具有循序渐进性，按照由已知到未知、由易到难、由具体到抽象、由近及远的顺序出现。原因有以下两个方面：一是学生的身心发展有阶段的序列性，即学生的认知能力和认知过程有一个发展的规律。二是学科知识有逻辑演进的序列性，即在课堂教学中学生对知识的学习与社会实践中人们对自然界的认识是有区别的，人类对自然界的认识完全在自然的状态之下，既不会取舍，也不会人为地为其安排顺序，而课堂教学则需要人为地将所学的学科知识进行取舍，并按照课、节等形式将整体知识分解为不同部分，设计为不同的栏目，以便学生由易到难、循序渐进地掌握。横向结构是指教学内容各知识要素之间的水平组织关系。它要保证各教学内容之间，如词汇、语法、句型、语篇等协调统一。首先，围绕话题，保证所出现的词汇、语法、句型、文化等知识的协调性和联系性，即这些知识的难易程度要基本保证在同一个水平上，彼此之间不要相差太远。其次，所提供的语言知识要保证学生的听、说、读、写技能练习和主题活动的顺利开展，即每一个话题作为一个相对独立的学习内容，所提供的单词、常用结构、固定搭配、语法知识、应用案例、俄罗斯文化知识及其应用情境等要保证该话题的技能练习和主题活动的使用，做到语言知识、言语技能、言语交际活动三者的协调统一。教材是教学中师生共同依据的媒体，是教学内容呈现的主要方式。教师应根据学生的认知能力和知识的难易程度，结合教材所提供的教学栏目，循序渐进地在教学过程中展开。

（二）教学过程展开的循序渐进性

教学过程是一个动态发展的过程，也是一个促进学生各方面水平全面提高的过程。在教学过程中，教师要有目的、有计划地引导学生主动地进行认识活动，循序渐进地掌握基本知识和基本技能，最终形成学生的基本能力，促进学生的全面发展。从人的一般认识过程看，它要经历由感性到理性，反复地实践、认识、再实践、再认识的过程。教学过程也不例外，它也要遵循人的认识过程。从语言教学过程看，它要由语言的感知认识开始，经过教学的一系列听、说、读、写言语活动去理解和巩固语言，最终学会在情境中运用语言。从教学过程的环节看，经历动机、感知、理解、巩固、运用五个阶段。当然，不同的学者有不同的教学环节划分观点，但无论怎样划分或划分为几个教学阶段，它都要完成一个由感性到理性的认识过程，都要从语言的输入开始，最终达到语言的自由输出为终结。

在俄语语言知识的掌握中，循序渐进性的实现必须以学生对知识的理解为前提，因为，“知识（概念）的直接教授是不可能的，而且也是没有效果的，虽然模仿了相应的概念知识，但实际上（学生的头脑）是一片空白的”[41]。这时“学生们需要的是一个从言语的上下文（情境）中获得新概念的机会”[41]。在言语情境中，学生经历直觉—自觉，自觉—直觉循环往复的认识过程和模仿—复用—活用的实践过程，并最终掌握俄语。在俄语教学中，知识的掌握过程要从情境进入，通过概念—命题—句子—话语进行循序渐进地理解、巩固、练习，最终达到在情境中运用。在动机阶段，应以学生学过的旧知识或者学生感兴趣的、熟悉的生活情境或话题引出要学习的新知识，通过复习旧知识使之清晰化，以便建立新知识与旧知识的联系；在感知阶段，应通过各种不同的直观手段进行教学，促使学生通过各种感官来感知俄语，为学生进一步理解抽象的知识创造有利的前提条件；在理解和巩固阶段，应引导学生通过积极分析、对比、综合、抽象、判断等方法启发他们进行积极的思维活动，通过大量练习，在言语实践中理解和巩固俄语；在运用阶段，应根据学生学过的内容，系统地为学生创设不同的情境，鼓励学生在情境中广泛运用所学知识。总之，课堂教学过程就是遵循认知规律，建立新旧知识的联系，使新旧知识在循序渐进的练习活动中同化。

在言语技能的训练中，循序渐进的实现必须遵循由易到难的训练过程。技能训练的过程是：运用已学过的语言知识，依照模仿性练习—复用性练习—活用性练习的过程，在听、说、读、写的言语形式中，形成学生的综合语言运用能力。首先是模仿性练习，即按照某种现成的语言样例学着说或写的过程。在俄语教学中，模仿性练习是指在听、说、读、写练习中靠模仿、套用已有的标准样例进行的练习，这是学习用俄语交流的第一步。其次是复用性练习，即在重复已学过的语言材料的基础上，改变原有话语的部分成分，对语言进行一定程度上的创新，这是学习用俄语交流迈出的第二步。最后是活用性练习，即完全脱离原有的句型或话语模式，用自己的言语在模拟情境中进行交际。活用性练习要求学生用于交流的言语有更大的独创性，既借助已学过的语言材料、题材和情境范围，又脱离其模式，完全用自己的言语来描述生活场景，表达自己的情感。这是俄语教学中言语技能训练的最高形式，也是走向现实交际关键的一步。总之，从模仿性练习，到复用性练习，再到活用性练习的过程，体现了言语技能训练的循序渐进性。

四、评价方式的多元性

在素质教育的时代背景下，仍有一小部分教师不愿放弃考试指挥棒的引导方式，教学以考试为导向，评价以成绩为标杆。在有限的时间范围内，这种教学理念和评价方式似乎能取得一定的教学"实效"。然而，心理学研究证明，焦虑对学习的自我控制呈负相关，它会影响学习者的元认知过程和行为过程，甚至影响到学习者设置的长远发展目标。第二语言习得理论也表明，"第二语言习得的速度受许多情感因素的影响，语言输入必须通过情感过滤才有可能变成语言的真正吸入。语言过滤低，则语言的吸入快，反之亦然。实验证明，在外语或第二语言学习中，焦虑较少的人容易得到更多的语言输入"[35]。当学习者心情放松，焦虑感较低时，大脑细胞就活跃，思维想象力就更丰富，语言输出的准确性、流利性就更高。

俄语是一种词形变化复杂、语法规则繁难、运用方式灵活的语言，这给以汉语作为母语的中国学生的俄语学习带来了很大的困难。加之除俄语课堂教学外，大众传媒很少有俄语学习的语言环境，很多学生在课堂上因不会运用俄语或运用俄语经常出错而感到紧张和焦虑，这给俄语课堂教学带来了极大的负效应。要改变这种不利于学习俄语的状况，俄语教学就必须消除学生的焦虑心理，减少他们的情感过滤因素，提升课堂教学效果。可以说，这正是评价方式多元性提出的前提。在俄语教学中，缓解学生的焦虑，建立他们的学习自信心，既是多元性评价方式的起点，也是多元性评价方式的终点。

（一）尊重学生的个体差异

在俄语教学中，教师要关爱学生，尊重学生的个体差异，尊重他们的情感；要充分调动每个学生的主动性和积极性，引发他们的学习兴趣，让每个人都能看到自己的进步，让每个学生都能体验到成功的喜悦。为此，教师要为学生营造宽松、和谐的课堂气氛，鼓励他们积极主动地参与活动，大胆地表达自己、展示自己。除此之外，教师还要时刻关注学生的学习情感，多给他们一些鼓励性的评价，让他们对自己、对学习充满自信。总之，教师的一项重要职责是为学生提供宽松的、自由的、无外加压力的课堂环境，使学生在不断获得成功体验的过程中，逐步增强主体意识，促进其个性发展。

当然，焦虑也并不是一无是处，适当的焦虑可以促进语言学习的进程，在一定程度上可以调动人的内在潜能，激发学习者超常水平的发挥。所以，心理学中把促进性焦虑称为正焦虑，妨碍性焦虑称为负焦虑。在教学中，俄语教师要为学生创造一个既紧张又有序的课堂教学气氛，将学生的情感性焦虑调整到一个有利于学习的状态，做到多信息、高密度、快节奏。多信息就是在课堂教学中要为学生提供既有趣又与他们生活相关的教学内容，防止反复在同一个内容中进行无效的重复而降低学生的学习兴趣。也就是说，要使学习情境和学习内容具有吸引力。高密度就是根据学生的认知能力，适当拓宽信息的广度与深度，防止低、少、易的信息输入涣散学生的求知心理，降低他们的学习兴趣。教学内容要始终保证学生的认知兴趣总能在下一个丰富多彩的俄罗斯文化探寻中得到满足，从而加速学生语言能力的形成。快节奏就是教学的节奏要快，不拖沓、不浪费时间。具体来说，一是练习方式的转换要快。在课堂教学中，要不断变换练习方式，针对不同的教学内容使用不同的听、说、读、写练习方式，防止单一练习方式过长而引起他们的学习疲劳。二是教学环节的交替要快。在课堂教学中，一个教学环节的完成标志着学生完成了一个程度水平的认知活动，这时，如果教师不及时转入下一个环节，且反复用不同的话语强调当下环节的教学内容，势必会增加学生的认知难度，不仅会使他们对已理解的内容产生困惑，也会使他们因对内容感到索然无味而对其失去兴趣。三是师生的语速都要快。在俄语教学中，快速说俄语是形成语感的一个重要练习形式。当然，快速说俄语的意义并不限于说的本身，它还可以训练学生快速理解语言信息的思维能力，即形成更好的听的能力。

（二）适时纠正言语错误

在俄语教学中，我们提倡多信息、高密度、快节奏地处理教学内容。这会导致学生的紧张、焦虑不可避免地在课堂学习中出现。大量的课堂教学实例证明，学生的紧张、焦虑主要与他们常常在运用俄语时出错有关。这就需要俄语教师最大限度地发挥评价的正效应，对学生在听、说、读、写中所出现的错误持宽容的态度，使学生敢于大胆地参与课堂教学活动，只有这样，学生的俄语运用能力才能得到提高。这样一来，就涉及教师如何纠正学生语言中的出错问题。一般情况下，教师在纠错时都会有所担心：一是担心不及时纠错学生会形成错误的语言习惯，于是一些教师极其负责任地见错就纠，从而导致学生不敢说，直至不想说；二是担心由于纠错打断学生的思路会影响学生思维的连贯性、语言的流利性，于是一些教师坚持不纠错，任由学生自由发挥，从而导致学生的语言输出错漏百出；三是担心纠错会挫伤学生的学习积极性。俄语课堂教学中出现的这些问题经常使教师处于两难境地，而俄语教学目标要求他们必须在纠错的不可避免性和课堂教学氛围的宽松性当中做出抉择。

我们认为，在俄语课堂教学中，纠正学生输出语言错误的前提是通过纠错加速他们语言能力的形成，如果由于教师的纠错导致学生失去学习信心，这就背离了纠错的初衷。教师纠错主要涉及三个方面的问题：纠错的时间、纠错的方式、纠错的人。首先，纠错的时间应该在学生读完或说完俄语，即发言之后进行，教师尽量不要打断学生的表达，不要让他们的思路中断。其次，“纠错的方式要具体问题具体对待，对那些妨碍学生正确理解信息的、妨碍学生正常交际的、出现频率较高、又属共性的错误应该放在纠错的首位。对那些由于学生紧张或害怕引起的口误，或由于学生暂时的不利状态（疲劳、困乏、饥饿）引起的失误等可以不必纠正”[19]。随着上述不利情况的解除，一些语言会自然恢复到正常状态。最后，谁来纠错。课堂上由谁来纠错也是一个敏感的问题。从认知心理出发，首选的是让学生自己来纠正自己的错误，因为对学生本人来说，犯错误也是一个有意义的认知过程。当学生自己意识不到自己的错误时，那可以由同伴们来纠错。这样犯错者就不会感到有压力，纠错者也会在学习上有长进。当学生无法自主纠正错误的时候，才由教师来纠正。教师应该收集、整理、分析学生所犯语言错误的案例，利用各种练习形式，选择适当的机会进行纠错。

第四章　俄语词汇概念教与学的心理过程分析

在俄语学习中，让初学者倍感困难的莫过于掌握俄语的语法规则了。然而，随着时间的推移和学习内容的不断深入，学习者逐渐意识到，当自己对俄语语法规则的学习接近终结时，俄语词汇的学习依然远离目标。他们深切地感受到，要做到准确无误并恰当得体的言语表达，其突出的困难不仅是语法规则的掌握，更加难以把握的是词汇的理解、选择和运用。教学实践也证明，学习者词汇运用的输出量远远低于他们的输入量，这其中一个很重要的原因是学习者对词的意义不够明确而“不会用”也“不敢用”。这说明词汇学习将始终伴随俄语学习的全过程，并且甚至会是一个人终生的（无论是母语还是外语）认知目标。这不仅使俄语教育者开始重新审视词汇教学的得与失，而且还使俄语学习者重新思考，俄语词本身究竟包含了哪些信息，以及怎样才可以算是掌握了一个俄语词。

第一节　词汇及其范畴的分析与界定

在学术界，涉及俄语词汇研究的理论观点众多，虽各具解释力，但要从理论上给俄语词一个完整的、且涵盖词的所有特征的明确定义的确不是一件易事，主要原因是俄语词的许多基本特征缺乏普遍性，很难一源到底。概括不同时期、不同学者的观点，我们可以确定：俄语词汇是俄语语言结构的基本单位，是俄语中使用的词的总称。它有以下三个主要特征："一是词的语音结构。俄语词是由一个或一组音组成（这是词的物质外壳），具有一定的意义（这是词的内容），属于一定的词类，具有不可嵌入性，即俄语词只有一个重音，或只有一个主重音，在俄语词的结构内不能插入其他结构。"[18] 正是词的这种有声性特征使其具有了足够的语言特征，并通过音波传导变成人们能听得见的、能用于交际的，能使人们互相了解的实实在在的事物。二是词的形态结构。每个俄语词都具有不同的形态结构。由于俄语归属于屈折语，其词尾变化表明它在句中的意义，每个俄语词都会根据自身在句中的不同作用做出相应的形态变化。"俄语词的形态结构有以下特点：词的词素组成和词素结合方式。词素是从词分解出来的最小的有意义的部分，俄语词有下列词素：词根、前缀、后缀、词尾。词根是词的形态结构的核心，是词中必不可少的词素，是表示该词词汇意义的基本内容"[18]。вод-а，вод-ян-ой，на-вод-н-ый 等词中都有表示-вод-（水）的词根。有时候，一个词或语法形式本身就相当于一个词根，例如，дом，стол，парк 等。"俄语词根以外的词素称为词缀，词缀又分前缀和后缀。前缀是位于词根前的词缀，表示附加的词汇意义和语法意义，前缀大量用于动词的构词和构形，其他词类用得较少"[18]。例如，по-благодарить，про-голосовать，раз-будить，с-делать 等词的前缀分别为 no，про，раз，с；后缀是位于词根后的词缀，表示附加的词汇意义和语法意义，如 крас-от-а，красив-ее，город-ск-ой 等词中的后缀分别为-от-，-ее-，-ск-；俄语词尾是位于后缀后（如无后缀，则位于词根后）的词缀，通常是体现词的变化的标志，表示语法意义。在词的形态变化体系中，有的形式没有词尾，这种现象称为“零词尾”。例如，город，сорок，кино等的词尾即为零词尾。三是词的意义结构。首先，每个俄语词都是一个意义结构，这“是词本身必要的、限定性的特征，没有意义的词不是词，是空洞的声音”[4]。其次，每个词都指向客观世界的一个事物，但它“不是指客观世界中单一的物体，它是指一组或一类物体”[4]。这就意味着每个词的意义都是人们对现实世界一类事物的概括、反映，同时也是人们对自然界一类事物进行概括而得出的概念。再次，由于词的有声性特征，使词义为人们把内心思想（思维）通过声音进行外在表达（言语）提供了最大的可能。一个词的意义既有内在心理层面的思维特征，又有外部言语层面的有声性特征，它作为思维与言语既相互作用，又相互制约的整体，在社会历史进程中不断推动着人类认知活动向前发展。

综上所述，我们看到，俄语词是一个音、形、义紧密结合的有机整体。词的意义是词的核心要素，它不仅反映一个民族对客观世界的认知成果，还影响着一个民族的思维方式和价值观体系。与此同时，俄语词还附载着社会集体约定俗成的词音，并通过词的外部形态（词形）体现出来，使人们有可能将对世界的认识成果带入社会集体进行交流。看来，俄语词学习不只是在语言层面上单纯的记忆过程，它还要通过学习该民族文化，走进该民族人们的心里，从而获得俄语词的意义，最终形成俄语表达能力。那么，俄语词都包括哪些意义？这些意义之间又是一种什么样的关系？只有弄清这些问题，我们才能准确地把握词汇教学与学习的基本目标和内容。

我们知道，词是语言的组块，词和词的组合表示事物和事物之间的关系。与此同时，词又有它所表示的意义，它表示人们对大千世界林林总总事物的认知。所以，一个词既有外在的语言的有声特征，也有内在心理的思维特征。在这里，我们将追寻俄罗斯语言研究的历史发展脚步，在俄罗斯著名语言哲学家、心理学家波代布尼亚《思想与语言》中的学术思想和维果茨基“思维与言语”相互关系理论的引领下，从语言的心理视角认识俄语词及其意义之间的关系。

第二节 波代布尼亚“思想与语言”的哲学方法论基础

亚历山大·阿法纳西耶维奇·波代布尼亚（Александр Афанасьевич Потебня）（1835~1891）是19世纪后半期著名的俄罗斯哲学家、思想家、语言学家、心理学家和民族学家，他是俄罗斯语言哲学的主要代表人物，是现代俄语语义学的奠基者之一。追溯波代布尼亚《思想与语言》（Мысль и язык）这一巨著可以看出，其学术观点主要受斯拉夫派赫尔岑、车尔尼雪夫斯基、别林斯基等人的思想影响，同时吸纳了德国哲学家威廉·冯·洪堡（Wilhelm von Humboldt）等的文化哲学理论精髓，形成了俄罗斯独特的语言哲学观。

波代布尼亚关于思想与语言关系的语言哲学观点主要体现在他的《思想与语言》和《俄语语法札记》这两部著作中。波代布尼亚在《思想与语言》中指出，语言和思想的问题以及二者之间的相互关系可以贯通于整个语言学领域。语言形成思想，是引发思想产生的机械装置，因此，语言学研究可以直接看到思想发展的材料。在《俄语语法札记》一书中，他以思想对词的关系为背景，细致地描绘了古代俄罗斯的思想体系和接受现代语言与思维的复杂过渡过程。他认为，语言中各语法范畴可以促使思维（思想）的各范畴得以发展，从造句中可以看清楚各范畴概念之间的相互作用和关系。“语言和思想的关系就好似一条轴线把抽象的语言概念串联起来，语言是思想形成的手段”[42]，语言不仅对思想产生影响，而且语言还是发展思想的有力手段以及完善思想的重要条件。此外，波代布尼亚还论证了词与思维之间的不一致性。他指出，“人类发展到中古时期思维才和词汇联系起来。在原始社会中，许多思维活动还不能用单词表达。只有到了抽象思维的高级阶段，思维才会放弃那些不能满足需求的东西”[43]。在俄罗斯语言研究的历史上，从语言心理角度对词及其意义进行研究的学者中波代布尼亚可谓是先行者。他认为，语言不仅是一种逻辑现象，而且还是一种心理现象，因为语言要追踪反映人的心理感受。在《思想与语言》一书中，他将语言系统分为三个不同结构的层级——单个词、成语和完整的篇章，并从语言的心理视角提出了内在语言形式这一概念。他还认为，内在语言形式表示的不是严格的逻辑意义，而是语言各层级的心理意义。与此同时，在语义学领域，他又运用词的意义仔细研究了词的内在形式，词的远近意义、主观和客观内容，词、语法、逻辑的关系，词的社会历史性和民族语义等问题，而思想与语言相互联系、相互作用的观点作为方法论基础贯通于上述问题研究的始终。

首先，在词的内在形式这一问题上。波代布尼亚认为，“词的内在形式表达了思维内容和意识之间的关系”[42]，它反映出人如何产生自己的思想，是思想与语言相互关系中最本质的问题。在此基础上，波代布尼亚又提出了词的远近意义及其主观和客观内容。他认为，语言的内部结构和语言的最小单位——词，是符号和意义的统一，“每一个词都突出三个因素：语音、概念和意义。与此同时，概念和意义之间存在不平衡：意义总要比概念包涵的意思多。因此，较宽泛的意义总是在力求脱离较窄的概念（如защит和щит）。所以，意义和概念之间的产生并不一致……甚至会遗忘概念”[42]。他还认为，“词具有概括思想和发展思想的功能，它不仅是语音的统一体，而且也是观念和意义的统一体。因此可以说，词是由主观认识建立的，并不是所指事物本身，而是该事物在心灵中的反映”[42]。换言之，“词不是为了向另一个人准确转达现实的客观信息，而是表达个体的心理内容、情感和体会，词有两方面的内容——客观的和主观的，前者是词的‘近’意义；后者是词的‘远’意义……”[43]

其次，在词、语法、逻辑的关系方面，波代布尼亚指出，词由三个部分组成：词的外部形式、词义和内在形式。词除了其根本意义——词类和词义，它本身还包括“指出该词与其他词一并归属于一个或几个共同的语法范畴。这些语法范畴与词的意义紧密相联，词所表示的实物和词的形式（语法）意义就会构成一个思想的现实”[43]。他认为，语法形式指意义，而不是声音，许多语法形式在一定的情况下是没有声音记号的。语法形式首先是句法语义概念，它既可以用词的形式化因素，也可以用句法关系来表示。形式的存在和功能的认知正是根据语义，即根据言语和语言中词和形式的关系而来。波代布尼亚还阐释了语法范畴和逻辑范畴的相互关系。根据他的观点，逻辑相对于语法是第二位的，并构筑在语法之上。波代布尼亚反对把语法和逻辑等同起来的这一19世纪语言学界普遍认同的观点——语言是建构在逻辑范畴之上的。他认为，语言现象的产生完全是另外一种方式，在人类发展史上，首先产生语言，紧随其后产生思维；没有语言，就没有逻辑。语言和逻辑相互独立结论的前提是，“逻辑规律和语法规则完全不同，没有前者，后者是可能的；相反，语法不正确，但逻辑关系可能是正确的，并是能被理解的”[25]。

再次，在词的社会历史性方面，波代布尼亚认为，“词是社会历史现象的见证，是人类活动的产物，它以相应的社会和文化类型为前提。词的社会历史性是在词的内在形式中被固定下来的”[3]。他认为，“文艺作品表达人的感受，它的作用不仅是向别人传递某一客观信息，更重要的是告诉别人自己的情感、愿望等”[43]。因此，文艺作品和个别词具有相同的特点：同样作为具有表现力的语言手段，是历史决定的手段，因为二者都是在具体的历史环境下产生并反映历史。语言具有遗传学特征，可以把语言看作是历史发展长河中永存的有机现象。

最后，在词的民族语义特征方面，波代布尼亚认为，“每一个民族都以自己的语言区别于其他民族，解释理解就像一个积极的创造过程，形成个体的精神面貌，语言就是民族精神的表达者”[3]。反之，民族也是语言的创造者，民族的精神是在一些传统和民俗中表现的，传统和民俗是艺术和创作的基础，即语言概念的现实与普遍哲学紧密联系的结果。波代布尼亚还认为，语言就是一个民族的心脏，也“是个体思维的必备条件，甚至这一个体离群索居”[43]。他还强调，概念的形成只能以词为中介，没有概念就不可能有真正的思维。所以，研究词汇语义时一定要考虑到民族的历史文化、风俗传统。“词汇的语义是固定的，词汇积聚、承传着一个社会、集体的意识……一个民族的词汇语义远远超出了词典中概括的内容。”[44]

第三节　维果茨基“思维与言语”相互作用的动态发展理论

维果茨基是20世纪杰出的心理学家之一，俄罗斯心理学和心理语言学的创始人，他以独特的研究视角和具有开拓意识的研究方法使他在心理学领域中获得了具有超越性的研究成果。他提出的一系列重要的心理学原理不仅对俄罗斯心理语言学言语活动理论的发展产生重要影响，而且为建立以辩证唯物主义哲学思想为基础的科学的心理学体系做出了巨大贡献。

一、单位分析的研究方法

维果茨基通过对思维与言语之间关系的分析从心理语言学交叉视角对词和意义之间的关系做出了突破性的研究，他在思维与言语关系研究中首创的一种单位分析法（метод анализа по единицам）把对该问题的研究向前推进了一大步。单位分析方法是以俄语中的词作为联结思维和言语的整体单位，并在词义的动态演化中去发现思维和言语之间的关系的方法。也正是这个具有马克思辩证唯物观的创新方法，使他在科学探索的道路上走得如此之远，取得的成果如此之丰硕，产生的学术影响如此之深远。面对20世纪西方心理学的研究方法——成分分析法（метод анализа по элементам），维果茨基指出，以往研究思维和言语的关系的学者之所以屡遭失败，其根本原因是他们采用了“将复杂的心理整体分解为各种成分的分解方法。这种分析……使我们得到的是丧失整体原有特性的结果”[25]。所以，“心理学的危机首先是这门科学的方法论基础的危机”[25]。他认为，成分分析法将事物分解成互不关联的元素，这样做的结果无疑把言语与思维分割开来，这种互不关联的元素分析将丧失意识的整体性特征，这会使心理学的研究止步不前。他主张将马克思主义的方法论作为心理学研究的方法论基础，并据此提出了研究思维与言语关系的新方法——单位分析法。他认为，“单位”（единица）与“成分”（элемент）不同，单位分析像生物分析中的“一个小小细胞”单位一样，它具有有机体中固有的一切整体特征，而成分分析犹如水的化学组合——氢和氧，它们并不具备水的整体性。言语思维分析应以“词”作为分析的基本单位，因为“言语思维单位可以在词的内部——词的意义中全部找到”[25]。

二、词和意义关系研究的回溯

维果茨基对历史上关于词和意义的研究进行了总体评价。他指出，历史上有关词和意义联系的研究经历了一个很长的阶段。传统心理学认为，词和意义之间的联系是一种联想的联系，这种联系是通过反复地同时感知某种声音和某种物体建立起来的。维果茨基认为，如果这一假设成立的话，就可以有这样的设想。首先，词和意义之间的联系可能会因为二者联系的紧密程度而有强或弱的区别。一方面，它可以通过与同类其他物体的联系而变得丰富起来，扩展到更大的范围；另一方面，也可能与其他物体的联系受到限制而变得单一或狭隘。然而，无论这种联系是渐强还是渐弱，它也只能是经历了物体的量的变化和物体的外部变化，却无法改变其心理性质。其次，如果词和意义的联系是通过联想获得的，那么词义的任何发展都将变得不可能。与此同时，也就可能出现这种情况：“一个词，无论它是具体的还是抽象的，在涉及词的意义时似乎都是以同样的方法构成的，这好像是一件大衣在不断地变换着主人，在这里词义的发展将被还原为变化。”[45] 维果茨基认为，在语言的历史演化中，词义的结构及其心理性质也会发生变化。言语思维从原始的类化开始，逐步上升到最抽象的概念。在这一过程中，发生变化的不仅是一个词的内容，还有现实在一个词中得以概括和反映的方法。此后，相继又有许多学者对词和意义之间的关系进行了研究，如符茨堡学派的纯理性观点以及阿赫提出概念形成过程中的“决定性倾向”观点等，尽管他们在原有理论的基础上提出了一些新的想法或观点，但是从本质上说，他们仍然是在联想的框架内徘徊。

“格式塔心理学对词和意义的关系这一问题也提出了自己的观点。

他们试图将思维和言语从联想律中解放出来，将其置于一个完形结构形成的规律之中。”[24] 他们认为，思维和言语同处在一种共同的结构之中，两种功能是完全分开的。一个词先是进入一个结构之中，然后再获得某种意义。在他们看来，词和意义之间的联结不再被视作简单的联想问题，而是一种结构的问题。维果茨基认为，格式塔心理学对词和意义关系的观点，初看起来好像是前进了一大步，但是仔细分析下来，他们仍然处理不了词和意义之间的特殊关系，因为他们仍然保留了传统心理学理论的两个基本错误：其一，假设一切联结具有完全相同的性质；其二，假设词的意义不变。如果说格式塔心理学在言语领域中停滞不前的话，那么它在思维领域中则倒退了一大步。它将思维置于一个结构之中，从而消除了思维过程中从最基本的知觉到最高级的抽象思维之间的每种差别，即忽略了每种思维都是一个逐步的动态的类化过程。在这里，他们看到的只是结构上的变化，却不涉及二者的发展，这种问题研究的哲学起点注定会使他们无果而返。“在现代心理学学派中，即使这个最先进的学派也没有在思维和言语的理论中取得任何进展。”[24]

三、词和意义关系的语言心理分析

维果茨基认为，一个词的意义代表了一种思维和言语的结合，以至于很难说清它是一种言语现象还是一种思维现象。从心理学角度看，首先，词是有意义的，它代表客观世界的某一事物，“词的意义是词本身必要的、限定性的特征，没有意义的词则不是词，是空洞的声音”[4]。其次，“每个词都不是指客观世界中单一的物体，它是指一组或一类物体”[4]。也就是说，一个词并不是指某一个别的事物，而是指一类事物。这就意味着每个词的意义就是人们对现实世界的一种概括反映，即词义首先就是概括或者概念。由于类化和概括不可否认地都是思维活动，我们可以把词的意义看作是一种思维现象。这样就有足够的理由说明，“词义是人类的一种思维活动，是对客观世界的主观概括反映……这正是词义的本质所在”[4]。但尽管如此，我们也不能就此得出这样的结论，即词的意义从形式上说属于精神生活的两个领域。维果茨基认为，词的意义之所以是一种思维现象，仅仅是就思维具体体现在言语之间而言的，至于词的意义是一种言语现象，仅仅是从言语与思维相联结并由思维所启发的角度而言的。因此可以说，词的意义是一种言语思维现象，或者说是有意义的言语，即言语和思维的一种联结。此外，从语言学角度看，词具有声音特征，词的有声性使它保留了足够的语言特征，并通过音波的传导变成人们能听得见的、能用于交际的，能使人们达到互相了解的事物。而词义为人们把内心思想通过声音进行外在表达提供了可能，它作为一个不可分割而又相互作用的整体在演绎着人类的言语思维。可以说，词义就是把思维与言语融合成言语思维的明证。维果茨基进一步认为，探索言语思维这一重要命题的科学方法应该是单位分析法。“单位分析方法不仅是解决言语思维这一问题的重要途径，而且对研究言语思维与其他基本功能的关系也是很有希望的工具。”[24]

四、词和意义关系发展的动态性

维果茨基认为，联想心理学和格式塔心理学在词与其意义的联系中忽略了两个重要的问题：第一，“每种思维（词义）都是类化过程”，即概念的形成过程。[24] 第二，“词义随社会的发展而不断演化”。[24] 运用“结构”和“联想”原则的研究只能看到二者的变化，却从未看到二者的发展，因此其研究不会有任何客观的结果。作为思维与言语的单位——词义，“是一个动态发展过程，而不是静态结构”[46]。它随着儿童的个体发展和社会发展而不断演化，同时也随着个体思维功能的多样化而不断变化。思维与言语是一个动态发展的过程。儿童思维的发展经历了概念混合、复合思维、概念思维的过程，即使是成年人对新事物的认识，也要经历综合、分析、抽象、概括的思维过程。而言语中的词作为思维的单位，在人类认识世界的活动中不断被分类、归类，最终进入某一系统中被永久保存。在这个过程中思维与言语历经了各种变化，正是这些变化促进了思维与言语的发展。首先，思维与言语走向汇合——思维用言语来表达，思维通过言语开始产生并存在；其次，每种思维都倾向于将某事与其他事联结起来，并在事物之间建立起一种关系，形成一个概念；再次，每种思维都在运动、成长和发展，实现一种功能，解决一个问题。这个思维过程通过一系列阶段作为一种内部运动而发生，通过一系列言语活动使其外显而用于社会交流。所以，从言语结构看，它“兼有外部形态和内部语义两个层面，即言语内部的、有意义的、语义的层面和外部的、语音的层面”[47]。然而不容忽视的是，尽管这两个方面形成了一个名副其实的统一体，但是却有着自身的变化规律，表现为“语音领域（外部）和语义领域（内部）互不依赖的、呈相反路径的运动”[47]。从言语的外部形态看，其发展是由部分逐渐走向整体，“具体路线是：单词—两三个单词的组合—简单句—若干简单句的联合复合句—连贯话语等过程”[48]，即从单词发展到句子；从言语的内部语义看，其发展过程是“由整体向部分迈进”[18]，即“儿童在交际过程中涉及语义时，第一个词语的发出就是一个完整的句子（内部思维的整体性），即从句子发展到单词”[47]。但是，这并不意味着它们彼此是独立的。恰恰相反，“二者的差别正是它们紧密联系的开始”[24]。这说明，“儿童的思维在最初产生时是一个模糊的、未经切分的整体，因此，必须在单一的词语中找到它的表述。随着儿童思维愈加清晰、分化，儿童在交际中不再用单一的词，而是用一个混合的言语整体来表达自己的思想”[17]。可见，言语的外部形态与内部语义的统一是复杂、对立的，而不是同质、同类的。维果茨基认为，言语的外部形态（词）和内部语义（意义）具有依从关系，一方面表现为同一外部形态可传达不同的内部语义，即“同一种语法结构（言语）后面可能隐藏完全不同的意义（思维）”[17]。这种语义和语音的分离现象在成人的言语中十分常见，尤其在涉及语法的和心理的主语、谓语时更是这样。另一方面，不同外部形态可传达相同的内部语义。这在两种语言之间表现得尤为明显。

自古以来，研究者们对词和它所代表的意义之间的关系就有不同的看法，因此出现了多种观点。最早关注这一问题的是哲学家们，他们争论的焦点是：词的声音和意义是有联系的还是无联系的？其中一派以大量的拟声词为例。例如，“布谷鸟”在古希腊语中是kokkux，在俄语中是кукушка，在英语中是cuckoo，在德语中是Kuckuck，根据各国语言中“布谷鸟”这一词的发音和鸟的叫声有关联这一现象，提出词和意义之间有联系的这一观点。而另一派则认为词的声音和意义之间是无联系的。例如，“教师”在俄语中是учитель，在英语中是teacher，在德语中是Lehrer，在法语中是enseignant，这说明词的声音与意义之间是无联系的。尽管各国语言中“布谷鸟”的词音很相似，但是“布谷鸟”还可以叫“杜鹃”“子规”等，这又与其叫声无关。之后，语言学中的词汇学和语义学等也都将词和意义关系的研究纳入了自己的领域，先后提出了多种观点。但总体形成的共识是：词和意义之间既是相互联系的，又是可以分离的。这可以从以下三个方面来认识：

第一，在任何一种语言里，都有一些词不依赖意义。例如，俄语词рис，既可以表示“稻”，也可以表示“米”，又可以表示“米饭”，而这三个概念在汉语中则是三个不同的词。也有一些意义无法用一个词来表达的情况。例如，汉语中“兄”和“弟”这两个词，在俄语中只用брат一个词就可以表达了。再如，俄语中тетя和дядя这两个词，既可表示姑姑、叔叔，又可表示姨姨、舅舅，还可表示婶婶、伯伯等，这说明词和意义之间不是完全一致的。

第二，词和意义之间没有一对一的对应关系，一个词可以有几个意义，而一个意义也可以由几个不同的词来表示，如同义词。在跨语言之间更是没有一对一的对应关系。例如，在на свете、на земле、в мире的组合中，尽管用了不同的词，但是在俄语中表达的是同一个意义。再如，在бить собаку（打狗）、делать укол（打针）、иметь дело с（打交道）这些组合中，其动词在汉语中表达的是同一个意义，而在俄语中却用了不同的词。

第三，在不同的语境中同一个词所表达的意义也有所不同，意义具有灵活性的特征。例如，A：Придёшь ко мне，если у тебя будет свободное время.（如果你有空，请到我这儿来。）B：Приду.（一定来。）从这段对话的字面上看，应答者表示了肯定的答复，但是在不同的语境中其反映出的含义可能是不一样的。可能是愉快的答复，表示同意，也可能是不得不答复而犹豫不定的，还可能是表面答应而内心是不同意的。由此来看，一个词所表达的意义在某种程度上取决于语境，词和意义之间并非一致的。

第四节 俄语词的语义学分析

以上在俄罗斯著名语言哲学家、心理学家波代布尼亚“思想与语言”和维果茨基“思维与言语”关系理论的引领下，从语言的心理视角分析并认识了俄语词和意义之间的关系。本节将借鉴英国著名语言学家利奇（G. Leech）在其所著的《语义学》一书中提出的词的七种意义说及其分类的观点，对词的意义类型进行分析，为接下来的俄语词汇教学过程提供理论方面的支持。

一、概念意义

概念意义（понятие）是指词义中将词与外部世界现象联系起来的那部分意义，即通常所说的词的外延意义，或一个民族对自然界中一个事物的认知意义。概念意义是人们在对客观事物不断地进行综合、分析、归纳、抽象、概括过程中对一类事物的认识成果，也是词义中所包含的最基本、最具本质的意义成份，“是词义体系中的核心，是在言语交际中表达出来的词的最基本的意义”[18]。

概念意义相对比较稳定，变化也不大。例如книга、газета、стол、стул等这类词，其概念意义都具有相对的稳定性，在词典中所收录的意义都是词的概念意义。所以，人们对概念意义的理解不是因人而异的，否则人们之间将无法进行言语交际。

但是，我们也看到，在词典中每个词的词条并非只收录一个意义。例如。在《大俄汉词典》（黑龙江大学，2008）中класс一词就有九个义项。класс^1：阶级。класс^2：①（中小学）的年级、班级；②（中小学）的教室；③（旧）上课；④类、种类、等级，〈生物〉纲，〈矿〉晶类、级，〈技〉（精确度）级；⑤（革命前）官吏等级、阶层；⑥级、等、水平；⑦〈数〉节、组；⑧（复）跳房子、跳格子。这说明，概念意义不是一成不变的。随着社会的发展，人们认识能力的提高，以及自然界事物的不断变化，标识自然界事物的词及其意义也会有所改变。例如，

пароход在普希金时代是“蒸汽机车”“火车头”的意义，随着时间的推移和社会的发展，演变成现在的“轮船”，“蒸汽机车”“火车头”的意义不再使用，而由单词паровоз代替。此外，我们还看到，随着人们对客观世界的认知，一个词的意义在不断增加。最初，由于人们对自然界的认知有一定的局限性，标识一个事物的词可能只被赋予一个意义。随着社会的发展，人们要认识越来越多客观世界的事物，并要对新事物——词的意义进行界定。由于语言中标识事物——词的有限性和人们对客观世界认知的无限性的缘故，人们不得不将事物进行归类，以减少认知的张力。这时，人们更倾向于按照之前他们所认知事物的内在相似性将其归于一类，使其成为这个家族的一个新成员，这就出现了一词多义（概念意义）的现象。但是，无论一个词有多少个义项，其意义的展开都是有规律可循的。例如класс一词，从它的第一个意义“班级”，到最后一个意义“跳格子”来看，两者似乎毫不搭界，但是如果按照класс一词在词典中的义项顺序，就会看到其意义是按照人们对上述事物内在的相似性在延伸，其连接的主线是“有差异性的等级顺序”等含义。мир一词，其意义在不同的句子中也有不同的含义。“Весь окружающий нас мир материален.”（我们周围的整个世界是物质的。）；“Наша земля нуждается в дожде и солнце и хочет мира.”（我们的土地需要雨水和阳光，也需要和平。）；“Военные действия были прекращены, и начались переговоры о мире.”（军事行动停止了，开始了谈判。）。

综上所述，我们从语义学视角对词的概念意义进行了分析，但这只涉及词义的一个方面，概念意义只是每个词的词义大家庭中的一员。那么，一个词除了概念意义，还有哪些其他意义呢？事实上，“在人们的心理层面，也即在内部言语中，一个词的意思（смысл）比它的意义（понятие）更占有优势。一个词的意思是由该词在我们意识中引起的一切心理事件的总和，它是一个动态的、流动的、复合的整体，它有着若干个稳定性不相等的区域（зона）。而意义仅仅是意思这个整体区域中的一个区，是一个最稳定和最精确的区”[24]。一个词从它赖以出现的上下文中获得它的意思，在不同的上下文中，它的意思就有可能改变。在整个意思变化过程中意义保持稳定。“一个词的词典意义（概念意义）

是意思大厦中的一块基石，它是现实言语中词义多样性的表现。”[24]

二、内涵意义

“内涵意义是附加在其概念意义上的意义，也即概念以外的意义。内涵意义对语言来说是附加部分，而不是语言的基本部分，它是人们对该词或短语所指的人或事物所怀有的情感或所持的态度，它与人们在心中所暗示的一种情感具有联系”[18]。所以，不同的民族、不同的民族个体，甚至同一民族中不同性别、不同年龄的群体对同一个词的理解都会不同。例如мужчина（男人）一词，它除了具有“有生命的”“人类”“成年”“雄性的”等概念意义的特征，通常还具有“勇敢的”“果敢的”“意志坚定的”“强有力的”等内涵意义的特征。

由于内涵意义与人们的情感或所持的态度有直接的联系，而人的情感又与自己的生活经历、社会地位、年龄、性别等息息相关，在社会交往中，人们听到一个词，或运用一个词，都会在他们的心里唤起不同的生活经验，忆起不同的心理感受。如此说来，内涵意义是因人而异，因不同的生活阅历而异的。例如семья一词，其概念意义是“家”“家庭”之意，对大多数人来说，“家”“家庭”是表示温暖、舒适、方便、放松等内涵意义，“В гостях хорошо，дома лучше.”（做客虽好，在家更好。）。正是大多数人对家的情感或所持态度的真实写照。然而，对那些不喜欢家的人来说，家就可能带有令人不愉快的、厌倦的、压抑的、冰冷的情感联想。这就是一个词的内涵意义所指。

在俄语学习中，我们也会看到，作为“人”这一属性的群体，他们对自然界中的客观事物有很多相同的心理感受。例如，汉语中的“羔羊”与俄语中的овца都带有“温顺”之意。然而，生活在不同地域的民族对世界的感受、对客观事物的认识等有很多不同，这就形成了不同的思维方式和价值观体系，由此也就形成了各民族之间对某些事物的认识和看法的差异，这些差异也毫无保留地体现在语言中词的内涵意义方面。例如，汉语中的“龙”和俄语中的дракон，它们的概念意义虽然同指一种事物，但是在中国人心中唤起的是一种庄严的、神圣的、崇高的心理感受，这与俄罗斯人对дракон的感受是有很大心理反差的。

三、社会意义

“词在使用中所表达的社会环境意义又叫作社会意义。在实际运用中要根据不同场合选择不同的词，有的词可以应用于各种场合，有的词则只适合于某一特定的场合。因为使用场合不同，在交际中词往往会表达不同的意义，所以说，概念意义相同的词可能会有不同的社会意义”[18]，如标准语与方言、口语体与书面语体、成年人常用的语言与儿童用语等。例如，莫斯科人把白面包称为 хлеб белый，而圣彼得堡则叫作 булка。再如，русский 和 российский 的概念意义相同，所表达的社会意义却是不同的。在语言的实际运用中，由于使用的场合不同，使用的目的不同，词可以分为不同的等级：书面语体词、中性语体词、口语体词等。例如，俄语中 Санкт-Петербург、Петербург、Питер 这三个词的概念意义都是一样的，都是表示圣彼得堡这个城市的名称，但它们的使用场合是不同的：Санкт-Петербург 是较正式的书面语，有时也有崇高语体色彩；Петербург 一词在语体上则是中性的，适用于任何场合；Питер 是非正式的口语体词，用于随意的口语交谈中。再如，俄语中 мать、мама、мамачка 这三个词的概念意义都是一样的，但它们的使用场合是不同的：мать 是较正式的书面语，有时也有崇高语体色彩；мама 一词在语体上则是中性的，适用于任何场合；мамачка 是非正式的口语体词，一般只用在家庭内部，属于儿童用语。

四、情感意义

“情感意义用来表达说话者的感情，以及对交际对象和所谈事物的态度。情感意义基本上是依附性的，它不是词的一种独立意义，它要通过概念意义、内涵意义或社会意义等表现出来。”[18] 例如，俄语中的感叹词没有概念意义，却可以直接表达感情，如 ах、ура、боже мой、бог с тобой，又如 ой、ай、ох、ага、ну и ну 等感叹词均依附在句子中表达了不同的情感。再如，“Он человек как ходячая энциклопедия.”（他博学得像个活百科词典。），这句话借助了 энциклопедия 百科全书的内涵意义“博学”来表达情感意义，表明说话者对“他”学识广博的赞赏之意。

五、联想意义

“语言中有些词，当人们听到和读到它时，脑海中会联想起别的东西或事情，即能引起听者或读者产生某种联想。如语言使用中的‘禁忌语’（为了怕别人难堪或不愉快而避免使用的词）和‘委婉语’（用令人愉快的词代替令人厌恶或禁忌话题的词）等均属于这种情况。”[18] 例如，飞行员、跳伞员等由于职业的风险，避免使用 последний 一词，而用 крайний 或 еще раз 等来代替，同样也避免使用 смерть，而用 костлявая 或 безносая 来代替；прогресс 一词，在沙皇亚历山大二世时禁止这样的词用于公文，他们认为这是一个危险的词。再如，“Когда вас попросят из лаборатории，приходите к нам.”（让您离开实验室的时候，请到我们这里来。），画线词 попросят 就是说话者用委婉的意思在表达自己的想法，即当实验室不需要（或辞退）您的时候，您就到我们这里来。

六、搭配意义

搭配意义是指“词在具体语境中所产生的意义，是词的搭配习惯或词在固定组合中所具有的意义。一方面，由于语言习惯的作用，同一个词搭配不同的词，往往会产生不同的搭配意义；另一方面，有一些词尽管它们之间有相同的意义，但是由于搭配不同，意义也有所区别”[18]。例如，круг、сфера、пределы 指的都是“范围”之意，但是它们的搭配意义不同，在具体的语境中就会产生不同的意义。又如，лицо 这一词在使用过程中的搭配不同，所表达的意义也不同：в лицах（绘声绘色的）、в лице（作为）、на лицо（现有）、от лица（以……的名义）、лицом к лице（面对面）；再如，соль（盐）一词与不同词搭配会产生许多具有固定意义的词组：аттическая соль（微妙的俏皮话）、много соли съесть с кем（同……长期相处）、с солью и перцем（尖锐泼辣）、соль земли（民族精英）、Хлеб и соль（欢迎）等。简单地说，搭配意义就是一个词适用于某个语境的意义。

七、主题意义

主题意义是指“人们在用语言传递信息的过程中，通过调整语句中词的顺序，变换句子焦点或实施强调等方式使句子的强调重点得到适当的突出，从而传达出交际者的意图和目的意义”[18]。例如：

Петрович писал этот роман.（彼得洛维奇写了这部长篇小说。）

Этот роман писался Петровичем.（这部长篇小说的作者是彼得洛维奇。）

这两个句子虽然谈的是同一件事，但由于句子所用的结构不同（主动结构、被动结构），其主题意义也不同。

以上简要阐述了利奇语义理论的七种语义类型。从本质上来说，词的内涵意义、情感意义、搭配意义和社会意义都与该语言的民族文化有关。俄语词也是通过这些意义在传递俄罗斯的社会民族文化、民族心理等信息，这就是文化因素在词义中的反映。正是基于俄语词的上述现象，俄罗斯语言学家韦尔夏京（Е. Верщагин）和柯斯托马罗夫（В. Костомаров）提出了词汇背景的理论。除此之外，我们还看到，对词的主题意义的研究已经上升到了句子层面，情感意义也部分地上升到了句子层面，而词的搭配意义还要考虑到具体语境，更何况利奇的语义理论本身就是从语言功能的角度对意义进行分类的。这样词义研究就必然涉及句子，甚至涉及语篇层面。

第五节 俄语词与词之间的关系

我们知道，俄语词数量巨大。那么，在这个浩如烟海的词汇大家庭中每一个词的存在状态是什么样的？它们是孤立存在的，还是相互联系在一起的？如果是相互联系的，它们又是通过什么样的方式联系的？

语言学研究表明，“词作为语言的一个表达意义的单位，它们不是孤立存在并起作用的。语言系统中的词和词之间存在各种关系，这些关系是有一定的系统性和规律性的，其系统性的关系可以概括为两大类：纵向的聚合关系和横向的组合关系”[18]。

一、聚合关系

从理论上讲，聚合关系是指“具有某个共同点的语言单位之间所具有的关系。具有共同点的语言单位就是以共同的特征为基础而相互联系，构成所谓的聚合体”[18]。在词汇—语义体系中，聚合关系用来描述各种词群和词与词之间语义的关系，以相同的语义特征为基础构成的词的聚合体就叫作词汇—语义聚合体。一方面，聚合体内的各个成分同属于一个概念范畴，由同一个语义主题相维系，在同一个言语模式中有相互代替的可能性；另一方面，语义聚合体的各个成分又具有区别性的语义特征，分别体现同一概念的不同侧面，形成各自的语义特点，这种语义差别使它们相互对立，不能并存于同一个句法位置上。词汇—语义聚合关系具体可分为以下几类：同义关系、反义关系、上下义关系、部分整体关系和同音异义关系。

（一）同义关系

“同义关系是指语义相同或相近的聚合关系，即两个或两个以上的发音不同的词具有相同或相近的概念意义。同义关系不是词与词的等同，而是语义结构中的某些成分等同。具有同义关系的词叫作同义词，同义词可以分为绝对同义词和相对同义词。”[18] 在意义和用法上完全相同，在任何时候都可以相互替换的同义词叫作绝对同义词。例如，

орфография — правописание （正字法）、сторожить — стеречь （看管）、в течение — в продолжение （在……时期内）、лингвистика — языкознание — языковедение （语言学）、азбука — алфавит （字母表）、забастовка — стачка （罢工）、самолет — аэроплан （飞机）。严格地说，在俄语中概念意义完全相同的绝对同义词是十分少的，绝大部分同义词都属于相对同义词，它们之间基本的概念意义相同，但因强调的侧面不同，表达的特征强弱不同，涉及的现象范围不同，或修辞色彩不同，而使其语义上存在细微的差别。例如，включаться、вступать、входить、поступать、участвовать 这些词都有“参加”“加入”的意思，但在搭配范围和实际意义方面并不相同：включаться （во что）是指某人参加或被吸收参加某项活动，该词主要强调行为，而不强调行为主体。例如，“Он включился в эту работу совсем недавно.”（他参加这项工作的时间不长。）。而 вступать （во что）指参加某组织，成为其正式成员，如 вступать в члены общества （加入协会）。входить 指进入某一整体，成为该整体的一个组成部分，如 входить в список （加入名单）、поступать в школу （入学）。поступать 表示成为某个单位的正式成员，如 поступать на работу （参加工作）。участвовать 表示与他人一起参与某项工作或活动，如 участвовать в переговорах （参加谈判）。

（二）反义关系

“反义关系是指语义上相反或相互对立的聚合关系，即两个词的概念意义相反或相互对立。具有反义关系的词叫作反义词，这些词在语义上既相互对立，又相互联系。”[18] 从语义学角度来看，反义词可以分为以下四类。

1. 可分级反义词。这是词汇中表达对立的最普遍的类型，这类反义词体现的是相对对立，在对立词之间有中间的过渡成分，如 полезный — вредный （有益的—有害的）、молодость — старость （青春—老年）等。在 горячий — холодный （热的—凉的）这两个词之间有 негорячий （不热的）、прохладный （凉爽的）、нехолодный （不凉的）等过渡成分。从逻辑上来讲，相对对立属于反对关系，具有两极对立性。对一个可分级反义词而言，在一对反义词中对某词的肯定就预示着对另一个词的否定，对另一个词的否定却并不一定就预示着对其对立词的肯定。表达此种对立性的最典型的词类就是性质形容词。分级反义形容词可以与表示程度的副词组合。例如，очень плохой（非常不好）、довольно хороший（非常好）。它还可用于比较级和最高级。例如，“Дело начинается раньше начала и заканчивается позже окончания.”（事情宜早一点开始，晚一点结束。）。

2. 互补对立词。互补对立词又叫作双分反义词。它的实质在于：两个概念的互相补充构成完整的属概念，同时，反义词偶中的每一个成分都与另一个成分形成对立，中间没有任何过渡词，如женатый — холостой（已婚的—独身的）、зрячий — слепой（看得见的—盲的）。值得注意的是，这种类型的反义词在逻辑上属于矛盾对立的关系，具有互补对立性。在一对互补词中间，对一词的肯定就意味着对另一词的否定，而对一词的否定也就预示着对另一词的肯定，如женатый = не холостой、холостой = не женатый。与分级反义词不同的是，互补词不能与程度副词连用，如不能说“Он очень холостой.”。一般也不能用于比较级和最高级，如不能说“Он более холостой.”“Он самый женатый.”。有一些加не-的反义词，也表示否定达到了极限意义，他们同样表示互补对立，如живой — неживой（мёртвый）、зрячий — незрячий（слепой）、женатый — неженатый（холостой）。

3. 关系对立词。它们可以表示方向对立关系，如выходить — входить（出去—进来）、поднимать — опускать（上去—下来）、закрыть — открыть（关—开）等。除此之外，这类反义词还可以表示亲属关系、上下级关系，以及时间、空间关系，如мать — дочь（母亲—女儿）、муж — жена（丈夫—妻子）、вчера — сегодня（昨天—今天）、наверх — внизу（上面—下面）等。

4. 换位对立词。换位对立词即同一件事情从情境的互为对立的参与者的角度来进行描写。例如，“Ученик сдает экзамен комиссии.”（学生参加委员会的考试。）与“Комиссия принимает экзамен у ученика.”（委员会对学生进行考试。）从逻辑上来说，принимать — сдать（接受—给出）具有对立性，二者表达了事物之间的同一种关系，但是所示方向相反、角度相悖，如果没有принимать这样的动作发生，那么сдать没有意义。类似这样的反义词还有покупать — продавать（买—卖）。

（三）上下义关系

“上下义关系是指按照语义的位次来区别的语义聚合关系。从语义学角度看，上下义关系表示的是一个语义的层级系统，即如果一个词的概念意义包含了另一个词的所有概念意义的特征，那么这两个词就是上下义关系。”[18] 如水果和苹果。从心理学角度看，可以想象把一个词的意义分布在地球表面，每个词的意义位置可以用并列系统，即用相当于地球经度和纬度的交点来界定。第一个并列标明的是在词的意义内部系统，它在最大程度上概括抽象的概念和对物体的直接感官控制之间的概念的位置，也即一个词义的具体和抽象的概括程度，如植物、花和玫瑰；第二个并列标明的是一个词的意义内部系统与词的意义外部系统的关系，即它在现实中与其他词的意义系统所处的位置，也即两个不同的词的意义系统领域，且在抽象程度上可以比较的词的概念意义，如植物和动物。心理学解释的是概念类属范畴的对应关系，表示类概念的词就是上义词，其他系列的词，依其同前者的从属关系，叫作“下义词”。例如，птица（鸟）与голубь（鸽子）、орел（鹰）、попугай（鹦鹉）之间就是这种关系。其中，птица是上义词，голубь、орел和попугай就是下义词。上下义关系是一个相对的概念，某个词对某一组下义词来说，它是上义词，而对另一个上义词来说，它又是下义词。例如，对голубь、орел和попугай这组下义词来说，птица是它们的上义词，而对животное（动物）这个词来说，птица又成了下义词。

（四）一词多义关系

“在语义学中，一词多义关系是指一个词具有两个或两个以上的意义的语义聚合关系。具有两个或两个以上意义的词叫作多义词，多义词在各种语言中都是比较普遍存在的现象。”[18] 俄语中也有很多多义词。例如，在《大俄汉词典》中俄语词игра有七个义项：①游戏；②竞赛；③冒泡；④闪耀；⑤演奏；⑥表演（角色）；⑦把戏，花招。动词вести有九个义项：①引领，带领；②开动，驾驶；③敷设，辅修，架设；④画，拉，擦；⑤通往；⑥招致，引起；⑦进行，举行；⑧领导，管理，主持；⑨使翘起，使抽搐。像这种多义词简直是举不胜举，因此一词多义关系也是聚合关系中比较典型和普遍的关系。多义词是词汇多义性的具体表现，其意义类型同样反映词汇多义性的类型特征。概括起来分为以下四类：原始意义和派生意义、普通意义和特殊意义、抽象意义和具体意义、字面意义和比喻意义。

原始意义指的是词最初产生时的意义，而派生意义则是在语言发展过程中所获得的其他意义。例如идти一词，其原始意义是"走，步行；去，往"，但是其派生意义有很多，如"移动；流动；漂流"等。再如кино一词，它既有"影院"的意义，还有派生意义"电影"。再看класс，它的原始意义是"班，系"，由此派生而来的意义有"课堂；等级；节，组"等。

普通意义和特殊意义指的是一个词既可以指一类事物，也可以指一类事物中特定的某个事物。例如идея，它既有普通意义"思想观念"，也可以指具体某部作品的"中心思想"。再如философия一词，它既有泛指的"哲学"的意义，也可具体指"（某学科或知识领域的理论和方法论的基本原则）哲学"，如философияматематики（数学哲学）。

抽象意义和具体意义的区别可以сердце为例，它有"心，心脏"的具体意义，也有"内心，心情"的抽象意义。再如семья一词，它既能指具体意义的"家庭"，也能表示抽象意义的"大家庭"，如семья трудящихся（劳动人民大家庭）。再看светлый，它既表示具体意义的"明亮的，光亮的"，也能表示抽象意义的"愉快的，光明的"，如светлое будущее（光明的未来）。

字面意义和比喻意义的区别可以在下列多义词中找到答案。例如，在холодный这一多义词的各种意义中，"冷的，冰凉的"是其字面意义，如холодная зима（寒冷的冬天），而"冷淡的，冷静的"则是它的比喻意义，如холодный человек（冷淡无情的人）。шум既表示"嘈杂声，吵嚷声"，也能比喻吵架声、吵闹声。例如，"У соседей опять шум，брака."（邻居又吵打起来。）。

（五）部分整体关系

"部分整体关系就是指聚合体内的词所表示的概念或指称的事物之

间是部分与整体的关系。”[18] 例如，доска（黑板）与 аудитория（教室）之间、аудитория（教室）与 школа（学校）之间都是属于这种关系。

（六）同音异义关系

“同音异义关系是指词的发音相同、概念意义不同的形式语义聚合关系。具有这种关系的词叫作同音异义词。”[18] 例如，замок^1（城堡）— замок^2（锁）、ключ^1（钥匙）— ключ^2（源泉）、мешать^1（妨碍）— мешать^2（搅拌）等。

词与词之间的聚合关系是丰富多样的，从以上对词的聚合关系类型的简单分析可以看出：在词汇体系中，任何一个词都可能在一定程度上与范围广泛的其他词之间发生直接或间接的语义联系。正是基于词的这种语义聚合联系，才把数以万计的词，在形式、内容和功能等方面将各有特点的词组织成一个复杂的、多层次的、相互交叉的词群（聚合体），并构成有机的整体。

二、组合关系

“组合关系是出现在话语中建立在线性基础上的各语言单位之间的横向水平关系，又叫句段关系。在言语中一个词要在上下文中产生一定的功能，体现自己的某种意义，与周围的词按一定的规则和一定的顺序排列，形成一定的语义关系，从而表达一定的意思，传递一定的信息，这种关系体现为词在其不同意义上的搭配，在言语中表现为与相邻的词之间的联系，这就是词的组合关系。”[18] 从形式上看，词的组合关系是一种横向的线性关系，作为语言链条上的一环，语句中词与词之间的组合有一定的条件，并非任意两个词都能构成组合关系。组合关系既表现在词的搭配规则中，又存在于词语或句子各成分之间，其搭配受许多因素的制约，如语法规则、语义特征、语境及特定的修辞制约等。

（一）语法规则的支配性

不同类别的词依据语法功能的差异有其不同的搭配。在同一类词的内部，词的语法意义常常影响到组合搭配的实施。例如，браться、приняться、приступить 都具有“开始，着手”之意，但语法搭配不同，语义侧重点也就不同。браться（за что）表示“着手做，着手处理（某具体事物）”，браться за работу 表示“开始学习”；приняться（за что 或接不定式）强调坚决、果断地着手进行某种行为，有时可以与表示具体的以及下意识的动作的词连用，приняться кричать 表示“开始喊叫”；приступить（к чему，不能接不定式）有书面语色彩，多用来表示着手转入另一阶段的活动或开始采取大的步骤，语气较郑重，如 приступить к действию （开始行动）。

（二）语言习惯的限制性

大部分情况下，组合搭配的实现都有一定的理据。也有一些组合虽然不具有理据性，但是它们的组合却与语言习惯相符合，所以，在俄语实践应用中要考虑语言习惯的因素。例如，“喝酒”和“喝汤”两组词的搭配，在俄语中 пить вино 是正确的，而 пить суп 则是错误的，按俄语的搭配习惯应该是 есть суп；再如，“看电影”和“看杂志”，在俄语中 смотреть фильмы 是正确的，而 смотреть журналы 却是错误的，应该是 читать журналы。另外，还需要注意的是：在俄汉两种语言中，词的搭配组合习惯往往各不相同，因此，不能机械地把汉语的搭配习惯生搬硬套到俄语中。例如，“雨后春笋”翻译成俄语应为 как грибы после дождя（雨后蘑菇）。

各种语言都存在大量的多义词，俄语也是如此。一个俄语词可能有很多义项，但是一旦它们进入组合构成一定的结构后，就只具有一种义项。所以，词与词的组合关系可以确定词的现实意义，使其意义单一化。在《大俄汉词典》中，形容词 сухой 有七个义项：① 干旱的、干燥的；② 干制的、非流质的；③枯萎的、干枯的；④（头发、皮肤等因油脂缺少）干巴的、干涩的；⑤瘦削的、枯瘦的；⑥冷漠的、冷酷无情的；⑦<转>枯燥无味的、干巴巴的。如果单独拿出这个词，我们不能确定它到底是什么意思，也不知道应该采用哪个义项。但是，当它进入组合后，根据它与邻近词的关系，就能确定该词的现实意义了。例如：

сухой^{1}（干燥的）— сухой воздух（干燥的空气）

сухой^{2}（干制的）— сухое молоко（奶粉）

сухой^{3}（枯萎的）— сухая ветка（枯萎的树枝）

сухой^{4}（干涩的）— сухие волосы（干涩的头发）

сухой[5]（枯瘦的）— сухой старик（枯瘦的老头）

сухой[6]（冷漠的）— сухой человек（冷酷无情的人）

сухой[7]（枯燥无味的）— сухой язык（枯燥无味的语言）

由此可以看出，一个词在词组或句子中占有一定的位置，并依据其所处的位置体现自己的某种意义。离开上下文，离开与其他词的关系，词仅仅是一定概念意义的潜在载体。如果把词孤立起来看，我们只能知道它具有哪些意义，而且多半是常见的意义，至于转义和不常见的意义，则总是同其相邻的词和所处的位置联系在一起。

（三）语境因素的制约性

在具体的言语交际中，一个多义词的意义往往受语言环境制约。也就是说，在一种上下文中，一个多义词只有一种意义能够得以实现。所以，运用和确定词的某种组合形式不能不考虑语境因素对词义的影响。例如，место一词在下面两个句子中的用法：

A：Это наше рабочее место.（这是我们工作的地方。）

B：Володя занял первое место в соревнованиях.（瓦洛佳取得了比赛的第一名。）

C：В аэропорту Нина сдала в багаж пять мест.（在机场妮娜托运了五件行李。）

由于语境不同，在A句子里，место可译为“地方”；在B句子里，则要译成“名次”；在C句子里，则要译成“行李”。再如下面这个例子：

A：Я получил письмо из Москвы.（我收到一封莫斯科的来信。）

B：Анна научилась письму в 5 лет.（安娜已经学书法5年了。）

由于语境不同，A句的“письмо”是“信件”之意，而B句的письмо则要译成“书写”或“书法”。由此可见，不同的词在语义组合能力上是不同的，任何词的语义组合能力都有一定的限制，因为这些组合关系具有特定的语用功能，使用时往往受限于语境。当然，语境对词汇意义的制约不仅表现在词汇语境的制约关系上，它还表现在语法语境的制约方面。二者之间在意义和运用中的差别主要是：第一，词汇语境制约主要体现在词汇搭配中，即在不同的词组搭配中，同一个词可以表达不同的意思。语法语境制约表现为人们依靠特殊的词法和句法语境来区分词义。第二，词汇语境是制约语义实现最有效的语言手段。词汇语境是语义环境，它建立在词的语义搭配性的基础上，制约词义的使用。语境体现语言里固定下来的词的组合关系，这种组合关系制约着词的使用场合和概率。一般情况下，多义词的每一个词汇—语义变体都有一组有固定语义的词与之相搭配，如 зелёный ковёр луга（绿色绒毯般的草地）、зелёная молодёжь（幼稚的青年）、зелёная скука（难堪的苦闷）、погрузиться в воду（浸入水中）、погрузиться в размышление（陷入沉思）。语法语境也是制约词义实现的有效语言手段之一。俄语中某些词的词汇—语义变体具有特殊的语法特征，这一语法特征使得该词义明显区别于其他词义，这就是该词的语法语境。语法结构、语法形式、句法功能等都属于语法语境的表现形式。例如，动词 дражать 在 дражать за кого–что（为……担心，担忧）、дражать перед кем–чем（害怕，战战兢兢）、дражать над кем–чем（十分疼爱，怜惜）这些不同结构中，后面使用的前置词和搭配关系的不同，词的意思也就不同，因其受到了语法和语境的制约。

综上所述，我们可以看出：聚合关系和组合关系表示的是一种具有不同概念意义的词与词之间的关系。这两种关系都是以词的概念意义为基础而形成的。但是，它们又具有各自的特点，在理解词的概念意义和组词造句中发挥着不同的作用。

聚合关系可以通过一个词与其他词的同义关系、反义关系、上下义关系等来确定这个词的概念意义，通过这种关系确定的概念意义是抽象的、概括的、多义的。例如，在《俄语学习词典》（商务印书馆，1997）[49] 中，形容词 чёрный 有四个义项：① 黑色的，漆黑的；② ［用作名词］ чёрное，黑衣服；③〈转〉艰难的，黑暗的，忧郁的；④〈转〉阴险的，恶毒的。如果单独拿出这个词，不能确定到底是什么意思，也不知道应该采用哪个义项，但是当它进入组合后，根据它与邻近的词的关系，就能确定该词的现实意义了。例如：

чёрный[1]（黑色的）—чёрный хлеб（黑面包）

чёрный[2]（黑衣服）—Чёрное ему очень идёт.（他穿黑衣服很合适。）

чёрный[3]（艰难的）—чёрные годы（艰难的年代）

чёрный4（恶毒的）—чёрная душа（恶毒的心肠）

从以上可以看出：形容词чёрный有四个概念意义，这四个概念意义本身就构成一个多义的聚合体。通过чёрный这个词的各种聚合关系，就可以确定其概念意义。例如，如果чёрный的反义词是белый（白色的），其上义词一定是цвет（颜色），所以它的概念意义应该是"黑色的"；чёрный在词典中的第二个义项的反义词是белая одежда（白衣服），由此可以确定它的概念意义是"黑衣服"；如果чёрный的同义词是трудный（艰难的），那么它的概念意义就是"艰苦的，艰难的"；如果чёрный的反义词是добрый（善良的），我们就可以确定其概念意义是"恶毒的，阴险的"。由此看来，词的组合关系是一种横向的线性关系，是出现在话语中各语言单位之间的句段关系。通过词的组合关系，我们可以了解并确定词的概念意义，通过这种关系确定的概念意义是具体的、个性化的、语义确定的。上述我们所举чёрный的例子就很好地说明了这个问题。

从以上对词的聚合关系和组合关系的阐述中，我们看到：首先，"一个词可以构成多种聚合关系，构成多个聚合体，通过不同的聚合体可以使一个词的概念意义具体化，这样才能保证正确地理解词义，理解上下文"[18]。其次，"通过一个词与不同词的组合搭配，可以体现出每个词的具体用法，表现每个词的个性，这样才能正确、得体地运用每个词"[18]。

另外，还要引起注意的是：语言的本质属性是社会性，它随着社会发展而处于不断变化中，这种变化在语言中表现最为明显的就是词汇。俄语词也一样，它会不断地出现新词新义，淘汰旧词，其意义也随之消失，有的词又衍生出与其原义相联系的新义等。所以，俄语词体系既是稳定、有序的，又是动态、开放的。

第六节 俄语词汇概念学习的心理过程分析

在外语教学中，最初人们一直在沿用教母语的方法教授外语，如世界范围内最早出现的翻译法和后来出现的以幼儿学语论为指导的直接法，以及十月革命后苏联时期的对外俄语教学法等都沿用了教母语的方法。这说明，掌握母语和掌握外语的心理过程有许多相似之处，即它们都同属于人的语言能力的发展。但是，随着社会的发展以及对外语教学理论与实践的不断探索，人们逐渐发现用教母语的方法教外语存在很多弊端。一个突出的问题是：母语习得是习得者（儿童）的思维能力伴随着言语能力同步发展，即儿童的语言能力与他们对外部世界的认识（概括的概念）同步发展的心理过程；而外语学习者则不同，他们是在已经形成母语的概念体系，即他们已经形成一套用母语概念体系看待世界的规则和方法之后才开始学习外语。所以，外语学习者的目的语词汇概念是建立在母语词汇概念体系之上的。外语学习者在学习中一方面要不断地将目的语与母语进行比对，另一方面还要不断克服母语（思维模式）的限制和干扰，力图重构一套目的语词汇概念的意义体系。除此之外，由于外语学习者缺少对目的语国家文化的了解，缺少学习目的语的语言环境，缺少用目的语（母语）施教的外籍教师等，使他们在学习外语与习得母语时面临着不同的心理过程。这说明，母语和外语词汇概念体系发展的心理过程还有许多相异之处。（有关这一问题，我们在第二章第一节中有较详细的分析，在这里不再赘述。）

从以上分析中，我们发现，无论是母语还是外语，一个概念的形成既不只是某种记忆的联结，也不只是一种心理的习惯，“而是一种复杂而又真实的思维活动过程”[24]。它不仅需要学习者具备综合、分析、抽象、概括的思维能力，也需要通过在真实生活情境中的应用过程去发现、感受和领悟概念的真实含义。所以，在外语教学中，“概念的直接教授是不可能的，而且也是没有效果的”[25]。也就是说，如果教师用一个不熟悉的概念，或是已学过的抽象概念去解释另一个正在学习的新概念，这种做法完全是徒劳的。“虽然表面上看起来学生也模仿使用了相应的概念知识，但实际上学生的心理仍然是一片空白”[25]，即新学概念仍然没有进入学生已有的认知结构中。所以，在教学中“不能用人为的解释、强记和机械重复来习得概念意义”[24]。这时，学习者需要的是“在一个普通语言的上下文情境中去获得新概念和词语的机会”[24]。从教与学的双边角度看，如果要使学习者顺利地获得词的概念，外语教学一定要为学生提供一个在言语情境中去发现新概念意义的机会。

首先，每一个概念的获得都是建立在学习者具体经验基础上的概括活动，概括是一个认识的动态过程，并非静态的。因此，在教学过程中，“学习者应该是一个积极主动的探究者、发现者，而不是被动的、消极的知识接受者”[11]。学习不仅要建构所学目的语的知识体系，更重要的是通过学习活动使自己的认知能力、语用能力得到发展。在这一过程中，教师的作用是要“为学生创建一种独立探究问题的方法和发现问题的情境，而不是提供一种现成的知识”[50]。其次，在母语习得中，儿童是在具体生活情境中获得日常概念的，进入学校后，他们借助原有日常概念去获得科学概念，最终形成抽象概念的思维能力。这说明母语习得始于直觉思维，然后逐渐融入分析思维，二者相互作用，最终建立抽象的概念思维体系。而外语学习则始于抽象的科学概念，目的语词概念的具体经验在学习者心中一片空白。此时，学习者心里有的只是母语的词概念。所以，在外语教学中，教师要为学生设置具体的生活情境，借助影像或图像性的方法手段，帮助学习者在话语情境中感受、理解所学词义，借助图、表建立概念的抽象体系，最终发现并获得概念。最后，是否真正获得概念只有依据学习者在具体情境中是否能正确运用词义来证明。所以，概念获得的目的不在于储存，而在于提取。在外语教学中，不仅要重视学习者言语理解的正确性，重要的还要让学习者在各种具体的言语情境中学会应用。总体来看，应用一个概念的难度远远大于学习者对它的理解。所以，只有在言语生成过程中，学习者才会运用各种方式、方法和手段组织信息，提取信息。也只有这样，他们才能亲身参与体验和发现新事物，从而获得新概念。

第七节 俄语惯用语块学习的心理过程分析

长期以来，俄语教学习惯于将词汇学习范畴界定在单个词层面上，把俄语词汇教学看作是学习者对单个词的学习，而将惯用语等多词单位看作是固定搭配的极端例子而被忽视。随着语言学及语言教学研究的深入，人们开始把关注点指向那些介于词和句之间的多词单位——语块。因为，研究者们发现，由多词单位构成的语块是语言使用中的一个重要单位，在言语理解和生成中发挥着极其重要的作用。据语料库数据统计，“自然话语中的90 %都是由那些介于词与句二者之间的多词单位所构成”[51]。这就为词汇及其学习研究提供了更加广阔的空间，使其迅速成为词汇研究的一个新的增长点。与此同时，俄语教育者也发现，在俄语教学中，随着学习者词汇量的增加，多词单位——语块所占的比例越来越高，对它的意义掌握与运用不仅在词义的广度上影响着学习者言语的正确输出，也在深度上制约着学习者恰当得体的交际能力的形成。实验研究也证明，在二语学习中，由于“换说法”引发了大量的中介语，其中一个重要的原因是“来自学习者对该语言‘语块’含义的困惑”[51]。可以说，这是俄语学习者向高一级语言水平跨越的“阈限”，也是目前俄语教学不容小觑的问题。

本节将俄语惯用语作为研究语块的一个视角，通过对惯用语的研究，探讨俄语语块的概念心理特征，为俄语教与学的策略提供理论上的支持。我们试图打破以往单一学科理论指导的“语块”研究模式，从心理——语言交叉的逻辑起点出发，依据维果茨基思维与言语相互作用、动态发展的哲学观点，运用其“内部言语”与“外部言语”假说，分析俄语惯用语块的心理现实性、概念表征方式，确定其语义归属，阐述其语言生成和表达的特征，并在此基础上提出适于中国学习者俄语惯用语块学习的系列策略。

一、俄语惯用语块的概念

在俄语中，由多词单位构成的语块，经过人们在交际中的长期选择、加工和使用，因其构成方式、语义特征、修辞手段不同，被界定为语言中不同的种类范畴，它包括俗语、习语、谚语、成语、惯用语、格言等。按照苏联科学院俄语研究所编写的百科词典《俄语》中的划分方式，我们更倾向于将俗语、习语、谚语、成语、惯用语等多词单位构成的语块归于熟语范畴。惯用语作为一个意义完整的语块，它有不同的类别，在句子中起不同的作用。例如，名词性惯用语有 медвежий угол（非常偏僻的地方，穷乡僻壤）、гусь лапчатый（狡猾的家伙，滑头）；动词性惯用语有 выходить сухим из воды（洗刷自己，开脱罪责）、ловить рыбу в мутной воде（浑水摸鱼）；形容词性惯用语有 на одну колодку（一模一样的，一个模子铸的）、мало каши ел（不够老练的，还太年轻的）；副词性惯用语有 на живую нитку（草率从事地）、во все лопатки（拼命地）；感叹性惯用语有 чёрт возьми（见鬼去吧，该死）、мать честная（我的妈呀）。在这里，我们并不着重区分构成语块的各种类型以及它们之间的异同点，而是将研究视角指向惯用语块的概念界定及其概念表征的心理层面分析上，以便接下来从语言层面对俄语惯用语块的学习做出阐释。

在学术界，涉及语块研究的理论观点众多，虽各具解释力，但受社会发展、研究视角所限，其研究成果存在一定程度的局限。反观以往的研究成果，我们可以从以下四个方面对语块及其概念做出阐释。从语块构成的发展过程来看，由多词单位构成的语块是一个由创造性到惯用性的连续体。其创造性说明，有些语块是在交际时即时生成的。通常来说，这些语块中的各要素彼此相对独立，有更多能产性特征，它们可以根据交际需要即时组合。其惯用性说明，随着社会的发展和人们对客观世界的认知，人们在选择、使用语言进行交际的过程中，将那些饱含民族文化寓意、含义深刻的概念聚合体，用既形象又生动的语言将其提炼出来，再经过人们的广泛流传，而被逐步惯用化。在这些惯用化的语块中，各要素彼此相互依存，构成一个综合概念而被整体储存，在交际时整体提取。从语言理论的角度上看，就语块本身来说，它是指语言中由“一列词或更多词构成的多词单位”[51]。由于“这一列词或更多词在语义或句法上构成了一个有意义的、不可分割的整体”[51]，故将其称为语块。从语言心理角度上看，语块是语言持有者在使用或学习语言过程中，那些词汇化了的、以整体形式储存在大脑中的一序列词，它们是被“整体提取来使用的，且其生成和分析不受语法规则的影响”。[51] 从言语应用角度上看，首先，语块具有习俗性特征。这说明语块经过该民族人们的世代流传、千锤百炼，已经被该社会团体所约定俗成，并广为运用。其次，语块具有综合特征性。这说明语块是一个民族共同认知的成果，它作为一个整体概念保存在该民族人们的心里。因此，语块中各词的意义是不可拆分的。也就是说，语块所表达的意义是整体的，“语块中各词之间是非组合性的”[51]。最后，语块中各词的顺序基本是固定的，不能随意移动或增减。

惯用语作为语块的一种，是该语言词汇中一个重要的组成部分。诚然，在一种语言体系中，惯用语的数量相对于单个词汇来说要少得多，但是，它在言语交际中承载的信息量、发挥的作用却是极大的。研究证明，“惯用语是人们在运用语言进行交际的过程中，通过长期加工使用的考验而被固定下来的词汇单位”[52]。由于惯用语运用了民族喜闻乐见的形式，其语义内容又反映了民族的社会文化、人民生活和风俗习惯等，“惯用语具有形象活泼，含义深刻的特点”[52]，且使用起来让人感到形象、生动，并能达到超乎一般的交际效果。如此看来，“惯用语就是一个民族语言的缩影，它不仅能凸现出语言的全部性质和结构，而且也反映了一个民族文化的方方面面”[52]。所以，近些年来惯用语受到众多语言学家的青睐，形成了形形色色的学术观点。随着学者们对惯用语研究的不断深入，对其认识也更加趋向共识化，概括起来，主要有以下几种观点：其一，惯用语是语言的一种特有的表达方式，是“语言现成形式的再现”[52]，它具有固定性和不变性特征。其二，惯用语“在意义上是词，在形式上是一个词组，它具有词汇意义和语法范畴”[52]。词汇意义表现为惯用语可被理解，可与词构成同义现象；语法范畴体现出惯用语和词汇在句中的功能相同，即它们都可支配词，也可为词所支配。

其三，惯用语中各词构成的意义是整体表达式，而不是以单个成分为依据的搭配。所以，惯用语既简单又概括的概念就是指语言中“一种惯用化了的多词单位”[51]。这个多词单位构成了一个完整的语义整体，这一整体并非组成部分之和，即“整体意义不能从构成的单个词汇意义中提取”[51]。

概括以上多位学者的观点，对惯用语的概念界定主要侧重在两个层面上：一是侧重于惯用语的形式结构上，二是侧重于惯用语的语义构成上，或是还有第三个层面，即惯用语形式和语义构成的整体上。但是，只要我们从上述概括中提炼出其中的关键词，即惯用语形式结构的再现性、固定性、不变性，以及语义构成的整体性、不可拆分性、社会习俗性等，就足以让我们对俄语惯用语有一定程度的认识了。但是，如果我们从语言学习角度考虑如何学习惯用语块的话，还要从它形成的心理过程中弄清它的概念表征方式，以便确定它的概念范畴归属，为其学习策略提供理论上的依据。

二、俄语惯用语块的概念表征与生成

概念（понятие）是指人们在认识客观事物中对“反映对象本质属性认识的思维形式”[53]。概念的形成是在社会实践中，经历人们对所认识事物的综合、分析、抽象、概括的思维过程，“从对象的许多属性中抛开非本质属性，抽出本质属性概括而成”[53]。可见，概念的形成过程是人们由感性到理性逐步抽象的思维过程，这个思维过程亦可称之为概括的过程。在概念形成的过程中，人们需要借助一种符号对所认识的事物进行概括和总结。与此同时，还需要将所概括的内容在社会团体内部相互传递，予以交流。这时，人们就必须借助该民族的语言去概括（思维）、去表达（言语），而概括和“表达概念的语言形式是该民族语言的词或词组”[53]。为此，由一个民族概括出的，并受制于该民族的语言概念系统就形成了该民族共同的思维方式和价值观体系，而这一思维方式和价值观体系一定满含着该民族的文化并有别于其他民族。可以说，在社会发展中，人类对客观世界的认知，对科学成果的掌握等就是通过借助一种语言对事物加以总结和概括，从而在人们头脑中形成各种概念。

在现实交际中，作为思维与言语的单位——词或词组，其意义（概念）随个体思维功能的多样化而不断变化，也随社会的发展变化而不断演化。所以，“思维与言语不是一件物品，而是一个动态的发展过程”[25]。在这个过程中，思维与言语历经了各种变化。首先，“思维与言语走向汇合——思维用言语来表达，思维通过言语开始产生并存在”[25]。其次，“每种思维都倾向于将某事与其他事联结起来，并在事物之间建立起一种关系”[25]。再次，“每种思维都在运动、成长和发展，实现一种功能，解决一个问题”[25]。可见，思维过程是通过一系列阶段作为一种内部运动而发生的，并借助一系列言语活动使其外显而用于社会交流。所以，从思维与言语的关系上看，一个词或词组“兼有外部形态（言语表征）和内部语义（概念表征）两个方面，即言语内部的、有意义的、语义的方面和外部的、语音的方面”[24]。概括而言，概念形成是一个动态的概括过程。在这一过程中，人们需要借助一种工具——语言中的词或词组，进行综合、分析、抽象、概括的思维活动，直至概念形成。从这一角度看，概念的表征是由词或词组构成的。反之，也可以说，词或词组是概念表征的基本单位。但是，要证明惯用语块的概念表征的基本单位，则还要进一步探究惯用语块的心理现实性。

在心理语言学研究中，心理现实性作为一个重要的概念被提出，它是指一个词或词组是否具有一个单一的心理表征，即它们是否作为一个整体被储存并提取。那么，由多词单位构成的惯用语块，其心理现实性又是怎样的？我们将运用维果茨基在思维和言语相互关系中创建的内部言语（внутренняя сторона речи）和外部言语（внешняя сторона речи）假说，从语言的心理视角对俄语惯用语块的概念表征形式进行分析阐述。

维果茨基通过对儿童自我中心言语的追踪观察和实验发现，内部言语源自自我中心言语（эгоцентрическая речь）。自我中心言语是发生在内部言语之前的一个言语发展阶段，“当自我中心言语在学龄期消失时，内部言语开始发展起来”[24]。内部言语并不简单是外部言语的内在方面，它是一种功能，它具有自己独特的功能和结构。从内部言语的功能上看，它是为个体自身的言语，即个体借助语言进行思维的心理过程。由于内部言语持有者了解自己正在考虑的事物，即他们始终了解事物的主语和情境，以及与思考事物的相互知觉，“内部言语在结构上表现出简略化、谓语化、习语化的结构倾向，这些倾向不仅是内部言语的自然形式，也是内部言语的一条规律”[24]。“在外部言语中，思维是由词来体现的；在内部言语中，随着词语产生思维，词语就消亡了。”[24]这是因为内部言语在很大程度上是用纯粹的意义来思维，所以，“内部言语就是与词语相连接的思维”[24]。也就是说，内部言语是用词思维，而不是用词的发音来表述思维。由此可以得出，内部言语就是用语言作为中介手段的思维成品——概念。那么，在内部言语中概念的表征形式是怎样的呢？

维果茨基通过大量实验进一步提出：内部言语具有三个基本的语义特征。第一个特征：在内部言语中，“一个词的意思（смысл）比它的意义（значение）更重要”[24]。“一个词的意思是由该词在人们意识中引起的一切心理事件的总合，它是一个动态的、复合的整体，而意义仅仅是意思区域中一个最稳定和最精确的区域。”[24]一个词从它赖以出现的上下文中获得它的意思，在不同的上下文中又可能改变它的意思。但是，在意思的变化过程中意义始终保持稳定。“在内部言语中，意思支配意义，句子支配词，上下文支配句子。”[24]这说明，在人的意识中，一个概念就是一个语义聚合体。在这个聚合体中，语义是一个“场”概念，它不仅指自然界某一类客观事物——概念的意义，它还包含建立在概念意义之上的一个民族，或一个个体对事物的理解，即概念的意思。第二个特征：“内部言语运用黏合法构词。”[24]这种组合的构词方法常见于多种语言中，在一些原始语言中更是成为一条普遍的构词规律。当若干词黏合成一个词的时候，新词不仅可以表示人的一种复合观念，而且由于黏合的重点放在各词的词根上，新词还能体现包含在该概念中所有的独立要素。这样一来，复合词的语义就很容易被人们理解。这说明在言语交际中，人们广泛使用的复合词不仅是一种构词手段，还是组成人的复合概念的一种综合思维方式。这同时也说明复合词在言语思维层面已经是语义复合体了。第三个特征：“词的意思结合和统一的方式是一个不受规律支配的过程，这些不同规律来自占支配地位的意义的结合，而这些词的意思是彼此注入的。”[24]在内部言语中，这种现象达到了顶峰，以至于这些“具有习语特征的内部言语，很难翻译成外部言语”[24]。由此看来，一个被逐步固定化了的惯用语块，就是多词意思结合和统一的一种方式，且多词的统一不受规律支配，意思彼此影响，构成意义上不可拆分的整体。概括起来，我们可以得出：在内部言语中，词的意思比它的意义更占优势；通常，我们使用黏合构词法概括人的复合想法；词的意思相互结合彼此注入，其统一方式不受规律支配，具有习语性特征。从内部言语的功能及其后两个语义结构特征来看，它完全可以解释惯用语块的心理现实性，即被逐步固定化的惯用语块具有单一的心理表征。那么，它生成的过程又是怎样的呢？

维果茨基通过大量实验和观察认为，“将内部言语生成外部言语并不是简单地把一种语言翻译成另一种语言，更不可能仅仅通过使无声言语有声化来解决”[24]。这个过程是复合、动态的，它需要“把内部言语中那些谓语化、习语化的结构转换成能为他人所懂的，即句法合理、发音清晰的言语”[24]。在这个过程中，思维和言语的关系似乎是经历了一系列层面的运动：从激发一种思维的动机至思维本身的形成，先是在内部言语中呈现，然后在语义中选择恰当的词，最终在言语中用词语表达出来。这个过程由五个环节组成，可以简略地表示为：“1. 动机，即有别于言语指向的模糊的意向；2. 思想，即言语意旨；3. 内部语词表达的间接思想，即言语的内部编程；4. 外部词义表达的间接思想，即内部编程的实现；5. 词汇表达，即间接思想——言语的发声、发音的实现。”[20] 由此，我们可以这样认为，尽管在外部言语中，我们看到的是说话者从一个词到另一个词的相继展开诉说，即从部分到整体的动态发展，但是在说话者心中，即在内部言语中，那些“谓语化、习语化结构的概念是以整体的形式立刻呈现的”[24]，即从整体向部分的动态发展。

综上所述，俄语惯用语块是由多词单位构成的整体概念，其结构具有不可拆分性，其概念表征方式是整体的。在由内部言语向外部言语生成的过程中，惯用语块的概念也是以整体的形式立刻呈现的。与此同时，我们可以认为，由于惯用语块的概念表征方式是整体的，具有单一独立的心理表征，这样我们就有理由把它归到词汇范畴之内了。

三、俄语惯用语块的概念学习

在俄语学习中，掌握一个词（概念）的标准是什么？很多学习者认为，记住了一个词也就掌握了它。所以，他们认为记住了教学大纲中规定的词汇数量，就认定自己掌握的词汇量已达到了这个指标。其实事情并没有那么简单。“从语言自身的功能看，语言是人们理解别人的话语和表达自己思想的工具。”[54]这样一来，掌握一个词（概念）的标准不仅是记住、理解该词，更重要的是用该词来表达自己的思想。而要达到表达自己思想的程度，它包含了词（概念）的很多方面，首先，要识别其书面形式并正确书写，发音规范清晰；其次，要按照规则将词组成句，再组成适合表达的篇，且篇中语法使用规范、搭配正确、衔接连贯得当；最后，将词与适当物体或概念联系起来，意识到词的内涵意义，并恰当得体使用。在实践教学中，我们看到，“学生在交流中运用的词汇量远远低于所输入的词汇量”[46]。很多课文中出现的词汇随着教学进度的向前延伸被长期搁置而遗忘，而且在学习者言语交流中出现的问题主要反映在词汇的选择应用上，尤其是随着学习的不断深入，学生接触到了越来越多的习语、俗语、成语和惯用语，由于这些语块具有深刻的文化寓意，且语义又晦涩难懂，在交流中由于学生“不会用”，也“不敢用”而导致出现“回避”或“换说法”等问题。这不仅影响学习者语言输出的质量，同时也说明学习者并没有完全掌握词的含义。这时，对学习者来说最为重要的是：准确掌握俄语词汇（或语块）的概念意义和内涵意义。只有这样，学习者才能在交流中恰当运用。那么，俄语词的概念是怎样获得的？在学习中需要哪些有效的策略？

首先，我们看到，在母语习得中，“儿童对外部世界的认识和词的概念获得是在与父母及家人的交互情境中无意识习得的，这时儿童运用的词汇中充满了具体的生活经验”[6]，即儿童总是在生活情境中习得母语。他们能在情境中正确和恰当地运用词义，但此时并不知道词的形态变化规则。当他们进入学龄期走进学校的时候，才开始在老师的指导下逐步掌握词的抽象概念意义以及用词的规则。也就是说，母语的习得是从具体经验过渡到逐步抽象概括出词的概念，即从无意识的日常概念开始到有意识掌握科学概念的过程。而对词的掌握是从其内部语义理解到外部形态规则变化，即由词的内部语义到词的外部形态及规则变化的自下而上的过程。然而，在外语学习中，学习者一开始就需要在教师的指导下，借助词的外部形态掌握词的规则，然后通过大量练习逐步理解词的概念意义，从而达到无意识地运用。所以，外语学习与母语习得走了一个几乎相反的过程。而且由于外语学习者已熟练掌握母语系统，在外语学习中他们还要不断排除母语干扰，力图建立一套完全有别于母语的俄语概念体系。这时，能支持学生达到这一目标的最积极的手段就是给俄语学习者提供恰当运用惯用语的具体经验，即语言情境以及情境中各种角色的言语活动，这正是母语习得所具备的而外语学习所缺乏的最直观的、最有效的学习手段——语境。可以说，只有具体情境才会给学习者积累惯用语表达的具体经验，才会给学习者提供惯用语运用的方方面面，如语义的、文化的、认知的、语用的。也可以说，俄语惯用语块的概念获得主要是学习者在情境中体验到的，对它的恰当得体的表达是在情境中逐步提高的，而不能脱离语境机械地死记硬背。这样我们就得出了俄语惯用语块学习的第一条策略：言语—情境策略。

其次，通过论证我们得出：惯用语块是一个整体概念，其概念的表征方式是整体性的，在提取时也是以整体的形式立刻呈现的。这样一来，我们就得出了俄语惯用语块学习的第二条策略：整体理解和整体提取策略。也就是说，在俄语学习中，学习者不要刻意地去分析惯用语的构成结构，更不需要将结构中的词进行拆分记忆，这样不仅不会收到好的学习效果，而且还容易使自己陷入理解的困境。当然，惯用语的整体理解和整体提取并非是孤立地、机械地进行，不能将惯用语在课文和会话中抽取出来进行机械地背诵，而是要在“语篇”的层面上完成，即要通过篇中描写的该民族历史文化、人物性格特点、言语个性特征等理解惯用语的含义，体会惯用语的表达特点。同时，在整体理解篇的基础上，通过大量相同或相似的言语情境，形成恰当地运用惯用语来进行表达的能力。也就是说，在学习中，仅仅在语篇中理解了惯用语的含义，知晓其语言特点还是远远不够的，重要的是要在大量的模拟言语情境中，通过大量的言语应用才能最终掌握。

最后，本文提出第三条惯用语块学习策略：含义对比策略。在俄语学习中，我们通常要借助俄汉对比的方式去透彻理解惯用语的含义，以帮助学习者形成恰当得体的表达能力。但是，由于惯用语是词的概念意思结合和统一的一种方式，其意思是彼此注入的，惯用语就不可能逐字逐句地译成别的语言。当需要将其译成另一种语言时，通常不是要求译成和其内容完全相同的表达，而是要在所译话语中寻求近似的表达法，或相近的修辞色彩。例如，не вигеть дальше своего носа 原意是“比自己鼻子再远些都不看”或“只看自己鼻子底下”。根据相似表达可以译成“目光短浅”“目光短浅”“鼠目寸光”。再如，снять с себя последнюю рубашку原意是“把最后一件衬衣都脱给人”。根据相似意义可以翻译为“倾囊相助”。

第五章 俄语语法规则教与学的心理过程分析

语法是语言的重要组成部分。从语言知识体系层面看，语法是语言的规则、原理，即语言的理论，通常人们把解释语言理论这一系统称为理论语法，或科学语法（научная грамматика）；从言语实践层面看，语法是用词造句的规则，它是为话语交流服务的，通常人们把它称为实践语法（практическая грамматика）。学校语法教学的任务是掌握语言理论体系，还是使语法为交际实践服务，这是俄语教学及其所要实现的教学目标的原则问题。

第一节　言语活动理论对学校语法教学提出的任务

言语活动理论认为，科学语法（научная грамматика）是从学校语法（школьная грамматика）发展而来的。简单了解语言学历史的最初阶段就可以得出这看似反常的结论。然而，它却表明作为一门科学，或者更准确地说，作为某些语言知识的总和——语言学，是在基本相同的实际需求下而产生于不同国家、不同时期的，其中最重要的情况之一就是必须教人们学语言，或者是教外语（如在古代中国学佛教文献），或者是教母语的古文形式（如印度的吠陀梵文），或者把操各种地域方言（如阿拉伯语）的人统一起来的标准语或“共同语”的实践过程中。其实这并不意外，因为“通常情况下更迫切、实际的任务总是超过更抽象、理论性的任务，即语言实践的应用与描写总是先于理论的分析与论证”[55]。

一、学校语法的教学目的

言语活动理论认为，把许多科学语法的众多要素列入到学校语法中是没有意义的，也是不符合学生的认知需求的。讨论并回答学校教学需要什么样的语法问题，必须首先明确学校语法教学的目的。我们可以从以下三个方面来分析。

第一，就心理学范畴而言，“语言教学应该首先确定语言与学生已知能力之间的相互关系，并以此为依据确定教学内容以保证学生认知能力的发展”[3]，教学的目的是逐渐培养他们成为完全合格的社会成员，而不是仅会用语言学会记忆的人。

第二，就语言学范畴，或者更准确地说，就话语素养范畴来说，我们应“教会孩子们该语言的标准说法，使他们戒除方言和口语的话语特点，把标准的与不标准的、正确的与不正确的方言的突出区别特征纳入他们的语言意识之中”[56]。而对自身语言的这种“认识”和学生直觉理解语言的过程在语言的每个基本层面——语音、语法、词汇中都具有独特的、最终能够理解的语言体系——语法的性质。例如，对单词进行语音分析时，首先应该揭示音位聚合体系，即认识音位的系统性和该系统中个别成分区别于整体系统的独立性。在教语法、词汇时亦是如此。

第三，在社会语言学范畴中，解决学生实际的交流话语是学校语法教学的一项重要任务。在具体教学中，读和写是所有其他课程的基础前提，也是掌握其他知识的必要工具。此外，读和写的教学还有一个功能，这就是语法（甚至是词汇和修辞）教学的入门，因为在读和写的教学中，学生首先会遇到语言材料的一定规则系统——语法，接下来还要把这一规则系统——语法运用于其他语言单位。也就是说，语法教学很重要的一个方法，就是让学生在大量的读和写的学习活动中通过大量的模仿和转换而最终获得语法知识。如果读和写是语法教学的入门，那么句法教学就可以达到巩固语法的教学目的。我们知道，句法教学是使孩子正确地、合乎语言规范地表达自己的想法，这是用语言实现某一交际任务过程中的方法。词法没有独立的实用意义，它的意义是由其作为句法的基础来决定的。但是，词汇是基础，没有词法就无法构建词组，而没有词组就不能构建句法。所以，词汇——语义系统和修辞系统的教学要服务于句法教学这一总任务。也就是说，句法教学不只是要弄清“正确的”和“不正确的”的句子，“而是要教会学生恰当得体的说法，使学生学会在不同的语言情境中说出合乎该语言情境的话语。把恰当与不恰当、得体与不得体的话语区别出来并纳入自己的语言意识中”。[3]

综上所述，我们可以把学校语法的教学任务概括为：根据学生的认知能力，教会学生正确标准的话语，形成恰当、得体地运用话语的能力。那么，什么是“学校语法”的最佳选择和与之相适应的语言结构呢？

二、学校语法的教学内容与方法

言语活动理论认为，学校语法的教学内容首先要定位于“认识”语言这一基点上。也就是说，所构建的语法体系的内部逻辑应与学生掌握语法的言语活动体系相符合，并要为学生提供有利于记忆和巩固语言材料的教学和学习的方式。这其中最重要的问题是：语法教学原则上不能只根据语言知识体系构建相应的语法结构体系，还应该根据适于学生认知的，且实际发生的言语行为及其结构来制定相应的目标。在这里只有了解并认识语言发生时的心理过程，才能对学校语法提出某些具体要求，而这些心理过程只有在弄清直觉使用语言过程的条件下才能够被揭示。可见，学校语法的教学内容——语言的最佳结构形式要服从于分析说话人的言语行为或言语活动这一总任务。

这样一来，人们就会发现，根据这样的理念构建起来的言语行为或言语活动就会出现学校语法体系和科学的理论语法体系不相符合的情况。科学语法要根据语言理论解释教学手段并进行详细说明。对学校语法而言，这不仅不需要，而且对实际掌握语法还有害。所以，必须从更广阔、更实用的视角，即用言语活动理论的观点来看待“学校语法”。

苏联学派在外语教学中占统治地位几十年的是语法翻译法。这与当时占一定优势的俄罗斯伟大的生理学家——巴甫洛夫（Иван Петрович Павлов）第二信号系统理论简单解释所支撑的联想主义心理学的理论观点相关，并且有意无意地产生了这样一个假设：在语言学习者头脑中似乎存在语法体系的痕迹，存在按照与教科书中语法表格结构相似的原则组织起来的词汇痕迹。由此得出这样一个结论：学会了语法规则就学会了语言。事实当然不是这样，这只是理论上学会外语，但实际上学习者不能独立说出一句话，也很难明白别人说的话。俄罗斯成千上万名中小学生已经为这种对语法的简单理解付出了沉重的代价。依照维果茨基心理语言学派的原则，用最正确的观点看待这一问题，应该有这样的认识：只有当教学使语法规则从对其自觉掌握，再到了解阶段，直至过渡到能够对其自动地、直觉地使用阶段时，才可以说学会了这些规则。而这就意味着教学要给学生提供掌握语法的学习方法，应该让学生毫不费力地用自己的“内部密码”对语法规则重新进行编码。

按照维果茨基思维与言语的发展观点，如果母语的发展起始于流利、本能地使用语言，而结束于认识语言形式的话，那么外语的发展则起始于认识语言形式，结束于流利、本能地使用语言。两条途径完全相反。但是，它们双方却互相依存。自觉、有意地学外语很显然依赖于一定程度的母语发展。反之，学习外语也会为掌握母语的高级形式开辟道路。有的人按照学习母语的方式来学习第二语言，即通过对一些构成元素进行“调整”而不依赖于对母语的认识，如果小孩子从小就会几种语言，则常常会发生这样的情况。但是，教学实践完全可以不考虑这种可能。学习外语在某一阶段要求认识该语言，尤其要求掌握语法体系。如果外语教学不给学生这种体系的概念，而只是提供一套学习结构，那将会怎么样呢？沃罗宁、波格丹诺娃、布尔加科夫认为：“如果学生对母语语法体系没有认识，这样的学习对他们来说就会成为机械化过程。”[55] 如果他们认识并总结了母语的语法体系，那么不借助教师的讲解，他们也能以此为中介理解外语。另外一条途径在心理上是不可能的：一套语法体系不可能被学生独立地与母语语法体系并列建立起来。这两种体系必定产生关联，直接法的显著成就恰好与这种彼此关联的产生有关。

俄罗斯的外语教学界做过这方面的尝试，在以加利佩林“智力活动理论”为支撑的母语语法的教学法体系中架设一条教外语的桥梁。他们专门为学生（莫斯科普通学校二年级的学生，即8～9岁的孩子）制定了分析俄语单词词法结构的教学方法。首先，学生们被告知要按照意义给词变形，之后要对两种词形进行比较，并确定词的哪一部分随意义的改变而发生了变化，并成为主要意义的载体。独特的语法分析方法就这样形成了。根据“智力活动理论”提供的这一方法，学生相当快地从书面形式转入口头形式（凭听力比较），后来自动成为智力活动的项目。例如，在该过程的一定阶段引入了反映词形横向组合结构和个别词素语法意义的图表：

за	крич	ите	множественное число 2–е лицо

该过程是这样的：孩子们通过特殊模型“自己发现并复述区别出来的词的性质（意义和形式之间的关系），在分析词的组成部分时，孩子们学会了建构词的模型。这说明，任何一个词的意义在开始时都可以让孩子们通过图表来理解，词的潜在语义特征和词法特征都可以作为直接特征被区分出来。与孩子一起活动的事物在变化着：从前只是某物名称（即实现的只是命名功能）的词现在变为具有明显信息区别机制的交际单位，这时词的形式成为其功能与意义系统相关的变量”[57]。随后，这

样的实验在苏联很多学校开展，并且都取得了可喜的成果。具有代表性的是：在要求积极运用词的语法结构的测试中，按照此方法学习的二年级学生超过了四年级甚至六年级学生。在分析词汇时，二年级学生比六年级学生指出的词的语法特征平均多出50%（而在分析动词时这一比值又提高了一倍）。二年级学生指出承载一定（种类的）意义的词素的正确率为82%，而六年级学生只有47%。

上述给出词的语法结构的方法是自如运用词形系统和语法意义系统的前提。学生们轻松学会了意义的不同表达形式和用语法形式表达不同的意义，这为进入到外语词形的分析提供了可能。例如，向孩子们提供带有意义指示的英语、法语和德语的词形，他们自己就能进行分析。这一做法很可靠，特别有趣的是孩子们不仅用加缀法，而且通过改变冠词，自己“开发”出了表达语法意义的潜能。A.A.列昂节夫本人是使二年级学生轻松掌握世界语言词法分类基本知识的见证者，而且还做了分析奇楚亚语词形的成功实验。

从这一尝试中能得出什么结论呢？在外语教学中引入与翻译完全无关的词的最佳教学方法并不会对教学结构的产生造成困难。外语教学的一系列教学内容都可以运用这种方法进行。具体步骤如下：第一，对母语进行功能语法分析和划分基本语法意义；第二，引入外语词形并对其进行语法分析；第三，根据语法意义系统对母语和外语词汇的产生图解进行比较；第四，引入最简单的句法模型。由此可推论出，在外语教学时必须依靠学生的母语，这是外语教学的区别性原则。A.A.列昂节夫认为，对于像俄语这样具有高度屈折性的语言来说，词法教学问题远比英语、法语的要尖锐得多。

可以说，外语教学的基本问题不单是考虑自觉性原则的方法，也不单是引入语法（词法）的方法，而是呈现言语结构的特点及其他的方法。解决这一问题只依靠所获得的自觉掌握语言现象的资料是不可能的，除了要充分研究在心理上掌握知识的结构（这一结构模型就是加利佩林的“智力活动理论”），还必须制订详细的符合内在规律而不仅限于外表的言语活动模型，并且还要详尽了解影响言语产生的心理——生理机制和对此机制功能发挥所产生有序影响的方式。总之，任何一个引入言语模型的方法在很大程度上都取决于言语产生的心理模型。

三、学校语法教学中语境的创设

近年来，语境或教学语境的概念广泛应用于第二语言教学实践和语法教学。

从言语活动理论的观点理解语境这一概念，就是把教学假设在没有语言环境条件下进行的积极口语教学。语境这一概念与教学过程的三个方面相关：第一，语境是教材的“构造单位”，围绕这一单位在典型事件中建构一课（这里的一课被理解为教材内容的一部分，而不是教学过程的一部分）；第二，语境是在课堂上向学生呈现语言材料的方法，其中包括向学生呈现词法、语法、句法和修辞等内容的方法；第三，语境是为巩固所学知识，其中也包括对词法、语法、句法和修辞等内容进行练习的教学方法。在现有教材中选择语境通常要服从两个标准：第一，语境是一课内词汇（词法）的主题连接手段。Сен—Клу方法直接把一课的概念界定为“围绕话题变化所建构的、旨在掌握基本语汇的几个人的对话”[58]。第二，语境是围绕一课中一个或几组语法内容所建立的，它应使语法教学在语境中展开。

A.A.列昂节夫认为，当把这种语境的教学理念迁移到教学过程并让学生接触如此编排的教科书的课文内容时，必须考虑两个问题：“首先，语言情境要和学生的生活息息相关。其次，语境中词法、语法、句法、修辞内容的安排要符合学生认知的难易程度。”[59]遗憾的是，在苏联时期任何现代第二语言教学法中学生语言学习活动的目的几乎还只是掌握第二语言本身。在教材中，一课的典型结构就是在讲述一些与学生不相关的人和事情。A.A.列昂节夫列举了法耶里（М. Файер）初级俄语（作为外语）教材中比较典型的一个课文作为例子[60]，以说明语境在外语教学过程中的作用。

Вот школа. В школе класс. В классе профессор и студенты. Вот стена. На стене доска и карта. Тут стол и стул. На столе журнал, книга и газета. На столе перо и карандаш. Профессор Петров читает книгу, а Иван читает газету. Вера читает журнал. Анна сегодня дома. Она нездорова. Пётр сегодня тоже дома，но он здоров.

这是学校。学校里有教室。教室里有教授和大学生们。这是墙。墙上挂着黑板和地图。这是桌子和椅子。桌子上有杂志、书和报纸。桌子上有钢笔和铅笔。彼得洛夫教授在读书，而伊万在读报。薇拉在读杂志。安娜今天在家。她病了。彼得今天也在家，但他没生病。

A.A.列昂节夫认为，假如课文中没说桌子上有杂志、书和报纸，或没说“这是墙”，而是说了其他别的什么，学生的心理会有什么不一样吗？根本没有，学生对这一切根本不关心。大多数情况下，当学生在读这些内容时，他们总是作为旁观者而冷漠地看着发生在（或者甚至只是存在）他们周围的事。当他们不是冷漠而是带着笑容朗读时，这就被认为是达到了教学法上的效果。其实，无论他说“这是墙”，还是说“这是门”，对他的心理来说都是相同的。作为教学过程的一部分，一课的典型结构应该是教师（或学生）针对周围物体或现象（在一些情况下这的确是周围的物体，而在另一些情况下是一些有情节或无情节的画面）使学生学会对这些物体、现象和行为做出一系列判断的一贯态度，而不是一种与学生生活毫无关联的，不能激起学生任何认知欲望的旁观者陈述。

这种方法实际上就是以人的自觉活动心理特征为基础的普遍教学法原则。掌握得最牢固的是那些能激起人的某些与心理相联系的事物中的词法——语义知识或语言修辞知识，即与人的心理记忆有联系的内容最容易记忆。斯米尔诺夫（A. A. Смирнов）对这个问题做出了更准确的研究结论。他认为，“在所进行的实验中确定记忆最重要的条件是被试者心理活动的基本轨迹，基本线路和活动的动机。在活动中作为障碍和困难出现的东西是记得最好的。所有研究揭示：作为无意记忆最重要的条件，以及什么内容应该成为记忆的客体”等都同属这一原则。[61] 这些论述可以概括地称其为行为动机的作用。动机性和目的性是活动的主要特点。

活动具有一定动机和目的的特点。它由一系列行为组成，每个行为都具有独立的、过渡性的目的，都是活动的组成部分。如果在活动理论视角下研究言语表达，那么任何言语交际行为都是综合活动行为的一部分。在日常生活中，人们所说的由于什么（动机）和为什么（目的）所涉及的一切都是综合活动行为的一部分。那么，如果想让学生在教学过程条件下演示某种言语表达，能通过模拟活动的途径达到这一点吗？或换言之，能使学生只使用教师所希望的（按内容）那种言语表达的外部和内部环境吗？能使用斯坦尼斯拉夫斯基（К. С. Станиславский）所喜爱的术语，"使他们的言语表达置身于'约定的环境'"吗？"而当他们沿着'约定的环境'的道路进行言语表达时，应该提示他们演示该表达所需的形式（广义上）"吗？[62] 遵循这样的言语行为原则可以提出完全不同的语境概念：语境不是把词汇统一起来的主题，也不是在这种主题统一的教学过程中使各种方法连接为一个整体的"交叉点"，语境是按照预定计划实现言语行为所必须的言语和非言语环境的总和。应该让这些环境在课文中出现，让老师根据主题在教学中创造。

言语活动论认为，学生面临的任务在很大程度上要合适。如果想让学生对活动感兴趣，就必须建立使学生本人或真实地置身于这样或那样做的语境，或在这种语境中能轻松地体验剧中角色的"约定的环境"。当然，在这里并不是想用这一事实来说明侦探体裁对教科书来说是最好的。其实，一些出版社为了语言学习经常出版侦探文学和惊险文学的经典作品原文（而惊险文学同样使人们在约定的环境中活动，虽然通常它并不给出悬念的谜底，但是在最有意思的地方突然中断的章节正是为这种悬念服务的）也是合理的。

概括起来，可以用以下方式来说明在外语教学中对语境概念的要求。最理想的是按照保证（按自己的程度）读者能对其"角色"进行体验的文学语篇等来构建课文。在教学中最大限度地强调课文的这些特征，尽可能让学生和"角色"一起或代替"角色"产生言语行为。但是，在学习过程中特别是在巩固语言知识过程中语境应该尽可能由言语交际任务派生出来，这其中也包括当学生在所学语言国家中必须进行某种交际行为时可能或应该遇到的实际交流任务。在这些交流中最佳语言教学有两个在学校教学实践中几乎找不到的特征。第一，功能语法理念，即从表达该内容的方法出发，而不是从某些形式手段来对待语言教学。第二，根据不同言语功能和种类进行区别教学。课后练习不能像以往出现的情况一样是一种机械的操作练习，而应为学生创造一种探讨问题的语境，即由于该问题的解决使所要求的能力和技能能够自动实现并得以巩固。

第二节　外语语法教学的历史回顾与现时反思

在外语教学中，语法教学的作用与地位始终是教学界争论的焦点，不同的历史时期表现出不同的主流认识，经历了一个从尊崇到摒弃，再到理性认识的发展过程。我国俄语教学在很长一段时间内由于受语法——翻译法和自觉对比法的影响以及国内教学环境的制约，过分强调了语法教学。俄语教学被语法知识的传授占据了大量的精力，忽视了言语技能的训练，从而使学生听、说、读、写等综合运用能力的形成受到了影响。随着素质教育理念的提出和社会对俄语人才质量的需求，人们在反思并纠正俄语教学这一问题的同时，也很容易走向另一个极端，即忽视语法教学，单纯强调直觉或自然习得获得语言能力的认识倾向。在素质教育背景下，反思并纠正一些模糊认识，理顺语法教学的思路，将有助于俄语教学质量的提高。

一、外语语法教学的历史回顾

外语语法教学的足迹是伴随着外语教学法流派的产生与发展一路走来的。“18~19世纪世界范围内最早的外语教学方法是翻译法（Переводный метод），它具体是由语法翻译法、词汇翻译法和翻译比较法三种方法构成，它经历了古典翻译法和近代翻译法漫长的发展过程，最终形成了世界上传播最广的外语教学法流派之一。”[3] 受历史比较语言学和官能心理学的影响，翻译法认为，“一切语言源于一种语言，语言和思维也是同一的。由于人类有共同的思维规律，因而各种语言的语法是同一的，各种语言词汇所表达的意义和词的搭配也是一样的。学习外语首要的是学习语法，掌握了语法就掌握了语言”[41]。因此，这种方法主张在学习中首先熟背语法规则，然后通过翻译练习巩固语法规则，认为这样既有助于理解语言，又有助于训练学习者的官能，更有助于培养学习者逻辑思维能力，以达到磨练智慧的教学目的。

20世纪最早进入外语教学者视线的是以幼儿学语为理论指导的直接

法（Прямой метод），它与翻译法反其道而行之，是通过外语本身直接进行会话、交谈和阅读的一种外语教学方法。这种方法坚持不借用学习者的母语，也不用翻译，更不用形式语法。外语学习者的第一批外语词要通过实物、实物化教具或教师的身势语、体态语等手段获得。这一方法认为，“实际掌握外语的根本标志是学习者直接用外语进行口头或书面表达思想的过程，是外语词的声音形象同这些词所代表的意义、概念直接进行联系的过程”[3]。在任何两种语言中许多词在语义、搭配、用法上都不存在一对一的简单对应关系。教外语就要直接用外语讲练外语，不必对语法规则进行分析，更不能刻意去机械记忆这些规则。外语学习应模仿幼儿学母语的自然过程，通过大量的机械性模仿练习，使学习者在自然习得语言的状态下获得熟练的言语习惯。

20 世纪 40~50 年代在美国产生了听说法（Аудиолингвальный метод），它受结构主义语言学、行为主义心理学理论的影响，认为语言是人们说出来的话，而不是写出来的文字。听说法的支持者认为，“人们在日常生活中所说的话与该语言的语法规则有很多不一致的，口语才是真正的语言。学语言就是要由说该种语言的‘当地人’来教‘当地人’所说的话，而不是教书本上有关的语言知识”[35]。在语言学习中不用理解语法规则，更不用死记一些语法规则。外语学习应主要通过句型进行大量模仿式、复用式操练，在此基础上学会说完整的话，最终达到言语熟巧。

20世纪60年代，听说法过分重视机械性训练，忽视语言规则的指导作用；过分重视语言的结构形式，忽视语言的内容与意义等弊端逐渐在教学中凸显，为此，许多学者和外语教育者对该方法提出了种种质疑。这时认知法（Познавательный метод）在美国应运而生。认知法在某种程度上是根据听说法的缺陷提出的。认知方法依据认知心理学的理论，提出“学任何一个学科都务必使学生理解学科的基本结构、规则和原理”[35]的思想，认为学生学习外语是一个有意识的学习过程，应该让学习者对语言现象进行充分分析、深入理解，达到自觉地掌握外语。这种方法还认为，语言是受规则支配的体系，在外语教学中要充分发挥学习者的智力作用，重视对语言规则的理解，培养学习者实际而又全面运用语言的能力。因此，认知法主张在教学中把语法教学作为语言知识学习的前提。

在同一时代，苏联产生了自觉对比法（Сознательно-сопоставительный метод）。自觉对比法受20世纪30~40年代苏联教育学理论的影响，把掌握系统知识作为每门课程的主要任务。他们认为，这是获得普通教育——教养目标的唯一渠道。所以，作为语言知识的语法便当之无愧地成为外语教学的主要内容，即通过对比达到自觉理解语法的教学目的。这种方法还认为，"掌握外语有自觉和直觉之分，自觉掌握是指学习者把注意力集中于语言形式本身，而不是这些形式所表达的思想。要认识语言形式就必须学习语言理论知识，即语言规则。只有在自觉掌握的条件下，外语课程才能体现出普通教育——教养的价值"[3]。当然，过分强调语法教学的自觉对比法也为此付出了重大代价，即很快被自觉实践法（Сознательно-практический метод）所替代。

自觉实践法是在批判自觉对比法的基础上，依据著名语言学家谢尔巴院士关于语言、言语、言语活动的语言学说，别利亚耶夫的《外语教学心理学》，A.A.列昂节夫为代表的言语活动理论（тиория речевой деятельности）和加利佩林为代表的智力活动按阶段形成理论（Теория поэтапного формирования умственных действий）共同创建的一种外语教学方法。这一方法认为，"掌握外语分为两种类型：一种是逻辑推理式的掌握和直觉掌握"[3]。逻辑推理式的掌握外语具有自觉技能的性质，这种技能是初级的，完全以自觉运用所记得的语言规则为基础。这种掌握并不是真正的实际掌握语言，因为这里完全没有外语的思维存在，有的只不过语言理论知识，即语法。真正掌握一门外语既要掌握语法知识，又要形成言语技能，二者缺一不可。因此，自觉实践法旗帜鲜明地提出："自觉是指学生要理解所学的语言知识，实践是指学生要积极参加外语实践活动。实践掌握外语是要达到的教学目的，自觉理解语言知识则是达到这一目的的手段。"[3]他在此基础上提出了外语教学著名的三段论，即知识—熟巧—技能，以及掌握语言的两种合理途径，即由自觉—直觉、由直觉—自觉的过程。

20世纪70年代在欧洲共同体成员国的共同运作下，产生了交际法

（Коммуникативный метод）。交际法是以语言功能为纲，着重培养交际能力的一种教学方法，它通常又被称为功能法（Функциональный метод）。交际法在很大程度上受社会语言学家海姆斯（Hymes）关于"交际能力"理论的影响，认为交际能力是一个人对潜在的语言知识和言语能力的综合运用，它包括话语的合乎语法性、适合性、得体性和实际操作性。就交际法的实质来说，它并不排斥语法，从其首先提出的话语应合乎语法性的要求就可以看出，它是集语言结构与功能于一体的综合方法，这也难怪在外语教学界通常称自觉实践法和交际法为综合法，看起来这两种方法似乎两全其美了。其实不然，谁又能保证执行起来没有偏差呢？事实正像我们所担心的那样，在实践教学中，自觉实践法越来越倾向于"自觉"了，而交际教学法越来越重视言语的"交际"了。由于交际法在外语教学中影响更大些，受它的影响必然会更多些。以至于后来许多第二语言学习者认为语法教学并不起作用，其代表人物克拉申（Krashen）提出的语言监控模式就认为，有意识学习语言和无意识习得语言具有很大的差别，有意识学到的语言不能转变为自动的语言能力，语言能力需要通过接触自然的、大量的语言材料而自然习得。这一观点得到许多人的支持，并且他们还经常运用著名语言学家乔姆斯基（Chomsky）的普遍语法理论证明正规的语法学习没有必要，因为乔姆斯基认为人的大脑中有与生俱来的普遍语法能力。例如，儿童大量接触了母语的语言材料，就会给大脑中普遍语法的规则赋予了母语的参数值，也就生成了母语的语法。学习第二语言或者学习外语的道理也同样如此。这就导致在此后很长一段时间内俄语语法教学被忽略了。

二、外语语法教学的现时反思

从外语教学的历史发展中我们看到，有关语法教学重视者有之，轻视者也大有人在，这无一不与这些方法产生的社会背景、教学目的、所依据的理论等密切相关。我们在评价其功过得失的同时，应该思考以下几个问题。

首先，在外语教学法诸流派中，外语学习、第二语言学习、幼儿学母语是多次出现的术语，三者都是在表述一种语言的学习，但其概念内涵不同。诚然，外语学习与第二语言学习都是在学习母语以外的一种语言。但是，第二语言的教学者通常是所教目的语的本国人，这就意味着教学者在使用母语进行教学，而且在所学语言国家进行教学，即第二语言学习者置身于所学语言的环境中。外语学习者通常是一些已经熟练掌握了母语的青少年，他们身处自己的国家，学习一种对他们来说完全陌生的语言，而且教授他们外语的教师通常与学习者是同一个国家或民族的人，这就意味着教学者也是在使用外语进行教学。可以说，外语学习者与第二语言学习者相比，既不具备所学语言国家的语言环境，也很少有目的语的本国人来教授他们所学的外语。这样一来，他们必须从外语学习的第一天开始就要不断地在教师的引导下有意识地掌握目的语的语言规则，并借助这些规则来学习外语。这说明，“在外语学习中学习者语法的掌握有更多的学得（学得，即在课堂教学中，学习者借助一定的媒体——教材，在教师的指导下有意识地掌握外语的学习过程，而习得通常指在自然情境下，无意识的，或不知不觉地形成言语熟巧的过程）特征”[3]。

其次，幼儿学语与外语学习同样是学习语言，但二者也不能同语而言。幼儿学语是在习得母语，他们不仅具备教学者和语言环境的优势，即幼儿是在父母和家人的自然语言环境下，随着自身生理、心理（智力）的成长，通过无意识地模仿而习得语言。也就是说，幼儿的母语习得与其思维在同步发展，即幼儿的语言学习与他们对客观世界的认识随年龄的增长同时展开。青少年时期起步的外语学习者已经熟练地掌握了母语，习惯了母语背景下的本国文化，即形成了母语的概念体系和语言规则体系，以及在此基础上形成的母语思维定式。这样，他们在学习外语时将面临两种情况：一方面，他们可以借鉴用母语所形成的概念体系、语法规则体系以及在其基础上形成的语言能力来学习外语；另一方面，由于在任何两种语言中其概念和规则体系在大多数情况是不同的，他们也必然会受到来自母语的干扰。这就意味着外语学习者在外语学习过程中要不断地排除母语的干扰，在不具备所学语言本国教学者和语言环境的条件下，把所学外语的语法规则体系通过不断的理解，内化到自己已有的知识体系中，即在已有母语语言体系基础上重构一套所学外语的语言规则体系。这同样需要更多的“学得”过程。所以，外语、第二语言和母语的语法规则学习确实不能同语而论。

再次，我们所说的外语教学通常指完成某一阶段教学任务的教学，而不是短期强化教学，那么它必须完成学习者所在教育阶段的相应教学目标。例如，高校的教学目标是通过俄语语言知识的学习、技能的训练、俄罗斯文化的了解等，使学习者形成恰当得体的俄语交际能力。再如，基础教育阶段的教学目标是在语言知识、言语技能、情感态度、学习策略，以及文化意识基础上形成俄语的综合语言运用能力。从以上大学、中学的教学目标中我们可以看到，无论是大学要达到的俄语交际能力，还是中学要达到的综合语言运用能力，无一不是以语言知识，尤其是以语言的理论（语法）体系作为基础。这就意味着语法对语言能力形成的重要性。我们认为，在基础教育阶段学生对语言理论体系的理解尤为重要，因为他们要通过外语学科的学习，使其智力水平、思维能力、推理能力等同时获得发展，而要达到这一目标则必须借助学科的规则、原理和结构来完成。如果在外语教学中只强调大量机械模仿式操练，或只注重听说训练，忽视对语言规则——语法的理解与内化，其教学目标必然会受到影响。这就是为什么在“二战”中风靡一时、功绩卓著的听说法在战后美国各大、中学校的外语教学中倍受质疑的根本原因。当然，认知法也从另一个角度提示我们，矫枉过正也必然使事物走向另一个极端。

最后，外语教学法诸流派大多产生在欧美国家，他们所提出的外语教学原则、教学方法等大多依据的是印欧语系所属各语言之间的差异，而且其外语教学也大多在印欧语系所属各语言框架中进行。由于印欧语系各语言之间语言规则、结构上有较大的相似性，学习者在外语学习中对语法的操作就要容易得多。如此一来，他们把语法教学放在次要位置上的做法，也就不难理解了。不过，我们在借鉴这些方法时却要充分考虑到这一因素。外语教学的理论与实践证明，学习者母语与所学外语两种语言的差异越大，其相互借鉴的可能性就越小；反之，其相互借鉴的可能性就越大。这就需要学习者更多地借助所学语言的规则，学得更多的语言知识，从而为学得更好的技能，更高的交际能力打下基础。中国俄语学习者面临的是汉藏和印欧两种差别非常大的语系，它们之间的语法体系存在巨大的差异性，二者之间的相互借鉴性少之又少。因此，我们要清醒认识到语法教学在俄语教学中的作用。

第三节 语法在外语学习中的意义与作用

进入21世纪以来，人们开始对第二语言和外语教学中语法教学的问题进行了重新的定位与思考，这是因为第二语言学习理论和外语教学的理论与实践研究又有了新的发展。皮纳曼（Piennemann）提出的语法“可教性假设”证明，语法教学可以加速某些结构的掌握。而交际法在执行过程中重视意义的交流，轻视语法教学的做法也使得人们开始重新考虑语法教学的作用。与此同时，多年来课堂教学的实践也证明了语法教学对外语学习的有效性。目前在俄语界，人们逐渐改变过去对语法教学过于轻视或过于重视的偏激倾向，基本达成一种共识，即在俄语教学中不仅要重视语法规则的作用，而且也不能忽视言语技能的训练。

我们在理智地思考语法教学的同时，仍然有必要对语法的特征及其在教学中的作用进行再认识，这将使俄语教学更有成效。从语法的功能性角度出发，其基本特征可以概括为以下几点。

一、概括性特征

语法是语言知识中的一个组成部分，它不仅是用词造句的规则，也是人们组成话语的基本准则。“语法规则是人们在大量的语言实践活动中，根据语言事实中所反映出的语言共性特征，通过人们长期的综合、分析、比较、归纳，概括出的具有普遍意义的语言基本规律。”[63]因此，我们也可以把语法规则称为语言的基本原理。也就是说，产生于大量语言事实中的语法规则完全能客观地反映语言事实及其之间的本质联系和必然趋势。例如，писать письмо другу（给朋友写信）、служить народу（为人民服务）、помогать брату（帮助兄弟）、дать студенту ответ（给大学生答复）中的другу（朋友）、народу（人民）、брату（兄弟）、студенту（大学生）等词都在辅音后面加上了у，它们都表示行为的接受者。因此，我们可以推论，单数以硬辅音结尾的阳性名词表示行为的接受者时，词尾后加上у。正是语法规则的这种概括性特征让我们在大量的词汇中掌握了它的变化规律。在俄语语言中，语法规则主要体现在词尾的复杂变化和句子结构的构成中，这样，俄语学习者就要在学习俄语词与句的过程中掌握语法规则。也就是说，俄语学习者必须面对成千上万的俄语单词和这些词的变化所反映出的语法规则。由于教学时间受限，教师不可能带领学生逐个地进行语法规则的变化练习，这就需要学习者借助已学过的高度概括性的语法规则，并在其引导下去掌握大量的词汇变化规则，这就是语法教学。由此可知，语法教学能为学习者提供一个创造性的语言学习过程。

二、衍生性特征

由于语法规则是在无数个语言事实中通过人们长期的综合、分析、比较、归纳，概括出的具有普遍意义的语言基本规律。那么，语法规则必然具有衍生性特征，即语言规则的概括程度有多高，它的衍生性领域就有多大。如在上述我们所举出的例子中，有一条这样的语法规则，即单数以硬辅音结尾的阳性名词表示行为的接受者时，词尾后加上y。而语法的这一概括性特征使它有了更多衍生的可能性，如писать письмо другу、инженеру、врачу、брату、студенту（给朋友、工程师、医生、兄弟、大学生写信），甚至更多。可以说，语法的概括性和衍生性说明同一个语言事实从事物两端向相反方向运动发展的过程。当然，规则的衍生性还表现在语言的不同层面，如我们仅从语素这一语言中最小的定义单位来看，自由语素有：дом（房子）、дома（在家）、домик（小屋）、домишка（小房子）、домашний（家庭的）、домашность（家务）、домовитый（关心家事的）、домовладелец（房东）、домовладение（房产）等。附加语素有：前缀пере可与很多词结合构成意义不同的词，附加语素有：перейти（走过）、передумать（反复思考）、перенести（搬过）、перевезти（运过去）、перевести（领过去）、перечитать（再读一遍）、пересказать（复述）、перечислить（列举）、перечертить（重新绘制）等。词根уч有-：учеба（学习）、учитель（教师）、учительская（教员休息室）、ученый（学者）、ученик（学生）、учение（教/学）、учиться（学习）等。它们都有很强的衍生能力。后缀的衍生能力也不弱，如-ость、смелость（勇敢）、

зависимость（从属性）、успеваемость（学习成绩）、заболеваемость（患病率）等。除此之外，语法规则的衍生性特征还表现在词层面和句子层面，如动词заниматься，它的搭配чем；с кем—чем无补语。

1. Заниматься спортом，торговлей，земледением（чем）（从事体育运动/从事贸易工作/务农）

2. Он занимался всю ночь в аудитории.（无补语）（他整晚都在教室里学习。）

3. Он занимается с первым классом.（с кем—чем）（他给一年级上课。）

我们再把заниматься（чем）代入句子，看其生成能力：

1. Антон занимается спортом.（安东进行体育运动。）

2. Каждый день Антон занимается спортом.（安东每天进行体育运动。）

3. Каждый день в 6 часов Антон занимается спортом.（安东在每天六点进行体育运动。）

4. Каждый день в 6 часов Антон занимается спортом вместе с товарищами.（安东每天六点和同事进行体育运动。）

5. Каждый день в 6 часов Антон занимается спортом вместе с товарищами на площадке.（安东每天六点和同事在广场上进行体育运动。）

转化生成语言学家乔姆斯基认为："语言是受规则支配的体系，这种规则（主要是语法规则）能推导、转换、生成无限的句子。如果学习者不能在有限的规则内产生和理解无限的句子，那么他永远不能学会语言。"[19] 乔姆斯基的转换生成语法理论既说明了语言的衍生性特征，也包含了它的概括性特征，同时也说明了语法在语言学习中的重要性。认知心理学家布鲁纳认为，无论选择什么学科，务必使学生理解学科的基本结构，只有掌握了学科的基本结构，才能使学生更容易理解学科本身。他进一步认为，掌握学科的基本结构，一是有助于将所学知识长期保留在记忆中，二是有助于知识间的迁移，三是能促进各学科知识的融合，使学习者形成更好的学习能力。

在俄语教学中，我们不可能在有限的时间内把无限个俄语句子一一教给学习者，况且语言还在不断的发展中。这样，我们必须借助一种模式或者规则帮助学习者掌握语言的转换生成规律，这就是语法教学。由此可见，语法教学能帮助学习者掌握这样的转换生成模式，即使学习者能够利用已学过的语法项目和自身对语言的创造力，通过推导，生成出无限个句子。这样，在俄语教学中，一方面，我们要带领学生在大量的语言事实中通过综合、分析、比较、归纳，概括出具有语言普遍意义的语言规则，即语法规则；另一方面，我们还要带领学生运用概括出的语法规则，通过大量的言语活动，在不同的言语情境中生成出无限个言语句子，最终形成言语的交际能力。这样也就形成了语法教学最根本的两种方法——归纳法和演绎法。

三、调整性特征

俄语属印欧语系的斯拉夫语族，是目前世界上保存较完整的屈折语。屈折语最明显的、与众不同的特点是通过词本身以及词的结尾变化来确定其在句子中的成分和句子的意义。也就是说，词的结尾变化具有调整句子意义的功能。例如，在教学大辞典中用море（大海）一词组成句子“Пароход отплыл от берега и ушёл в море.”（轮船离岸驶向大海。），“Я родился и вырос у моря.”（我生长在海边。），“Враг пытался бежать морем.”（敌人企图从海路逃跑。），“В 16 веке началать борьба между западными колонизаторами на морах Востока.”（16世纪西方殖民者开始了在东方海上的角逐。）。我们看到，在上述例子中，море一词的词尾出现了多种变化形式：в море、у моря、морем、на морах。正是这些不同的变化形式引导人们去理解上述句子中море一词的不同含义，这就是语法规则的调整性特征。再如，“Солнце скрылось за горой.”（太阳落山了。），“Дорога шла в гору.”（道路通到山上。），“Всей школой мы движемся на горы.”（我们全校学生向群山进发。），“Экзамены уже не за горами.”（考期已经很近了。），гора一词有不同的变化形式。我们同样可以从за горой、в гору、на горы、за горами中调整对句子含义的认识。事实上，人们在实际交际过程中，总是通过不断调整词的结尾变化，构成不同句子结构，产生不同话语意义，从而正确理解和准确生成话语。在俄语学习中，俄语语法的繁难程度令许多初学者始料不及，甚至许多学习者畏惧其难度而止步不前。可是，俄语交际恰恰要借助这些多变的规则才能明确对方话语的意义。这就意味着在俄语教学中要耗用更多的时间来进行大量的语法规则学习，如果学习者语法掌握得不好，就可能导致语法规则的错误运用，使话语的意义表达不清楚。但是，理解语法规则只是完成语法教学的一个方面，能在言语实践中熟练运用语法规则才是语法教学的目标所在，这又岂止是一日之功？可以说，当话语的意义表达不清楚时，我们要通过语法规则来调整句子的意义结构，使语言表达得更加清楚、准确。

四、超阈限性特征

《现代汉语词典》（商务印书馆，1984）对“阈”这一概念是这样界定的：“阈”泛指界限或范围。本文所指的超阈限性是指“学习者只有较好地掌握了语法规则，才能在语法规则的引导下使新旧语法规则相互结合，正确迁移，从而促使学习者向更高的语言水平发展”[63]。在外语教学中，许多第二语言学习者和一些经过短期强化训练的外语学习者在学习的起始阶段，他们的听说能力提高很快，能在较短时间内流利地说出很多的话。此外，与目的语国家相邻的边境地区的居民外语也说得非常流利（尽管语音并不标准）。但是，他们的言语理解能力、正确话语的生成能力以及自学能力等在之后的很长一段时间内都表现得非常弱，甚至再想向前跨越一个台阶都很艰难。与此相反，那些系统学习外语的学习者在学习的起始阶段，他们的听说能力和语言的表达能力并不见得很突出。但是，在后来的语言发展中，他们无论在言语理解能力方面，还是在正确话语的生成能力方面，尤其在自学能力等方面，都表现出了很大的潜力。这是因为学习者掌握的语法规则帮助他们跨越了向高一级语言发展的阈限。

第四节　语法能力获得的一般心理过程分析

如前所述，我国的外语学习者是在熟练应用母语的基础上学习外语的。无论学习哪种外语，他们都是完全生疏的，且与母语语言体系有较大差别的。那么，是不是可以说外语学习与母语学习的过程就完全不同了呢？是不是也可以说，先前习得的母语对后来学习的外语就不会有任何的借鉴作用了呢？当我们再一次求教于维果茨基的科学概念掌握与外语学习关系的学说时，我们得到的答案是："儿童掌握科学概念（母语）的学习过程（指已上学的儿童在教师的指导下掌握母语的过程）与外语的学习过程之间有许多相似之处，它们同属于人的语言掌握过程，所以学习母语（掌握科学概念）与学习外语的过程有很多可相互借鉴之处。"[3] 维果茨基认为，学习外语类似于儿童掌握母语的科学概念，它从一开始就是一个有意识的和审慎的过程。在外语学习中，通常以一些语音、语法和句式等结构形式的意识（语法规则的理解）为先决条件，即学习者在外语学习的起始阶段便能意识到语言符号和意义之间的关系，也能意识到语法规则及其变化形式，更能够清楚地区别出词的性、数、格等。所以，外语学习者通常是一些高级的语言规则形式比自发的、流利的言语先发展起来。而在儿童的母语中，总是基本（简单）言语能力的获得在前，复杂言语能力的获得在后。他们能正确运用动词变化形式和名词等其他词类的变格，但却无法意识到，也无法说出它们的变化规则。在语音方面也表现出同样的情况，儿童对母语难以正确地发出单音，同时也意识不到自己发出的声音。在学习拼读时，他们很难把一个单词划分出其组成的音节。只有经过长期艰苦的学习过程，儿童才能迅速且准确无误地说出那些受语法结构支配的言语形式。而外语学习者却很容易做到这一点，并且其书写也不落后于说。在外语学习中，学习者的注意力总是先集中于言语思维外部的、发音的和有形的规则和原理上，然后再逐渐向言语思维内部的，即词语的语义方面发展。

维果茨基的上述观点说明："儿童在学校学习母语（掌握科学概念）

的过程与外语学习的过程是从认识事物的两端出发，通过完全相反的路径去认识同一个事物的过程。”[3] 然而，相反路径并不影响它们之间的相互联系，正是认识事物的相反路径创造了从实践到理论，再从理论到实践的完整认识过程。这也正是自觉实践法提出的直觉—自觉、自觉—直觉掌握语言的两个过程的理论渊源。

从维果茨基的观点中可以看出，学习者在外语学习的初始阶段就要掌握外语的语法规则，此时他们必须借助母语的规则体系，在不断地将外语与母语进行对比与区分中掌握所学语言的变化规律，即他们需要不断地把母语的语法规则借鉴到所要理解的外语语言体系当中去，并作为最初理解外语语音、语法规则的依据。与此同时，外语的语法规则也促进了更高形式的母语系统语法规则的掌握。可以说，一个人的外语学习是否成功视母语的成熟程度而定。也正像歌德所说，“不懂外语的人不会真正懂得自己的母语”。当然，只是懂得所学外语的语言体系还仅仅是掌握这一语言的第一步，要做到真正掌握外语还要靠学习者大量的实践练习。

在我国，俄语是作为一门外语来掌握的，对中国学生来说，其语言运用能力的获得更多的是靠“学得”而不是“习得”完成的。第一，俄语学习主要围绕课堂教学进行，课外很少有机会接触俄语。一些通过创建“俄语角”，或通过大众传媒的途径，或通过与所在城市的俄罗斯人进行交流来学习俄语的方式也是极其有限的，更何况在基础教育阶段学习者除俄语学科之外还要学习其他门类的课程。第二，在我国无论高等教育还是基础教育的俄语教师大多都是由本国高校培养出来的俄语人才，他们并没有太多机会去俄罗斯学习或进修，又由于近些年来我国各级俄语教学体系及规模的缩减，使很多教师（中学教师居多）不得不改行去从事其他学科的教学。一些教师不能安心从事俄语教学工作，更不会有意识地主动提高自身的语言能力和教学能力。所以，一些教师既不能熟练地使用俄语，也不能运用合理有效的教学方法，这就制约了学习者交际能力和综合语言运用能力的形成。第三，汉语与俄语属不同语系，两者之间在概念体系上、语法规则上、语言结构上的差异非常大，这使中国俄语学习者比一些欧洲国家的学习者在学习俄语时要面临更多的困难。尤其是近些年来，大学俄语专业的学生大多在中学都是学习英语的，与他们已经学过的英语语法相比，俄语语法要难得多。所以，在俄语语法的学习中，一方面，他们要经常与母语的规则进行对比；另一方面，要与英语语言规则相比较，同时还要不断地进行“情感过滤”，以排除一些对俄语学习的不利因素。上述情况要求中国学习者必须学会一套能判断俄语语言正误的标准，学会自己监测自己的语言，这就是语法。我们不可能像学习第二语言那样学习外语语法，而更多地要靠有意识的学习。

多年的教学实践证明，有意识的语法学习确实有助于语言水平的提高。而且，在教学中我们也深刻体会到：语法能力的获得，很大一部分是语法知识的内化过程。从认知学习理论对知识的加工过程来看，学习者语法能力的获得主要经历以下几个心理过程。

一、感知阶段——选择与注意

“注意是人们对某一事物或者某一事物的局部关注，它是学习过程的第一个阶段”[63]。在俄语学习过程中，学习者首先从外界“环境”中输入信息，被输入的信息经学习者的感受器，即听觉和视觉感受器进入感觉登记器中（感觉记忆）。此时，人们感受到的是事物（知识）的表象，即事物（知识）的外部形象。在教学过程中，“这是对教学材料进行初步的把握，形成关于客观事物的正确表象。通常情况下，进入感觉登记器的信息是大量的，但是保存的时间却是很有限的，它在这里只保留1~2秒钟的时间。这就需要学习者快速选择自己所注意到的信息，而只有被学习者注意的信息才有可能进入记忆的加工车间——短时记忆，而只有进入短时记忆的信息才有可能被进一步加工处理，进而转入长时记忆库，那些没有被注意的信息在感觉阶段就会消失”[64]。从信息加工的心理过程看，在俄语教学的感知阶段，学习者会对输入的语言材料中的特定外部形式予以一定的关注，并同时把所关注的信息有选择地纳入认知加工过程，通过反复的练习，进而发现一些有规律的东西。

二、理解阶段——推理与假设

理解是通过对新旧事物之间逻辑关系的了解，把握事物内在属性的认识过程。在语言学习中，它也是外部言语知识向学生思维层面内化的开始，通常发生在对事物的感知之后。从人类的脑功能看，无论是儿童还是成年人对规则都具有一定的认知能力，这个能力会引导他们在大量的语言事实中进行推理并概括出共同的语言规则。“在理解阶段，那些在感知阶段被学习者所注意和选择的信息要进入短时记忆进一步加工。由于短时记忆保存的信息量是非常有限的，而且保存的时间也不长（最长可持续30秒钟），如果不进行加工，很快就会消失，学习者要运用各种记忆策略，通过反复复述把所注意到的信息保留住，并在此基础上进行信息的抽象概括。”[3] 当然，不仅如此，学习者一方面要根据所接触的大量语言事实材料，利用已有的认知能力进行分析，形成对语言规则的各种假设；另一方面，还要运用语言规则的各种假设在大量的言语活动中进行验证，并不断地做出相应的纠正，直至正确。

三、巩固阶段——建构与重构

巩固就是使理解的知识更加牢固，把所学知识牢牢地保持在长时记忆库中。在教学过程中，巩固通常发生在理解阶段之后，也可能与理解的教学活动交替出现，即在理解中巩固，或在巩固中加深理解。学习者在言语活动中发现某些语言规则后，要及时将这些规则融进已储存在长时记忆的语法知识库中。但是，这些新规则并不是简单地添加进去的，而是要在大量的语言事实中，经过“顺化”和“同化”的过程，与原有语法知识结合从而建构一个新的语法知识体系。当学习者再次从环境中获取新信息的时候，他需要在自己的长时记忆中寻找原有的旧信息，并将旧知识与新知识相结合，即把新知识与已经获得的知识结合起来迁移到情境中去。与此同时，也会使学习者原有的知识体系得以“重建”。因此，学习者学习一个新的语法规则，必须经历建构与再建构的过程才能转化为自己的语法能力。然而，达到语言的自由输出还要经历一个实践过程。

四、运用阶段——复用与创造

在俄语教学中，当学习者能够对语言输入做出始终如一的正常反应时，就标志着他的语言水平已经进入了成熟阶段。在这一过程中，学习者经历了感知、选择与注意、推理与假设、建构与再建构的认知过程。那么，怎样才能达到言语自由输出的程度呢？儿童习得母语达到自由输出程度主要依靠反复练习的方法，外语学习者是否也可以用这种办法把语法规则转化为自动化的能力呢？答案是肯定的。也就是说，“学习者要通过大量的练习，将所学知识综合运用于言语情境中，才能把内化的语法规则转化为自由输出的语言能力”[63]。因此，为学习者创建适合掌握语言规则的言语情境是非常重要的。

第五节　基于归纳与演绎的哲学方法论阐释

在我国长期的俄语教学中，语法教学惯常使用的方法是："教师首先讲解语法规则，然后引导学生针对所讲的语法规则做大量的练习。这种方法的教学理念是学习者通过对语法结构的有意识操练发展起他们的语言能力，它被称为明示语法教学（explicit approach）。"[63] 因为它在教学中采用了自上而下的演绎的认识过程，所以也称演绎法。从认识论角度讲，演绎是以一定的自然规律或思维规律为依据，从服从该规律的事物的已知部分推知事物的未知部分的人类认识自然界的一种方法，是从一般到个别，从整体到部分，从抽象到具体的认识方法。该方法对习惯演绎性思维的中国教育者来说做起来可谓得心应手。

但是，这种方法对语言实践能力的形成是有一定弊端的。正如苏联教育心理学家别利亚耶夫所说："逻辑推理式掌握外语具有自觉技能的性质……这种掌握并不是真正的实际掌握语言，这种方法有可能直接导致我们的语言输出完全以自觉运用所记得的语言规则为基础，即语言规则在引导我们说话，这样将难以进入一种自然而然的语言输出状态。"[65] 这就是说，用演绎法教语法会延迟学习者自然输出语言的过程。不过，在教学中我们看到，用演绎法教语法更省时，教师操作起来更省力，学习者对语法内容掌握得更快。如果语法教学的最终目的是掌握语言的知识体系，这的确是一种不错的方法。

与明示语法教学对应的是暗示语法教学（implicit approach），这种方法是教师先呈现给学习者有关要学习的语法结构的大量句子，然后组织他们在言语情境中进行有意义的练习。当学习者熟练掌握了这些句子的时候，他们会意识到这些语言材料中的规则特点，在教师的启发下，学习者自己可以概括出语法规则。该方法的教学理念是："学习者语法能力的形成，一是要在既有趣又可理解的语言情景中获得；二是要有足够的信息量给予学习者；三是要尽量按话题所需内容组织言语活动，只有这样学习者才能进入习得目的语语法的自然状态。"[3] 因为这种方法在教学中采用了归纳的认识过程，所以也称归纳法。这是以一系列经验事物或知识素材为依据，寻找出其基本规律或共同规律的方法，也是从个别到一般，从部分到整体，从具体到抽象的认识方法。

从实践掌握语言的角度出发，用归纳法教语法是比较合理的途径与方法，它会引导学习者先接触大量的语言事实。当学习者熟练掌握这些语言事实时，其中的语法规则已融入他们熟练的话语中，再次输出语言时，已储存的语言事实就会起第一作用，即语言事实在引导他们说话。应该说，这种方法会加速学习者自然输出语言的过程。然而，在教学实践中，该方法只是在理论上更容易被大家接受，因为在实践操作中它不但比较费时，而且也要求学习者拥有一定的归纳能力。尤其在基础教育阶段，学习者年龄尚小，他们不具备较好的概括、推理能力，所以用这种方法难以完成课堂教学任务。教师对此教学法提出了较多的异议。如果语法教学的最终目的是为了实践掌握语言，这种方法更科学。

从辩证唯物主义的认识论来看："实践是认识事物的源泉，是认识发展的动力。在实践的基础上，从感性认识上升到理性认识，再从理性认识到下一个实践的环节，这是一个完整的认识过程，即一个以实践为基础，实现主观和客观相一致，主体和客体相统一的认识过程。"[3] 在自然界中，人们的认识需要经过从实践到认识，再由认识到实践的多次反复，也就是说，对一个事物的认识要经过实践—认识—再实践—再认识循环往复的过程，才能最终掌握该事物。

学习俄语也应当遵循这一过程规律。在俄语中语法规则是语言的理论体系，言语技能训练和大量言语活动是理论的实践应用，学习俄语应该从大量言语事实入手，在言语实践中意识并归纳出语法规则，然后再利用这些语法规则进一步指导言语实践。当然，并不是说先教语法规则而后进行实践练习不可行，只是这种方法对实践掌握语言来说效果并不明显，而且也不利于学习者在实践中理解和吸收语法规则，自然也不会得到最佳的学习效果。诚然，在俄语学习中确实要注重对学科理论体系的掌握，但是掌握理论最终也是要指导自己的言语行为。事实上，只有我们在实践中学会恰当地运用语言，这时，理论（语言规则、原理）才实现了它自身的最大价值。

从认知心理的角度看，美国著名心理学家杰罗姆·布鲁纳（Jerome Seymour Bruner）提出的发现学习模式既可以明确阐释俄语语法规则在学习中的发现过程，也可以清楚地诠释在俄语教学中如何安排有益于语法规则被自然发现的过程。布鲁纳认为，任何学科都可以用理智上忠实的形式教给任何年龄阶段的任何儿童。其中，理智上忠实的形式是指适合于学生认知发展水平的学科的基本结构，或基本概念和基本原理。而发现学习就是这种认知形式的最佳学习方式。布鲁纳认为，发现学习有四个特征：第一，强调学习的过程。在教学中，教师的作用不是为学生提供现成的、已经被验证了的知识体系（规则、原理），而是要为学生提供一个探究问题的情境和探究问题的方法。在这一过程中，“学生不应该是被动的、消极的知识接受者，而应该是一个主动的、积极的知识探究者”[66]。第二，强调学习者的直觉思维。直觉就是未经充分逻辑推理的感性认识。直觉是以已经获得的知识和经验为依据的，而不是像唯心主义者所说的那样，是不依靠实践、不依靠意识的逻辑活动的一种天赋的认识能力。布鲁纳认为，直觉思维对科学发现活动极为重要。直觉思维的形成一般不靠言语信息，尤其不靠教师指示性的语言文字。直觉思维的本质是映象或图像性的。教师在学生的探究活动中要帮助学生形成丰富的想象，防止过早语言化。他说：“与其指示学生如何做，还不如让学生自己试着做，边做边想。”[66]第三，强调学习者的内在动机。布鲁纳认为，学生容易受好奇心驱使，总是对未知事物的结果表现出极大的兴趣。这是学生的内在动力。在学习中与其让学生把同学之间的竞争作为主要动机，还不如让他们向自己的能力提出挑战。在教学中，教师要最大限度地运用各种有效方法，如矫正性反馈、中介反馈、即时反馈等方法，激发学生提高才能的欲求，从而提高他们的学习效率，最终形成学生独立学习、独立解决问题的能力。第四，强调信息的提取。布鲁纳认为，“人类记忆的首要问题不是储存，而是提取。尽管从生物学上来讲未必可能，但是现实生活要求学生这样，因为学生在储存信息的同时，必须能在没有外来帮助的情况下提取信息”[66]。如果学生在学习中亲自参与发现事物的活动，就会用某种方式组织信息，知道信息储存在哪里，以及怎样才能快速提取信息。

概括起来，我们看到：发现学习强调学生对事物的认识过程，强调所学内容与学生的生活经验相结合，强调学生积极主动的学习意识，更强调对所学内容的运用，并用语言进行输出。在俄语教学中，发现学习要求，教师首先要为学生创造丰富多彩的，且符合俄罗斯民族文化的言语情境，然后运用更直观的教学手段激发学生的求知欲，通过大量的符合言语情境的语言事实引导学生在听、说、读、写的言语活动中为他们创造一个语言规则的发现过程。

从认识论角度看，发现过程就是对事物进行分析、综合、比较、分类、抽象、概括、具体化、系统化的认识过程。那么，人类的一般认识过程都经历了哪些步骤呢？

第一，分析与综合。“分析与综合是认识过程最初的、也是最基本的环节。人的一切认识活动：由近及远，由易到难，由具体到抽象，由简单到复杂，由概念形成到创造运用等都离不开人的大脑对事物的分析与综合。”[3] 分析是在头脑中把事物的整体分解成各个部分、方面或个别特征的思维过程。综合是在头脑里把事物的各个部分、方面、各种特征结合起来进行考虑的思维过程。

分析与综合在人的认识过程中有不同作用。通过分析人们不仅可以进一步认识事物的基本结构、属性和特征，还可以区分事物的表面特性和本质特性，使认识深化；通过综合人们可以完整地、全面地认识事物，认识事物间的联系和规律，宏观地、整体地把握问题的情境、条件与任务的关系，提高解决问题的技巧。在认识事物的过程中，人的分析和综合能力同等重要。

第二，比较与分类。比较是在头脑中把各种事物或现象加以对比，确定它们之间的异同点的思维过程。人们在认识事物，把握事物的属性、特征和相互关系的过程中都是通过比较来进行的。只有经过比较，区分事物间的异同点，才能更好地识别事物。比较与分析、综合是紧密联系的。比较是对事物的各个部分、各种属性或特性进行鉴别与区分，但没有分析就谈不上比较，应该说分析是比较的前提。比较的目的是确定事物间的异同，因此，比较也离不开综合。比较事物时，既要对事物进行分析，又要对事物进行综合，离开了分析与综合，比较也就难以进行。

分类就是在头脑中根据事物或现象的共同点和差异点，把它们区分为不同种类的思维过程。分类是在比较的基础上，将具有共同点的事物划为一类，再根据更小的差异将它们划分为同一类中不同的属以揭示事物的一定从属关系和等级系统。一般情况下，由于学习者年龄的差异，思维发展水平的差异，其分类水平也不同。年龄较小的学习者往往不是根据事物的本质特征，而是根据事物的外部特征和事物的功能进行分类；少年时期的学习者容易把本质特征与非本质特征并列起来进行分类；青年时期的学习者才会按事物的本质特征进行分类。

第三，抽象与概括。抽象是在头脑中把同类事物或现象共同的、本质的特征抽取出来，并舍弃个别的、非本质特征的思维过程。如我们对人的认识：性别、年龄、职业、个性特征、本能特征、能力特征等。通过分析、比较，抽出事物具有的共同本质的属性，这就是抽象过程。概括是在头脑中把抽象出来的事物的共同的、本质的特征综合起来并推广到同类事物中去，使之普遍化的思维过程。例如，我们把“人”的本质属性——能言语、能思维、能制造工具综合起来，推广到古今中外一切人的身上，就可以得出：“凡是能言语、能思维、能制造和使用工具的动物都是人。”[3] 这就是概括。

抽象与概括的关系十分密切，如果不能抽出一类事物的本质属性，就无法对这类事物进行概括。而如果没有概括性的思维，就抽不出一类事物的本质属性。抽象与概括相互依存，相辅相成，抽象是高级的分析，概括是高级的综合。抽象、概括都是建立在比较的基础之上，任何概念、原理和理论都是抽象与概括的结果。

第四，具体化与系统化。具体化是指在人的头脑里把抽象、概括出来的一般概念、原理与理论同具体事物联系起来的思维过程。也就是说，用一般原理去解决实际问题，用理论指导实际活动的过程。具体化是把理论与实践结合起来、把一般与个别结合起来、把抽象与具体结合起来，使人更好地理解知识、检验知识，使认识不断深化。

系统化是指在头脑里把学到的知识分门别类地按一定规则组成层次分明的整体系统的过程。例如，生物学家按界、门、纲、目、科、属、种的顺序，把世界上所有的生物进行分类，并揭示各类生物间的关系和联系，这就是人脑对生物系统化的过程。由于系统化是在分析、综合、比较和分类的基础上实现的，系统化的知识便于在大脑皮层上形成广泛的神经联系，使知识易于记忆。

可见，人的认识过程遵循了综合、分析—比较、分类—抽象、概括—具体化和系统化的过程。而实践—理论—实践的归纳式学习过程恰恰符合这一认识规律。因此我们说，归纳法是一种科学的教学方法。具体来说，在俄语课堂上用归纳法教语法规则是指教师先呈现给学生与要学习的语法结构有关的大量句型范例，并组织学生进行大量的练习。当学生掌握了这些例句的时候，他们就会观察并意识到这些语言材料的特点。这时，教师再引导学生归纳出新的语法规则，并在此基础上选择相应的语言材料进行言语实践练习。

以上我们分别阐述了归纳法和演绎法的教学理念及其所依据的理论观点。事实上，我们在教学中往往不能把这两种方法割裂开。有时，要学习的语法规则比较复杂、繁难，虽然学习者接触了大量的语言材料，也很难弄清其中的语法规则。这时，如果单纯运用归纳法就不足以把问题揭示清楚，我们可以引入第三种方法，即归纳和演绎相结合的方法。这样既解决了材料繁难和用归纳法讲不清楚的问题，又解决了单纯使用演绎法，难以达到凭直觉掌握俄语的问题。事实上，在俄语教学中，此种情况是最常见的，关键取决于第一环节。也就是说，我们要最大限度地引导学习者先接触语言事实，使其习惯在大量语言事实中掌握语法，以加速语言实践能力的形成。

概括起来，我们提出了三种掌握语法的途径与方法。在俄语教学中，以上三种方法都是常用的。我们首推归纳法，提倡归纳—演绎相结合的方法，其主要原因是：这些方法遵循了实践—认识—实践的一般认识过程，它符合直觉—自觉—直觉的语言学习过程，也符合综合、分析、归纳、概括的一般思维过程，关键是它们更有利于实践语言能力的形成。但是，在教学中应该使用哪一种方法，还要具体问题具体分析。

到此，本文似乎通篇在谈语法对于在实践中掌握语言的重要性。那么，是不是言语技能的练习就不重要了呢？当然不是。在俄语教学中语言知识的基础性注定了语法的重要性，但是重要并不等于要占用更多的时间反复讲授。其实，在语言情境中进行大量的言语练习本身就是在提高语法能力，即学习者的语法能力不是讲出来的，而是在大量的语言事实中练出来的，语言的实践能力对学习者才是最重要的。

第六章 基于言语活动理论的语篇认知心理过程分析

语篇这一术语在当今世界的语言学和心理语言学中有多种理解和定义。在这里我们依据以A. A.列昂节夫为代表的俄罗斯心理语言学中的言语活动论的观点，从宏观和微观两个层面对语篇的基本概念及特征予以分析理解。

第一节　言语活动视角的语篇概念

一、言语活动的含义

最初对活动理论进行论述的是苏联时期著名心理学家维果茨基，他对“活动”的研究主要基于生理和心理两个方面的理论。他认为，“第一，人的心理是作为生物体并拥有确定生理组织和大脑的人的基本功能和特征；第二，人的心理现象是社会性的”[6]。也就是说，解读人类特性不是在那些孤立的“精神”规律之中，也不是在人的生物特征以内，而是在人类和社会的历史发展之中。维果茨基在关于人的实践“活动”间接性特征的社会学方法中找到了上述两种理论的统一，并提出“人的心理形成是一种特有的生理前提和社会的统一，只有获得这些方法并把它们变成个体和个体实践活动的一部分，人才能被称之为人。也只有把这些方法、手段作为人的实践活动的一个组成部分，作为人的心理过程的主体——工具，这些工具或手段（首先是语言）才能表现出自己的实质。而语言中‘词’就是产生在社会实践过程中的，它作为客观世界的一个重要因素而独立于人的个体意识之外”[5]。

正是在继承维果茨基“活动”观点的基础上，A. A.列昂节夫等俄罗斯一代学者创建了世界上著名的、且有别于行为主义心理学和认知主义心理学的“言语活动理论”。A. A.列昂节夫认为，言语活动是人类社会一种特有的实践活动形式。“人的实践活动有三个方面：动机性、目的性和计划性。”[17]首先，活动的产生源自于需要；然后，借助于一定的社会方式和符号系统去计划实践活动，并确定最终目标和设计实现它的手段；最后，活动得以实现，达到目的。实践活动中的个体行为就是这三方面因素的统一，即活动开始于动机和计划，以结果的形式完成，进而达到既定的目标。此外，还有为达到目的而进行的操作和所采取的行为动力体系。在人类实践活动中，结构性和目的性是两个最重要的特征，其中劳动活动不是简单劳动行为的综合，也不是人的机体的无序行为。人的所有劳动行为都是经过严格地组织并且层次分明的，言语行为也是如此。言语行为不是一系列言语行为的简单混合，也不是语句的随意混合，严格地说，言语活动只是构成某种实践活动的一系列言语行为。这种活动具有理论上的、智力上的或者说具有部分实践的特征。在这里，言语本身并不是目的，虽然它可以按不同方式或以不同形式加以利用，但它只是一种手段和工具。事实上，言语行为并不能涵盖全部的活动行为，虽然言语行为这一术语具有一定的模糊性，然而它却有着自己的优势，即提到活动一词，就会让人们回忆起用特别的活动观点来理解的言语行为。由此，可以说，语言学的研究对象不是一些孤立的言语行为，而是言语行为系统。确切地说，这就是言语活动。当然，对于言语活动来说，语言学的研究只是言语活动研究的一个重要对象，另一个重要的研究对象则是对心理学的研究。但是，二者各有侧重，语言学注重研究的是言语活动的特殊性问题，即言语的个性特征；心理学关注的则是任何活动都具有的共同性，即普遍性特征。

二、言语活动中的言语特征

维果茨基认为，“心理学不只是一门研究关于发生在个体身上心理、生理过程的科学，甚至也不仅是关于个体反映社会发展和功能的科学。心理学是一门关于社会的人与世界上各种形式的活动之间的相互关系的科学，而且其活动无论是直接产生的，还是理论的，甚至是这种关系的决定形式等都应该归属于这一学科”[5]。在维果茨基理论观点的指引下，俄罗斯心理语言学的研究者们发现：很多言语活动的同一个内容中存在许多各自不同的特殊问题，这些特殊问题可以在言语活动理论的框架下得以解决，这就是“语言和社会”的问题，即语言的社会功能问题。也就是说，言语活动理论既要解决言语本身的问题，也要解决言语在社会情境中的应用问题。由此，A. A.列昂节夫提出，语言的社会功能和语言结构、语言系统以及语言的发展规律紧密相连。“语言结构本身及其发展潜能由语言社会功能相关联的社会因素所预先决定。”[12] 而社会因素不是在抽象的语言系境中，它表现在具体的、综合的言语情境中。这些因素在言语活动中都拥有自己的“着力点”，正是通过言语活动才实现了这些社会因素对语言的影响。也就是说，只有通过言语活动这一中介手段才能看出这些社会因素在语言中的反映。这样一来，言语活动的含义就如同言语置身于具体的言语情境一样，它不能完全只限于语言范畴，更不能局限在交际体系简单实现的过程中。因为决定生活和语言在社会中的作用在语言使用的不同情境中也各不相同。可以说，“语言在言语活动中占据不同的地位，它可以作为实践活动促进者的身份出现，也可以作为实践活动的手段而出现，还可以作为实践活动的客观对象出现（如说话者的活动或者对言语文化来说至关重要的问题，即说话人的语言评价等问题）”[47]。

A. A.列昂节夫认为，在不同功能的言语情境下，有必要区分出一种重要的言语特征。一方面，这种言语特征能构成言语活动的特殊性，这种特殊性要求人们必须把它与其他非人类的交际类型以及一般的人类交际类型区别开来；另一方面，这种言语特征还涵盖言语活动实现的方方面面，即所有潜在的、可能的言语情境。正像维果茨基在其著作《思维与言语》一书中对言语活动特征所描述的那样：“言语活动不是以语言或其他符号系统和手段为中介的最简单和最有限的交际类型。事实上借助于表现力强的动作所进行的交际不能称之为真正的交际而更应该称之为感染。”[25]这就如同一只受了惊吓的鹅看见了危险，它的叫声是让它的同伴快速跃起。与其说它是在向同伴告知它所看见的事情，还不如说它的惊恐感染了它的同伴。所以，建立在理性认识和有目的地去传达思想和感受基础之上的交际必须要采用人所共知的方法和手段。维果茨基还预言：声音本身能够联想到任何一种感受和任何一种心理活动，而且能够传达给他人。与此同时，如同没有符号就没有交际一样，交际如果没有意义也根本不可能存在。为了向他人传达某种感受或知觉含义，没有别的途径，只能把被传达的内容列入人所共知的等级范畴或现象系统中，而要做到这一点，必须有抽象的概括。可以说，“人类特有的高级心理活动形式只有当人借助于思维对客观世界抽象概括反映时才有可能变为现实”[25]。交际与抽象概括（思维过程）的有机统一正是言语活动的基本特征。而无论言语情境是什么样的，言语活动中的交际与抽象概括这两个方面一定要实现。

在交际范畴内，言语活动首要实现的是语言的交际功能。如果把这种功能按照上文中所说的“交际与抽象概括相统一”而界定的话，那么，这种功能的实质应该是行为的调节功能，在这里，“交际”一词没有其他涵义。这种调节可以是直接的，也可以是间接的；对调节的反应可以是瞬间的，也可以是长时间的。在言语活动中，调节功能可以表现在以下三个方面：第一，个体调节功能，即有选择性地对一个人或几个人的行为施加影响；第二，集体调节功能，即在大众交际的条件下，如演讲、电影、报刊等，主要作用于众多且差异不大的观众或听众群体；第三，自我调节功能，即自我行为的计划和调控。把语言作为抽象概括的手段，首先指的是在语言中那些直接表现出来的和已经固定下来的人类所特有的对客观世界的概括反映。这种抽象概括的性质反映在两个方面，一是它的社会性，二是它的个体性。之所以反映在这两个方面，与抽象概括的自然过程本身相关。因为这种概括过程把语言作为一种社会现象，与使用这种语言的人的语言意识紧密地联系在一起。

如果考虑到言语个体因素，言语活动应该实现的是语言作为思维工具的功能。在这里思维指的不仅是思维本身，也包括感觉、记忆等。因此，言语活动要探讨的并不是作为思维工具的语言，而是作为一般智力活动工具的语言。那么，什么是智力活动呢？最概括的解释就是解决问题的活动。就人的智力活动而言它可以分为三个阶段：一是明确目标条件和制订计划阶段；二是对计划的执行阶段；三是把获得的结果同制定的目标进行评价的阶段。之所以把这种功能归结为个体性方面，主要是因为人类计划自己行为本身就为利用社会现有的方式手段提供了条件。例如，当一个人计划制作一张桌子时，他会在自己的头脑中首先运用桌子的概念和对桌子的理解而想象着需要使用的工具和方法。总之，在智力活动中，如果没有社会历史经验，个体就没有任何办法向前迈进一步。

言语活动要实现的语言的第三个功能应该归结为抽象概括功能。这一功能正是掌握社会历史经验的功能。众所周知，为了实现智力活动，人们首先应该借助语言去掌握一系列综合知识。可以说，语言是获取知识的最基本形式。人们经常形象地说：“为了获取书架上第二排人类思维的成果，必须首先取下放在第一排上的语言。”[67]说的正是语言所承载的历史经验的功能。

一旦把语言个体性转化为社会性，那么，言语活动要实现的是语言作为社会历史经验存在形式的功能。当然，这并不是语言的唯一形式，还存在着思维的逻辑形式，甚至还有更加复杂的认知组织形式。在这里主要研究的是有关语言的问题，因为语言是人类社会历史经验存在的一种主要形式。从这一意义出发，可以说人类世界确实被语言分割成几大部分，研究语言的时候并不单纯把它看作语言系统而是在思维的过程去研究语言，就会发现语言自身也反映了人类社会的实践。而且还会发现在不同的语言中有一些相似的起始点和相似的语义方向改变，“这是不同语言中民族理性思维一致的表现”[68]。

在社会历史经验存在的同时，也存在着一些民族文化所特有的成分，那就是语言还能反映并且强化客观现实，以及借助这个民族历史经验加工完成的抽象概念等。应该说，客观现实和抽象概念的存在应该归功于这个民族的劳动和社会文化生活的特殊条件。鉴于此，言语活动还要实现语言的另一种功能，即语言的民族文化功能，这是语言的第四个功能。从俄罗斯的历史发展中可以看到，随着时间的流逝，不同民族人们的生活条件也在发生着变化。在这种情况下就会发生一种语言功能向其他功能的转化，即不同民族开始积极借助或引入最邻近民族的语言（这种语言通常拥有足够表现所有必要的科学、技术和历史文化概念的手段）作为中介，而逐步加入到全人类共同的文化中来。语言的民族文化功能反映在语言本身，也反映在同一个概念或现象中，还反映在语义的改变上。任何一种语言中的词汇都有其特有的内部形式，这种内部形式决定了这个民族认识客观世界的特殊意义。例如，雪莲花的意义是生长在雪下的一种植物（подснежник-растение，растущее под снегом）。在这种意义层面上，语言不仅是思维的工具和社会历史经验的存在形式，而且在广义上还强化了人类思维和认识的成果。

综上所述，我们看到，言语活动作为人类社会一种特有的实践活动形式，是无数个经过严密组织的言语行为构成的整体。这一整体具有动机性，即言语活动要启动的动因；目的性，即言语活动所表达主题的目的；计划性，即言语活动展开的步骤；结构性，即言语活动组织的层次性等。与此同时，言语活动作为人类的实践活动，只有置身于具体言语情境中，才能看出它在社会因素下的反映。这样一来，言语活动的含义不能只限于语言范畴内部，更不能局限在交际体系简单实现的过程中。言语活动与人类思维活动和交际活动紧密联系，具有交际功能、思维工具功能、抽象概括功能和历史经验存在形式的功能。

从言语活动的上述特征出发，可以认为：一章完整的语篇，它既有动机性和计划性，又有结构性和目的性；它既反映人类的思维活动，也反映人类的交际活动。在这一过程中，人作为言语活动的主体至始至终地控制着活动的过程，它既反映着社会中人的认知心理的共性特征，也反映着超出语言范畴之外的、社会中的人的言语个性特征。

三、言语活动理论视角下语篇的概念及特征

（一）语篇的概念

在言语活动理论的框架下，俄罗斯众多学者先后对语篇及其概念提出了自己的观点。巴赫金（М. М. Бахтин）认为："语篇语言学是语言学的一个单独领域，它的形成反映了现代语言科学发展的整个进程。语篇是整个人文哲学思维初始的客观现实，是这些学科起源的直接现实。"[69] 他还认为，人的话语始终处于与其他人话语的交往之中，话语的本质就是对话。话语的对话性是其话语理论的核心，语篇理解过程始终是一种对话的过程，是作者与读者之间的对话，是解读者与语篇、语境之间的对话。加利佩林在其著作《语篇是语言学的研究对象》（«Текст как объект лингвистического исследования »）中认为，"语篇是言语创造过程的作品，它具有完整性特征，语篇由书面材料（根据材料的类型进行文学加工）的形式体现出来，由各种类型的词汇、逻辑及语法规则连接起来，进而被调整成为多个句子。这些句子以一定方法组织起来传达完整的信息，从而使该作品具有一定的使用目标"[70]。简言之，语篇就是一个将结构与语义结合起来的整体，它包含一定的信息，能够被分解，有说明，具有连续性，有情态意义，有结尾，有潜台词。鲁德涅夫（В. П. Руднев）对语篇的实质也做出了如下定义："语篇是语言事实，它被认为是20世纪人文领域文化的关键概念之一。"[71] 语篇是言语活动的过程和结果，语篇中体现的是人与语言相互作用的各个方

面。理想的语篇，既能发展语言知识，又能发展言语技能。克拉斯内赫（В.В.Красных）认为，“语篇是言语思维活动的过程和结果”。[72]

俄罗斯《文学术语词典》（«Словарь литературных терминов»）中给语篇所下的定义是：“语篇是有明确主题的话语，语篇反映说话者的意图、基本思想。任何篇幅的语篇都是一个相对完整的话语。语篇有标题，且一个理想的语篇通常有开始和结尾。”[73] ［Текст— это высказывание на определённую тему. В тексте реализуются замысел говорящего，основная мысль. Текст любого размера-это относи тельно законченное высказывание. К тексту можно подобрать заголовок. Правильно оформленный текст обычно имеет начало и конец.（И. В. Клю хина.Словарь литературных терминов［M］.ВАКО，2012.）］

根据上述语言学家对语篇这一概念的理解，以及《文学术语词典》对语篇概念的解释，语篇至少应该有以下几个定义：第一，语篇是整个人文哲学思维的客观现实，是言语思维活动的过程和结果。第二，语篇是话语的理论单位，它是对实际发生的言语活动的书面记录。语篇是文字的，也包括口语材料，如小说、戏剧中的人物对话等。第三，语篇是一个完整的话语单位，其本质就是一个对话过程，是作者与读者之间的对话，是解读者与语篇、语境之间的对话。第四，语篇是一个完整的信息载体，它是一段有意义的、语义连贯的、语言衔接的，并且具有一定交际目的和功能的语言单位和交际事件。第五，语篇是一个将结构、语义结合起来的整体，它表达一个完整的交际事件，具有一定的交际目的和功能。语篇依赖于语境，语篇的制作和理解都不能脱离语境。

近些年来，对语篇的研究显著增加，其原因主要是：第一，在社会交际中，我们很少说孤立的句子。也就是说，在人的交往中，理解句子结构本身并不是目标，它仅是获取意义过程中的一部分，要把句子的意义结合和递加起来，才能知道作者和说话者究竟想传递什么信息。可以说，语篇是值得我们考察的更为自然的单位。但是，要完全了解语篇，还要附加一些信息，这些附加信息包括所学语言国家的文化知识、世界知识和常识知识等。第二，句子一旦离开语篇的情境，就可能使读者产生歧义的、模糊的理解，这就像我们必须考察句子结构以全面理解词语的过程一样，也必须考察语篇以全面理解句子，正如维果茨基在《思维与言语》中所说："一个词的意思是一种复合的、运动的和变化多端的现象。一个词从句子中获得它的意思，句子从段落中获得它的意思，段落从篇中获得它的意思，而篇则从作者的全部著作中获得它的意思。"[25] 第三，语篇为观察语言使用的认知心理过程提供了丰富的语料资源，是我们考察语篇教与学心理过程应否依赖认知机制的最合适的对象。

（二）语篇的基本特征

有关语篇的基本特征，俄罗斯学者在给语篇的概念界定中也有所涉及。但是，由于不同学者对语篇的关注角度不同，他们对语篇的特征阐述也不同。有的学者是针对语篇及其理解过程的，如活动性、对话性、思维性、情境性等；有的学者是针对语篇内容安排的，如信息性、知识性等；还有的学者是针对语篇的结构布局或层次安排的，如衔接性、连贯性等。为了更进一步理解语篇的基本特征，规范语篇的教与学过程的研究思路。在这里，我们依据俄罗斯《文学术语词典》中对语篇的特征等四个方面的定义，深入认识语篇及其基本特征。"第一，完整性，体现在完全揭示语篇意图和能够自动理解语篇的意义的完整性；第二，连贯性，体现在反映思维发展逻辑的句子排列的连贯性，以及体现在借助于词汇、语法等语言手段形成的一定的结构组织；第三，体裁一致性，即语篇总是按照体裁形成，分为口头语体、公文语体、科学语体、报刊政论语体或者是文学语体；第四，统一性，即连贯性、完整性、体裁一致性共同构成一个统一的语篇。"[73]

[Признаки текста: завершённость, смысловая законченность, которая проявляется в полном раскрытии замысла и в возможности автономного восприятия и понимания текста; связность, проявляющаяся, во-первых, в расположении предложений в такой последовательности, котораяотражаетлогикуразвитиямысли (смысловаясвязность), во-вторых, в определённой структурной организованности, которая оформ- ляется с помощью лексических и грамматических средств языка; стилевое единство, которое заключается в том, что текст всегда оформляется стилистически：как разговорный，официально деловой，научный，публицистический или художественный стиль；цельность，которая проявляется во вместе взятых связности，завершённости и стилевом единстве.（И. В. Клю хина. Словарь литературных терминов[М]. ВАКО，2012.）]

根据俄罗斯学者对语篇的概念界定以及对语篇的特征阐述，我们将语篇的特征概括为以下四个方面：衔接性、连贯性、情境性、信息性。其中，衔接性是指语篇的表层连接手段；连贯性是指语篇底层结构单位的内在语义关系；情境性是指语篇应情境而生；信息性则要求语篇表达的信息量充足。

语篇的上述特征在理解中到底有多大的作用呢？我们看下面这个短文：

1. Когда Эдуард Аркадьевич Асадов лежал в госпитале，он начал писать стихи. Его работы одобрил известный писатель Корней Чуковский. В 1946 году Эдуард Аркадьевич поступил в Литературный институт. В начале 60-х он стал одним из самых популярных советских поэтов.（爱德华·阿尔卡季耶维奇·阿萨多夫住在医院里的时候，开始写诗。他的作品受到了著名作家科尔尼·楚柯夫斯基的赞赏。1946年，爱德华·阿尔卡季耶维奇进入文学院，60年代初他成为苏联最受欢迎的诗人之一。）

2. 21 апреля 2004 г. На 81-м году жизни умер поэт，Фронтовик，герой Советского Союза Эдуард Аркадьевич Асадов.（2004年4月21日，81岁的诗人、前线战士、苏联英雄爱德华·阿尔卡季耶维奇·阿萨多夫逝世了。）

3. Он ушёл на фронт добровольцем，kогда ещё учился в школе. Во время войны окончил военное училище. Командовал батареей на Северо-Кавкаском и 4-м Украинском фронтах. На 4-м Украинском фронте Асадов провоевал до мая 1944-го. В боях за освобождение Севастополя молодой офицер был ранен и потерял зрение.（还在中学读书时，他在前线做志愿者。在战争中，他从军校毕业，指挥炮兵连到北高加索和乌克兰第四战区作战。在乌克兰第四战区，阿萨多夫战斗到1944年5月。在解放塞瓦斯托波尔的战役中，这位年轻军官受伤并失明了。）

4. Память о великом поэте — фронтовике останется в сердцах читателей, его стихи не будут забыты.（关于伟大诗人——前线战士的记忆将留在读者的心中，他的诗歌不会被遗忘。）

5. До последних дней Эдуард Аркадьевич продолжал писать стихи. Книги поэта всегда привлекали большое внимание читателей.（在人生最后的日子里，爱德华·阿尔卡季耶维奇继续写诗。诗人的书一直引起读者的极大关注。）

（选自《俄语专业阅读教程》史铁强总主编，第1册，第15课）[74]

按照上述语篇结构，读者很难建立起事件发生发展的逻辑顺序，因为从整个语篇的结构来看，表层结构没有很好的衔接，底层结构也未能建立起语义上的连贯。但是如果我们将其顺序做一下改动，即按照2—3—1—5—4这样的顺序构成，整个语篇就很容易理解了。这是因为语篇的结构是按照传统的方式组织起来的，也就是我们常见的介绍逝者生平的语篇图式。其中包括逝者简介、社会评价、生平介绍、缅怀逝者等几个部分。

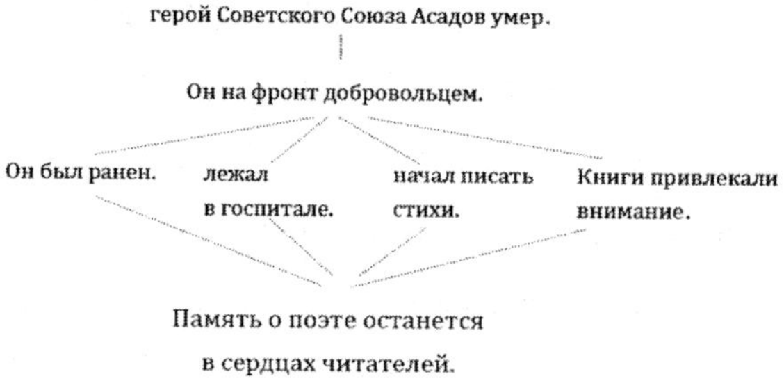

我们看到，文章一开头就交代了事件发生的时间、人物和发生的事件：2004年4月21日，81岁的Эдуард Аркадьевич Асадов（爱德华·阿尔卡季耶维奇·阿萨多夫）辞世了。紧接着交代主人公以及生前的社会评价：诗人、前线战士、苏联英雄。然后文中以主人公Эдуард Аркадьевич Асадов的生平为主要线索，以时间为辅助线索，用провоевал до мая 1944-го（战斗到1944年5月），В 1946 году（在1946年），В начале 60-х（在60年代初），До последних дней（在人生最后的日子里）等具有时间标识的句子向读者介绍了他作为诗人、前线战士、苏联英雄的生平。我们看到，第二自然段一开始，作者用了一个代词

Он（他），使其与第一段最后一个词 Эдуард Аркадьевич Асадов 密切衔接。在这一段中围绕 на фронте（在前线）这一线索介绍主人公的战斗历程，并以 был ранен и потерял зрение（受伤并失明了）作为这一段的结尾。这样就顺理成章地过渡到第三自然段的核心词 лежал в госпитале（住在医院里），再接下来是 поступил в Литературный институт（进入文学院），主要介绍他是怎样从一名前线战士成为一名诗人的过程。第四自然段依然延续前几段的写作风格，叙述主人公成为诗人以后的创作以及社会对其作品的评价。最后，结束段用 Память（记忆）作为开头，以唤起人们对主人公的缅怀之情。整篇文章将主人公 Эдуард Аркадьевич Асадов 作为关键词和连接上下文的主线贯穿始终，为语篇衔接起到了较好的作用。

当然，这是一篇意义简洁的文章，所有的意义都明确地表达出来了。但有时我们遇到的文章并非如此，这就要靠我们通过推理、判断等手段去更好地理解。那么，语篇的这些特征在语篇中的功能是什么，在阅读过程中，读者要经历哪些心理过程，以下将对此一一进行分析。

第二节 语篇的衔接性及其认知特征

语言衔接是语篇中一些语法或词汇成分与另一些语法或词汇成分之间的外在联系。它是语篇中句子与句子之间在语义上的表层结构的连接方式，当对语篇中某一成分的解释取决于另一成分的解释时，便出现了衔接。分析语篇衔接及其方式，一方面可以帮助我们研究与评论语篇内句子和作为交际条件的语篇内句子之间是如何建立联系的，另一方面，透过语篇的衔接方式也可以帮助我们更好地认知语篇。

一、语篇衔接手段及其认知特征

（一）照应

“照应指语篇中语言单位之间的相互照应关系，同时也指正在讲的话与已经讲过的话之间的前后一致性关系，这就是语篇中前一个句子与后一个句子之间的衔接。”[18] 归纳起来，语篇中的主要衔接方式有代词、指示词的衔接，也有前后句子意义之间的比较性衔接。

代词性衔接。顾名思义，即代词在语篇上下文中替代名词起衔接作用。例如，“У меня замечательный дед. Ему восемьдесят лет, а годы, кажется, не имеют над ним власти. Высокий, широкоплечий. У него седые волосы, седые брови.”（我的爷爷很棒。他80岁了，但岁月好像对他没有影响。他高大魁梧，长着白头发和白眉毛。），这是代词与名词在上下文中的衔接，文中人称代词Ему，над ним，У него与дед有前后一致的照应关系。再如，“Жил－был учебник. Был он не новый, а достаточно старый. По нему занимались ребята старательные, не рисовали на страницах. А учебник в благодарность открывал свои тайны, помогал школьникам учиться и получать хорошие оценки.”（很久以前有一本教科书，它不新，而是很旧。孩子们用它勤奋学习，没有在书页上乱画。作为答谢，教科书公开了自己的秘密，帮助学生学习并取得好成绩。），例子中的он，По нему等与учебник形成前后照应关系。这说明代词及它的变化形式在句子里或在句与句之间起到前后衔接的作用。

指示词衔接。同理，即指示词在语篇上下文中替代名词、短语、形容词或句子等起衔接作用。例如："— Когда вам стало известно，что собрание перенесли на субботу?"（你什么时候知道会议改到周六的？）"—Это стало известно только вчера."（这件事是昨天刚刚知道的。），句子中的指示代词это（这件事）为前照应，它指前面句子所指的这件事：собрание перенесли на субботу（会议改到周六）。再如："Особенно хорошо то，что вы все обращаете внимание на произношение и интонацию."（特别好的一件事是：你们所有人都关注到发音和语调。），句子中的指示代词то（一件事）为后照应，指后面句子中所阐述的事实："вы все обращаете внимание на произношение и интонацию."（你们所有人都关注到发音和语调。）。

比较性衔接。不言而喻，即形容词或副词在语篇上下文中起比较性衔接作用。例如："Это книга интересная，а та ещё интереснее. Наш университет большой，а ваш ещё больше."（这是一本有意思的书，而那本更有意思。我们的学校大，而你们的更大。）。再如："В гостях хорошо，дома лучше."（作客虽好，在家更好。/在家千日好，出门一日难。）。又如："Нина выше Нади."（妮娜比娜佳个子高。）。以上三个例子在上下文的衔接中都具有比较性的衔接特征，只是比较的方式有所不同。前两个句子将代词与形容词结合在一起进行前后比较，而后一个句子将代词与副词结合在一起进行比较，这样能更清楚地体现代词与形容词、代词与副词在文中共同发挥的衔接作用。

（二）替代

替代是指用代词或表示概括意义的数词等去替代上下文中所出现的词语。在语篇中使用替代手段的目的，一方面是为了避免上下文使用同一个词而造成词汇运用匮乏；另一方面也是为了使上下文得到很好衔接而有利于读者认知语篇中的信息。在俄语中替代通常可分为名词性替代，动词性替代和从句性替代三种。例如，在"Витя и Серёжа большие друзья. Оба они сейчас служат в армии."（维嘉和谢廖沙是好朋友。他们俩现在在军中服役。）这个句子中，集合数词оба（俩）替代了Витя и Серёжа两个人，使前后句的意义得到较好的衔接。又如，在"Помогать друг другу в учёбе. На это и так надеется наш преподаватель.”（在学习上互相帮助。这正是我们老师所希望的。）这个句子中на это替代了前面句子中помогать друг другу в учёбе（在学习上互相帮助）这一动词词组。再如，在“Это ничего，что у него немножко кривые ноги. Это даже красиво— решила она про себя.”（他的腿有点弯，这没什么。这甚至是漂亮的。她暗自认为。）这个句子中，это（这）替代了从句“у него немножко кривые ноги”（他的腿有点弯），这属于从句性替代。

（三）省略

“省略也是一种重要的衔接上下文的手段，它是语言使用过程中的普遍现象，尤其在口头言语中更是常见。俄语语篇中的省略主要有名词性省略、动词性省略和从句性省略等三种。”[18] 看下面这三组例子：

A：Вы купили роман Толстого «Анна Каренина»，переведённый на китайский язык?（你买了中文版的托尔斯泰的小说《安娜·卡列尼娜》吗?）

B：Да，купил.（是的，我买了。）

在这段对话中，B句里купил（买了）之后省略了роман Толстого «Анна Каренина»，переведённый на китайский язык（中文版的托尔斯泰的小说《安娜·卡列尼娜》）名词短语。这属于名词性省略。

A：Преподаватель сообщил о результатах контрольной работы，написанной вами?（老师告知你们测验的成绩了吗?）

B：Нет ещё.（还没有。）

在这段对话中，B句中的“Нет ещё”相当于“ещё не сообщил о результатах контрольной работы”（还没有通知测试成绩）省略了动词短语，这属于动词性省略。

A：Вы вызвали всех тех，кого вы попросили вызвать?（您想请的人都请到了吗?）

B：Да，вызвал.（是的，请了。）

在这段对话中，B句相当于省略了从句всех тех，кого вы попросили вызвать（请了所有想请的人），属于从句性省略。

（四）连接

连接是指语篇是在某种意义上相互联系起来的。在俄语中表示并列关系的两个分句通常用表示以下意义的连接词连接：и（和），да（和），тоже（也），и...и（又……又……），ни...ни（既不……也不……）等联合连接词的共同功能是表示各分句所述事物并列存在，说话人把有关的事物作为相同意义现象列举出来；а（而），да（但是），однако（可是），но（但是），зато（但是）等对别连接词的共同点是指出两个分句的内容彼此处于对比、对立的地位；или（或），либо（或），или...или（或者……或者……），ли...ли（或者……或者……），то...то（有时……有时……），не то...не то（不知是……还是……），то ли... то ли（不知是……还是……）等区别连接词，表示分句间有互相排斥、互相替代、互相衔接的意义关系。

除了上述列举的表示并列关系的两个分句需要运用连接词，我们还知道，由两个在语法上不平等的分句组成的主从复合句同样也需要运用连接词连接。主从复合句各分句之间的主要连接手段是主从连接词、关系词和指示词。在俄语中，限定从属句主要运用关联词который（第几），что（什么），какой（什么样的），чей（谁的），где（哪里），куда（去哪儿），откуда（从哪儿），когда（什么时候）和连接词что，чтобы（为了），как будто（好像）等与主句连接。带说明从句的主从复合句主要运用连接词что，чтобы，ли（或者），как（像），будто（好像），будто бы（好像），как бы не（不要……才好），чтобы не（为了不……）和关联词кто（谁），что，как，какой，сколько（多少），когда，где，откуда，почему（为什么），зачем（为什么）等与主句连接。疏状从属句的连接意义更为复杂，在基础阶段语法中基本需要掌握的表示地点从属意义的где（在哪儿），куда（去哪儿），откуда（从哪儿）；表示条件从属意义的если（如果），если бы（假设）；表示原因从属意义的потому что（因为），так как（因为），из-за того что（由于），благодаря тому что（由于）；表示目的从属意义的чтобы，для того чтобы（为了）；表示让步、程度、行为方法、结果从属意义的хотя（虽然），несмотря на то что（尽管），как，что，чтобы，как будто，так что（所以）；表示时间从属意义的когда，пока（直到……），после того как（在……之后），с тех пор как（从……时候起），до того как（在……以前），прежде чем（在之前），перед тем как（在……之前），до тех пор（到那时），пока не（尚未），等等。上述我们所列举的是表示从属关系的两个分句的连接手段和一些常用连接词，无论是并列复合句还是主从复合句，都是我们在学习中随处可见的，在此不再举例说明了。

“复现也是一种连接上下文的手段，它是指一个词以其自身的形式或同义词、近义词、上义词、下义词、概括词或其他形式重复出现在语篇中，使语篇中的句子之间的关系达到相互衔接”[18]，通常情况下有以下五种复现情况：

同一个词项。例如，“Учительница видела многих учеников на площадке. Эти ученики весело там играют.”（女老师看到很多学生在操场上。这些学生在那儿开心地玩耍。）。

同义词或同一词。例如，“Сегодня погода прекрасная. Такая прекрасная（чудесная 同义词）погода здесь редка.”（今天天气好，这种好天气在这儿不常见。）。

上下义词。例如，“Это помидор，капуста и лук. Такие овоши всегда продают в этом магазине.”（这是西红柿、白菜和葱。这些蔬菜在这个商店一直有售。）。或者我们把“Учительница видела многих учеников на площадке. Эти ученики весело там играют.”这个句子改动一下，它也能以上下义词的形式复现：“Учительница видела многих учеников на площадке. Эти дети весело там играют.”（女老师看到很多学生在操场上。这些孩子在那儿开心地玩耍。）。

概括词。例如，“Раньше Саша и Володя работали на этом заводе. Но не знаю，где эти двое людей сейчас.”（从前萨沙和瓦洛佳在这个工厂工作。但不知道这两个人现在在哪儿。）。

同现。例如，“Мы узнаём время по часам. Хорошие часы идут правильно и точно показывают время：не отстают и не спешат. Если часы спешат，то мы переводим стрелку назад. Если часы отстают，то мы переводим вперёд. Часы нужно регулярно заводить. Если их не заводить, то они будут стоять."（我们靠钟表知道时间。好的钟表走时准确并精确地显示时间，不慢也不快。如果表快了，那我们把指针往回拨；如果表慢了，我们往前拨。钟表需要按时上弦，如果不上弦，它们就停了。）。在这里часы（钟表）一词反复以同一个词的形式在上下文中出现。

二、语篇衔接及其认知过程与策略分析

对语篇的认知与其说是依据语篇中各个句子的意义，不如说是依赖于对这些句子的安排。我们能更容易理解这样的句子："Юрий Алексеевич Гагарин родился в 1934 году. Его родители работали в колхозе. Детство Юрия кончилось рано, потому что началась война."（尤里·阿列克谢维奇·加加林生于1934年。他的父母在集体农庄工作。尤里的童年早早就结束了，因为战争开始了。）。其主要原因是该句较好地运用了衔接手段：Юрий Алексеевич Гагарин—его родители—Детство Юрия（尤里·阿列克谢维奇·加加林—他的父母—尤里的童年），从而让我们通过上述词把内容自然地连贯起来。虽然这其中有一些省略的内容，但我们还是会推理出上文的具体情节。在语篇认知中，有哪些方法可以帮助我们读得又快，理解得又好呢？在这里我们借用克拉克（Clark）和哈维兰（Haviland）（1977）的研究成果对语篇的认知心理过程进行分析。

（一）已知—未知策略

已知—未知策略是指"读者运用语篇中的已知信息来推理未知信息的认知过程"[26]。也就是说，读者通过句子中已经知道的或能够找到的信息来帮助他们解读句中未知的概念的过程。按照这个认知策略，语篇中句子的认知过程基本包括三个子过程：首先，找出或确定目前句子中的已知信息和未知信息；然后，在记忆中找出已知信息的先行词，即找出句子中表示已知信息的那个词；最后，在记忆中把未知信息定在该位置。例如，"Мы получили сообщение, что делегация журналистов уже прилетели."（我们接到通知，记者代表团已经到了。）。

第一步，找出已知信息：Мы получили сообщение（我们接到通知）

和未知信息 что（什么）；

第二步，在记忆中找出已知信息的先行词：сообщение（通知）；

第三步，在记忆中把未知信息定在该位置：что（什么）= сообщение（通知）。

上面这个例子看起来比较容易理解，那是因为句子较好地运用了衔接手段，已知信息 сообщение 和未知信息 что... 在句子中都很明显。但有时句子中的已知信息和未知信息并不明显，这时我们就要借助一些其他的方式对信息进行认知，如借助上下文等，这样也会达到快速认知的目的。

（二）直接匹配

直接匹配就是指目标句（要解读的句子）中的已知信息和另一个句子的先行词（起到语境提示作用的句子）直接匹配。在我们接触的大量句子或话语中，一般情况下前后两个句子中的第一个句子通常会起到语境或提示的作用。例如：

A：Эти книги она уже прочитала.（这些书她已经读过。）（语境句，为解读后一个句子提供背景）

B：Она отдала в библиотеку книги.（她把书还回图书馆了。）（目标句，即读者要解读的句子）

在理解“Она отдала в библиотеку книги.”这个句子的时候，可以分为三个步骤：第一步，需要分清已知，即 книги 是已知信息，但为什么要 отдала в библиотеку（还回图书馆）这是未知的；第二步，去前一句搜索 отдала в библиотеку 这一行为的原因，在前句（语境句）找到“Эти книги она уже прочитала.”（这些书她已经读过。）；第三步，把“还书”这一信息与前面的语境句“Эти книги она уже прочитала.”联系起来后，就解读了句子未知信息的意义。但是很多情况下，在记忆中的已知信息里面没有一个直接的答案可以对应于上句的未知信息，那么我们该怎么办呢？

（三）搭桥

搭桥就是指记忆中的已知信息里没有一个直接的答案可以对应于正在阅读的句子中的未知信息。在这种情况下，我们只要借助于一种手段——搭桥，就可以对句子中的未知信息进行解读了。事实上，所说的搭桥也是把上下文的意义联系起来的一种手段。例如：

A：В прошлом году Саша встречал Новый год с друзьями.（去年萨沙和朋友们一起欢度新年。）

B：В этом году он опять был пьяный.（今年他又喝醉了。）

在这里我们并不知道去年过年时他是否喝醉了，而且在前一句中也没有传达这样的信息，这时我们就要把上下句进行搭桥理解。例如，后一句中 опять（又）这一词的使用向我们传达了这样的信息：萨沙在去年也一定喝得酩酊大醉。如果传达的是同样的信息，在下面这两个句子中就无需搭桥理解："В прошлом году Саша был пьяный, когда он встречал Новый год с друзьями. В этом году он опять был пьяный."（去年当萨沙和朋友们一起欢度新年时，他喝醉了。今年他又喝醉了。）。但是这不符合语言表达的经济性原则。

（四）重新恢复旧信息

我们先来比较下面两个短文：

1. Так и хрустит во мне! Славный морозец! — сказал снеговик. — Ветер-то, ветер-то так и кусает! Просто любо! А ты что таращишься, пучеглазое?

—Это он про солнце говорил, которое как раз заходило. —Впрочем, валяй, валяй! Я и не моргну! Устоим!

Вместо глаз у него торчали два осколка кровельной черепицы, вместо рта красовался обломок старых граблей; значит, он был и с зубами.

На свет он появился под радостные ура мальчишек. Солнце зашло, и на голубое небо выплыла луна, полная, ясная!

"在这可爱的冷天里，我浑身筋骨都在嘎嘎作响!"雪人说道，"风儿，风儿如此寒冷刺骨！我是如此喜爱！而你瞪圆眼睛是在盯着我吗?"

他说的是快要落下去的太阳。"来吧，来吧，我不会眨眼的，我一定能挺住。"

他的眼睛是由两块三角形的瓦片做成的。嘴是一截旧的小耙，所以他有了牙齿。

他是在孩子们的欢呼声中诞生的。太阳落下去，满月升了上来，又圆又大，在蔚蓝的天空中，很明亮、美丽。

2. Так и хрустит во мне! Славный морозец! — сказал снеговик. — Ветер-то, ветер-то так и кусает! Просто любо! А ты что таращишься, пучеглазое?

Вместо глаз у него торчали два осколка кровельной черепицы, вместо рта красовался обломок старых граблей; значит, он был и с зубами.

На свет он появился под радостные ура мальчишек. Солнце зашло, и на голубое небо выплыла луна, полная, ясная!

—Это он про солнце говорил, которое как раз заходило. —Впрочем, валяй, валяй! Я и не моргну! Устоим!

"在这可爱的冷天里，我浑身筋骨都在嘎嘎作响!"雪人说道，"风儿，风儿如此寒冷刺骨！我是如此喜爱！而你瞪圆眼睛是在盯着我吗!"

他的眼睛是由两块三角形的瓦片做成的。嘴是一截旧的小耙，所以他有了牙齿。

他是在孩子们的欢呼声中诞生的。太阳落下去，满月升了上来，又圆又大，在蔚蓝的天空中，很明亮、美丽。

他说的是快要落下去的太阳。"来吧，来吧，我不会眨眼的，我一定能挺住。"

（选自俄罗斯童话《Снеговик》）[75]

在第1段话中，"А ты что таращишься, пучеглазое?"（而你瞪圆眼睛在盯着我吗?）中的ты（你）很好理解，指的是"太阳"。而在第2段话中先行词和目标句相距甚远，这一句话就很难理解，并且后面所接的"Вместо глаз у него торчали два осколка кровельной черепицы."（他的眼睛是由两块三角形的瓦片做成的。）这句话反而会让人产生歧义。所以我们必须找到最前面第1句话中的内容，即恢复老信息，我们才能正确理解这段话。

上面所提到的通过借助一些衔接手段对语篇认知的策略是互为补充

的。如果我们解读的目标句中的已知信息和记忆中的已知信息的先行词能直接匹配的话，那么通过已知—未知策略就可以顺利地认知。如果记忆中没有直接匹配的先行词，我们就要借助语境句的提示功能进行直接匹配，或者在上下两句中借助词汇概念进行搭桥推理，或者是到最近进入记忆中的信息中寻找能够重新恢复的先行词。一般来讲，当我们相信作者企图让读者在目标和语境中寻找联系，就算作者没有明白地说出来，这个桥也是可以搭起来的。

第三节 语篇的连贯性及其认知特征

一、语篇的连贯性

“连贯是语篇的最基本特征之一，它是指语篇中的各成分之间在意义上的关联。连贯是一个语义概念，它指的是话语内不同组成成分之间在意义上的联系，具体表现在两个方面：第一，话语内不同组成部分所表述的命题彼此相关；第二，话语内不同组成部分所表述的言外之意彼此相关。”[76] 话语如能符合上面任何一条标准就可以视为连贯。因此，连贯体现在语篇的底层，交际双方可以通过共有知识或逻辑推理来理解语段中话语的意义，也可以通过语法、词汇、语言手段达到语篇的意义连贯。

连贯与衔接不同。衔接是客观的，即在语篇中上下句关系之间外在的一种联系，是语篇的外在特征，是读者能看得见的。连贯是主观的，即需要一种主观判断，是语篇的内在的语义联系，需要读者自己去判断理解，所以说，连贯只能由读者的评价来衡量。那么，语篇的衔接与连贯是否可以在一篇文章中达到基本一致呢？看下面这篇文章：

В этом году я первый раз отдыхал в доме отдыха. Утром я вставал рано, делал утреннюю зарядку, умывался, одевался и отправлялся на море. Здесь мы все купались, плавали. Потом мы завтракали. После завтрака опять сидели на берегу моря, читали свежие газеты и журналы, рассказывали друг другу о себе, о своей работе, играли в шахматы, пели. После обеда все спали. В это время было очень жарко. Вечером мы играли в волейбол или в баскетбол, гуляли, смотрели фильмы или слушали концерты. В 11 часов мы ложились спать.

今年我第一次在疗养院休息。清晨我早早起床，做早操、洗漱、穿衣服，然后出发去海边，在那儿我们所有人都洗澡和游泳。然后我们吃早餐。早餐后我们又坐在海边，读最新的报纸和杂志，互相聊聊自己和自己的工作，下下象棋，唱唱歌。午餐后所有人都午睡，这时天气特别热。晚上我们打排球或篮球、散步、看电影或听音乐会。在11点我们躺下睡觉。

（选自《俄语泛读》王金玲主编，第1册，第3课）[77]

首先，根据语篇衔接标准来评价这篇文章，这无疑是一篇衔接得非常好的语篇。我们可以从两个方面对其做出评价：第一，从语篇的整体结构看。语篇以五个表示时间的明示命题作为上下文的衔接手段，首先从 Утром 开始，经历 После завтрака—После обеда—Вечером 三个时间段，直至夜间的 В 11 часов，使读者能够依据语篇中表示时间过程的明示命题对其建立起较好的衔接。第二，再从每个时间段的活动内容及过程看：

Время（时间）	Действия（事件）
1. Утром（清晨）	вставал，делал зарядку，умывался，одевался и отправлялся，купались，плавали，Потом завтракали（起床，做早操，洗漱，穿衣服，出发，洗澡，游泳，然后吃早餐）
2. После завтрака（早餐后）	сидели，читали，рассказывали，играли，пели（坐，阅读，讲，玩，唱歌）
3. После обеда（午餐后）	Спали（睡觉）
4. Вечером（晚上）	играли，гуляли，смотрели，слушали（玩，散步，看，听）
5. В 11 часов（在11点）	ложились спать（躺下睡觉）

在这一语篇中，每个时间段的具体活动无一遗漏地表达了出来，文中仅仅运用了 и、или 等几个连接词，就将每一个时间段的活动在语篇中较好地衔接了起来。可以说，活动内容在时间上衔接得也很到位。这说明，整篇文章的外部衔接较好。如果根据语篇连贯标准评价这篇文章的话，也可以说，这是一篇连贯得较好的语篇。文章中运用五个时间段将一天的活动完全表达出来，既没有内容的省略，即不需要读者自己建立连贯的语义，也没有任何话外之意，即不需要读者透过语篇话语判断其言外之意。语篇的外在衔接可以直接解释其内在语义，即语篇的表层

结构直接可以表达语篇的底层结构，表层结构与底层结构达到了统一。所以，语篇的外在衔接和内在连贯可以在一篇文章中达到基本的一致。再如下面这篇文章：

Русские—большие любители поговорить по телефону. Это относится и к личиным, и к деловым. Русские многие вопросы решают по телефону. Во многих странах деловые телефонные звонки домой вечером после работы и в выходные дни не приняты. Считается, что нарушает отдых человека. У русских таких строгих правил нет. Наоборот приняты длительные вечерние разговоры с друзьями, родственниками и коллегами.

Для вечернего делового разговора нужно, конечно, выбрать удобное время: не слищком рано, когда человек только пришёл с работы, и не слишком поздно. Кроме того, такой вечерний деловой разговор по телефону принято начинать с извинений. —Извините, что я вас беспокою в вечернее время.— Простите, что я звоню домой. В выходные дни принято звонить после девяти часов утра и до двадцати двух часов вечера, если речь не идёт о каком-то срочном деле.

Заканчивает разговор обычно старший по возрасту. В официальном разговоре по телефону обычно разговор заканчивает тот, кто позвонил. При этом обычно говорят: —До свидания, господин Петров/госпожа Петрова. —Всего хорошего—До свидания! Пока!

俄罗斯人是用电话交谈的最大爱好者群体，不论私事还是公事。俄罗斯人许多问题都是在电话交谈中解决的。在很多国家，人们没有下班后或是休息日往家里打电话的习惯，这会被认为是打扰了别人的休息。与此相反，俄罗斯人习惯在晚上与朋友、亲人和同事进行长时间的电话交谈。

当然，晚上用电话谈公务需要选择一个适宜的时间，不能过早，如别人刚刚下班，但也不能过晚。除此之外，这种晚间公务性电话交谈通常都是从一句表示歉意的话语开始，如“对不起，打扰你晚上的时间了”或是“请原谅，往家打电话了”。在休息日，如果不是急事，习惯在早上9点后、晚上10点前往家里打电话。

通常是年长的一方先结束交谈，在公务电话中，通常是打电话一方先结束交谈，这时通常要说："再见，彼得罗夫先生/彼得洛娃女士。"或是："祝好！再见！"

（选自普通高中课程标准实验教科书《俄语》人民教育出版社，第4册，第3课）[78]

Русские—большие любители поговорить по телефону.

（俄罗斯人是用电话交谈的最大爱好者群体。）

Русские многие вопросы решают по телефону.

（俄罗斯人许多问题都是在电话交谈中解决的。）

Во многих странах деловые телефонные звонки домой вечером после работы и в выходные дни не приняты.

（在很多国家，人们没有下班后或是休息日往家里打电话的习惯。）

приняты длительные вечерние разговоры с друзьями，родственниками и коллегами.

（俄罗斯人习惯在晚上与朋友、亲人和同事进行长时间的电话交谈。）

нужно，конечно，выбрать удобное время.

（晚上用电话谈公务需要选择一个适宜的时间。）

принято начинать с извинений.

（通常都是从一句表示歉意的话语开始。）

принято звонить после девяти часов утра и до двадцати двух часов вечера.

（习惯在早上9点后、晚上10点前往家里打电话。）

Заканчивает разговор обычно старший по возрасту.

（通常是年长的一方先结束交谈。）

В официальном разговоре по телефону обычно разговор заканчивает тот，кто позвонил.

（在公务电话中，通常是打电话一方先结束交谈。）

При этом обычно говорят：— До свидания，господин Петров/госпожа Петрова.

（这时通常要说："再见，彼得罗夫先生/彼得洛娃女士。"）

这是一篇表达俄罗斯民族文化习俗内容的文章，尽管它不是从时间顺序上展开的，但是内容的逻辑性把握得非常好。文章从语篇的整体内容逐渐涉及各个部分，将读者逐步带入话语具体情节。从译文中我们可以看到，文章用一个主题核心句开篇：俄罗斯人是用电话交谈的最大爱好者群体。许多问题都是在电话交谈中解决的。在很多国家，人们没有下班后或是休息日往家里打电话的习惯。这三个句子是文章内容的总括句，既可以看作是话语情境，也可以认为是文化知识的介绍，还可以是不同国家之间文化习俗的比较。然后，文章在总括句引领下具体介绍在俄罗斯用电话交谈时应注意的事项。习惯在晚上……电话交谈；时间的选择：要选择一个适宜的时间，早上9点后、晚上10点前；电话交谈时开始的方式：从一句表示歉意的话语开始；电话结束的适合方式：年长的一方先结束，或打电话一方先结束，结束时通常要说“再见！”。

我们看到，本篇文章尽管与通常所说的语篇衔接的内涵意义不相一致，但是仍然可以通过事件展开的逻辑性达到对内容的理解。也就是说，我们不是通过文章前后句的衔接词达到对文章内容的理解，而是通过事物前后的逻辑性有效地理解了文章的内容。其实这类文章在教学中并不少见，如果教师能够借助事件展开的逻辑性并用一些图、表等直观手段引领学生理解语篇，就会达到事半功倍的教学效果。

但是，在大多数情况下，作者不是一字不漏地将事件过程直接表达出来，因为他相信读者具有这类事件题材的心理图式，自己有能力解决语篇上下文意义上的连贯。这时，作者希望读者在对语篇的认知中，根据语篇的题目、语篇的背景语境和上下文语境，透过作者的话语，做出自己的理解或评价。看下面这篇文章：

Что такое счастье?

Счастье... это просто и сложно.

Счастье... это быть необходимым, нужным человеком, это любить людей, жизнь, любить свою профессию; счастье... это птица, которую ты хочешь поймать, а она не даётся, улетает, поднимается всё выше и выше. Да, счастье должно быть высоким! И в жизни его так много, что хватит на свою долю. Только его надо найти. Не помнить, чьи это слова, но они правильны: "Жаль, что счастье нельзя найти по дороге к нему." Это заставляет человека искать его всю жизнь. Может быть, ошибаться, спотыкаться, падать. Но главное...искать...

У каждого своё предоставление о счастье, спросить старого человека... он скажет, что счастье в спокойствии; спросить девушку... она скажет: счастье в том, чтобы любить и быть любимой.

什么是幸福?

幸福……既简单又复杂。

幸福……对人来说是必不可少的。幸福是爱他人、爱生活、爱自己的职业。幸福是鸟，你想抓住它，但它却飞走了，越飞越高。是的，幸福应该是高高在上的！然而生活中有那么多的幸福，你一定能抓住自己的那份。只不过需要找到它。不记得谁曾说过这样的话："可惜的是，幸福不能在路上被发现。"这句话是正确的。幸福促使人们终生都在追寻它。也许，会犯错、摔跤、跌倒，但重要的是——寻找……

每个人都有自己的幸福观，询问老年人……他会说，平安是福；询问年轻姑娘……她会说：幸福就是爱人和被人所爱。

（选自《俄语阅读》黑龙江大学俄语系编，第2册，第43课）[79]

我们看到，文章题目 Что такое счастье?（什么是幸福?）是以问题的方式提出的，说明这一问题需要通过讨论才能达到认识上的一致。首先，作者运用 просто и сложно（简单又复杂）这对反义词作为文章的开头语，旗帜鲜明且具有哲理性地表达了对"幸福"这一概念的总体理解和认识。紧接着在文章的具体阐述中，作者巧妙运用了 поймать（捕，捉，抓）、найти（找到）、искать（寻找）三个动词，说明获得幸福的过程不能等、靠、要，而是要通过不断奋斗才能最终获得。最后，作者通过不同年龄、不同性别、不同职业的人群对幸福的观点，说明人们对幸福的向往是一致的，但是对幸福的理解则仁者见仁，智者见智。通常来说，一篇简短的文章难以说明一个大而复杂的话题。但是在这篇文章中，作者运用了简短且逻辑严谨的话语向读者诠释了一个既大又严肃的社会话题——幸福观。其实，语言简练，并不意味着信息量小，讨论的问题微不足道。相反，文章中每一句话的背后都包含了大量的涉及人生观和价值观的知识，以及作者富有哲理性的分析。所有这些都体现在文章的题目、用词、句式特点、上下句、前后段的逻辑关系等方面。读者正是在这些构建语篇手段的帮助下，进行文章内在意义的推理和评价的。也就是说，连贯表现在语篇中话语内不同的组成部分，并与所表达的命题彼此相关。

当然，在语篇中还有一种连贯形式，即从语篇表层结构看不是很好的衔接，可是在读者看来却是很好的意义连贯，且很容易理解。如下面这篇文章：

В школе имени В. А. Сухомлинского

Учительница подошла к доске и разноцветными мелками написала: “мы сочиняем сказки” . Потом она приколола к доске две картинки, На первой—рыба с большими глазами-блюдцами выпрыгивала на воды. На второй—во весь рост птица. Она была жёлтая, зелёная, оранжевая.

Что это за птица? Ребята хором закричали: —Иволга! Иволга! Учительница написала на доске только одно слово: Почему?—Дети, —сказала она, —кто скажет, почему рыба выпрыгивает из воды, когда идёт дождь? Почему у иволги разноцветные перья? Стало тихо. Потом поднялась одна рука, потом другая.

Ответы становились похожими на сказку...

在苏霍姆林斯基学校

女老师走到黑板前用彩粉笔写道："我们来编故事。"然后她把两张图片固定到黑板上。第一张图上是一条长着茶碟那么大的眼睛的鱼跳出水面，第二张图上是一只长着黄色、绿色和橙色羽毛的鸟。

"这是什么鸟？"孩子们齐声喊道："黄鹂！黄鹂！"老师在黑板上只写下一个词：为什么？"孩子们，"她说道，"谁来说说，为什么下雨时鱼跳出水面？为什么黄鹂有不同颜色的羽毛？"孩子们变得安静起来。然后一只手举起来了，接着是另一只。

答案开始像故事了……

（选自《俄语阅读》黑龙江大学俄语系编，第2册，第9课）[79]

文章标题 В школе имени В. А. Сухомлинского 在读者心理唤起的是

关于在学校上课的相关知识图式。但是，文章并没有按照常规方式一一展示上课环节，如宣布上课、师生问好、复习提问等，而是在直接展示“Учительнича подошла к доске и разноцветными мелками написала”（女老师走到黑板前用彩粉笔写道）之后，即刻进入课堂问题讨论的师生互动之中。最后以“Ответы становились похожими на сказку...”（答案开始像故事了……）结束全文。整篇文章既没有事件发展的具体时间顺序，也看不出课堂活动各段之间在内容上的衔接。也就是说，从文章的外部语言结构特征来看，这并不能算是一个衔接得很好的语篇。但是读者却可以调动相关的知识图式或常识来帮助自己认知文章的内容。再如下面这篇文章：

Как найти больше свободного времени?

Как сделать уроки быстро? На этот вопросы очень интересно отвечал Сухомлинский. Он сказал：После школы совсем не надо делать уроки，а надо заниматься спортом，ходить на выставки и в музей，заниматься в кружках и клубах，работать во дворе и в поле.

Когда же делать уроки? Сухомлинский говорил，что очень хорошо вставать в шесть часов утра и делать уроки. Утром голова работает лучше，и уроки учить легко，все задачи，все упражнения можно сделать быстро，все новые слова можно выучить сразу.

Например，так делают Ира и Андрей. Раньше они вставали в семь часов и шли в школу，после школы очень долго делали уроки. А теперь они всё делают так，как говорит Сухомлинский. Они встают в пять часов тридцать минут. В пять часов сорок минут начинают делать уроки，а в восемь часов идут в школу，После уроков у них есть свободное время. Они отдыхают，читают，занимают музыкой. И в школе учатся хорошо.

Но не все могут жить так，как говорит Сухомлинский. Вот что говорит ученик пятого класса Женя：Я не могу делать уроки утром. Боюсь. А вдруг я не встану в шесть часов утра? Тогда я не смогу сделать уроки. Да，Сухомлинский говорил только о людях с сильным характером.

如何找出更多的空余时间?

怎样能更快地做完功课？苏霍姆林斯基对这个问题的回答很有趣。他说：放学后不要立刻做功课，而应该先去体育锻炼，去参观展览会和博物馆，去各种课外小组活动，或在院子或田间做些什么。

什么时候做功课呢？苏霍姆林斯基说：最好早上六点钟起床后就做功课。早上大脑工作状态好，学习起来轻松，所有的习题和练习都能做得快，所有的新单词都能记得好。

例如，伊拉和安德烈就是这样做的。以前他们七点钟起床，然后去学校，放学后要花很长时间做作业。而现在他们一直这样做，苏霍姆林斯基说：他们早上五点半起床，五点四十分开始做功课，八点钟去上学。课后他们就有空余时间了，他们可以休息、读书、参与音乐活动。而在学校他们又学习得很好。

但是，苏霍姆林斯基说，不是所有的人都能这样生活的。五年级学生热尼亚说：我不能早上做功课，万一我早上不能在六点钟起床怎么办？那我就做不完功课了。苏霍姆林斯基说：是的，只有那些性格比较坚强的人才能这样做。

（选自义务教育教科书《俄语》人民教育出版社，第5册，第6课）[80]

我们看到：文章标题“Как найти больше свободного времени?”（如何找出更多的空余时间?）与文章前两个自然段开头的问句“Как сделать уроки быстро?”（怎样能更快地做完功课?），“Когда же делать уроки?”（什么时候做功课呢?），以及作者回答这两个问题的焦点在结构和内容上既不衔接，也不连贯，似乎答非所问。而且在接下来的第三、第四自然段，作者非但没有停止对怎样能更快地做完功课和什么时候做功课这两个问题的讨论，还进一步举例证明自己对回答以上两个问题所提观点的正确性，似乎更加偏离主题。然而，学生都会明白，只有更快更好地完成功课，才能有更多的空余时间。与此同时，我们看到，在苏霍姆林斯基的回答中也隐含着这样的信息：好的学习习惯可以让每个人受益，而好习惯的养成需要人的意志力相助。所以，文章又不仅在告诉学生们怎样更快地做完功课和做功课的时间安排，而且也是在告诫每个人都要养成良好的行为习惯。因此，一些文章表面结构衔接得不够紧密，但内部语义很连贯，并且还有更深奥的哲理需要教师的进一步点拨。

如果说上面这篇文章看起来衔接得并不是很好，那么下面这个对话的上下句看上去则是完全不衔接的。例如：

A：Завтра у нас выходной день，пойдёмте за город，хорошо?（明天休息，我们去郊外好吗?）

B：Друзья ко мне в гости.（朋友要来我这儿做客。）

这种连贯体现在话语内，即与上下句中所表达的言外之意彼此相关：被邀请者在委婉拒绝。

二、语篇连贯及其认知过程与策略分析

（一）语篇推理

在语篇的认知中，推理是建立语篇连贯的一个重要的认知策略。它通常应用于下列情况：在语篇的创作中，作者经常省略一些事件发展的细节。他们相信读者具备了与之相关的各种知识图式，读者可以在阅读中通过推理恢复或增添那些由于省略了明示命题而丢失的连贯。例如，“Он опоздал на собрание. Земляки приходили к нему.”（他开会迟到了。同乡们来他这儿了。)，这两个句子之间所表述的内容并不连贯，且表层结构也不衔接，出现了上下文衔接的所谓“空隙”。这就要求读者做出推理，即通过增补作者省略了的内容建立上下文的意义连贯。所以说，推理不是读者凭想象所做的随机行为。如果读者认为推理对建立语篇连贯是必须的，而且在推理中依靠的信息又能迅速激活语篇的相关信息，这时读者一定会通过增添信息进行推理。通常情况下，如果我们需要认知的语篇题材较为容易，读者的推理行为是无意识自动进行的；如果我们需要认知的语篇内容难度较大，读者就需要在自己的长时记忆库中调用大量的相关信息，甚至要查找大量文献进行推理，这时的推理行为是有意识的。

然而，要想在语篇认知中进行准确的推理，就有必要先弄清楚推理的概念。用逻辑学的理论解释，“推理是思维的基本形式之一，是由一

个或几个已知的判断推出新判断的过程”[26]。在推理过程中，可以把已知判断称为前提，把由已知判断所推出的新判断称为结论。正确的推理必须具备两个条件：一是前提要真实，即前提应是正确反映客观事物实际的真实判断；二是推理的形式要符合逻辑规则，即推理的前提要和其结论之间的关系具有必然的联系。推理对新知识和新经验的获得与扩展具有重要的作用，它不仅为了解和掌握新知识，为新经验提供标准和指南，同时在推理过程中也会使创新性思维能力得到发展。除此之外，推理的重要意义还体现在知识本身，即通过个体的推理活动使知识获得进一步发展。

（二）推理的作用

1. 即时建立语篇的连贯。“连贯性是语篇的一个主要特征。连贯性说明语篇内容上下、左右、前后的意义是连贯的。语篇作为整体性表达意义的单位是由无数个具体的小的表义单位连接起来的。”[18] 当读者读完一篇文章时，之所以能建构出一个相对完整的意义进而对其进行储存，连贯起到了决定性的作用。在语篇的创作中，衔接是语篇表层结构特征，其手段基本是稳定的，是读者在语篇认知过程中能够看得见的。而连贯与衔接不同，连贯是表现在语篇的底层意义之间的连接，是读者在阅读语篇的过程中，根据语篇的上下文意义——局部连贯，根据语篇主题中所能涵盖的多数或全部信息——整体连贯，根据读者自身认知结构中的各类信息进行联系并推导出来的。这种推理过程直接导致读者的认知活动增添了许多相关内容，所以增添是推理导致的结果。可以说，读者在语篇认知活动中所建立起来的连贯不是根据篇章的表层结构，而是根据底层的意义建立起来的。那么，作者为什么在语篇的创作过程中不事先把所有要表达的内容全部呈现，而偏偏要留下一部分让读者自己去判断呢？首先，在日常我们所接触的语篇中，无论是无准备的谈话，还是有准备的艺术创作，往往都由于不同的原因而以简明、扼要、含蓄的表达为主要目标。这样，语篇的表面句子结构常常表现得不连贯，作者往往要把内容底层意义的连贯留给读者。他们相信读者有能力通过推理把蕴含着没有表达出来的细节分析出来，这是语言经济性特点在语篇中的表现。其次，在语篇推理过程中，我们借助语篇的局部连贯和整体连贯，调用自己认知结构的知识来进行推理。我们推理的内容不仅仅是客观现象之间的连贯，更是通过篇章对客观现象和客观事实的描述，引起读者本身的一种主观上的认知。也就是说，读者面对同一语篇，其推导的结果可能是完全不一样的，这不仅取决于读者自身的各种知识、能力因素，同时也与他们的价值观、思维模式等都有很大的相关性。所以，作者在创作语篇的过程中都会留有一个较大的空间，给读者的个性认识和想象等提供条件。

2. 在线处理差异性信息。语篇的信息性特征告诉我们：在语篇中，各种信息对读者来说，其可被接收的程度是不同的，有些信息读者通过自动推理就可以达到。而恰恰就是这些不经意得到的信息往往被读者所忽视，他们经常把注意力集中到解决那些要求读者做出很大努力才能认知的信息上，因为这样更符合读者的心理。但是，“事实上那些自动推理的信息往往是那些经过努力才能推理成功的信息的前提基础”[18]。也就是说，在语篇中所有信息之间是相互联系的，它们之间构成不同的关系，可能是因果关系、条件关系、目的关系、程度关系、前提关系等，忽视任何一个小的信息都可能对其他信息的理解构成困难。正像当前状态模型所警示的：消除这些命题就会导致一个或多个关系的消失。

3. 适时调用各种记忆手段。推理是在借助上下文信息和语篇的整体结构信息以及调用自己在大脑中储存的信息共同作用下进行的。所以，能否顺利地进行推理与语篇中上下文整体结构信息的记忆，以及读者原有的知识结构信息有着非常密切的关系。所以，没有对上述各类信息的记忆就不可能进行推理。按照信息加工理论，人的记忆类型有三类：瞬时记忆、短时记忆（包括工作记忆）和长时记忆。这三种类型的记忆在推理过程中的作用是不同的。认知心理学认为，瞬时记忆也叫感觉记忆，感觉记忆是瞬间将来自各感觉器官的信息登记完毕。这是一个非常短暂的记忆储存，它与人对自然环境信息的选择性注意有关。短时记忆包括三个主要功能：信息的暂时激活，信息的调控和信息加工容量的限制。信息加工理论对短时记忆功能有如下的描述：短时记忆中所储存的信息容量为7±2个组块，进入短时记忆中的刺激信息是人的主动注意和加工处理的结果，短时记忆中已经加工处理了的刺激信息是通过复述、保持并转化到长时记忆中的。

工作记忆具有对某种形式信息的暂时储存并进行加工处理的功能，这一功能与短时记忆的功能有相同之处。但是工作记忆的功能与短时记忆的功能相比还包括了更为重要的部分，即工作记忆在对刺激信息进行加工处理（短时记忆）的同时，还要承担将信息加以即时储存的任务。也就是说，工作记忆不但有与短时记忆同样的加工处理信息的功能，还有短时记忆不具备的暂时储存信息的功能。所以说，工作记忆具有加工处理信息与储存信息的双重功能。工作记忆在语篇推理中起主要作用，因为推理离不开暂时记忆储存，它能够把相关的信息一直保持到对下一个完整的意义组块推理的完成。心理语言学的实验研究表明：在语篇的认知过程中，由于读者工作记忆容量的不同，其信息处理的结果会有很大的差别。那些具有较高记忆容量的读者倾向于保持原有信息的基本含义，对句子做一般的推理，始终使推理保持开放性，力求在解决歧义词的同时可以更多地利用保持下来的信息，大多数情况下在语篇结尾做出推理。这样的读者对语篇的推理正确率都比较高。那些具有较低工作记忆容量的读者在阅读过程中倾向于保持句子的原词，并在每句的结尾进行推理，并对歧义词随时做出特定的填补，以对内容做出肯定的解释。当这样的读者读到语篇结尾时，证明之前他们所做的很多推理都是错误的。这个实验结果说明：由于人的工作记忆能力有限，对局部信息过多处理之后，所获得的信息在处理后面信息时不可能一直保持下去，尤其要保持住原词、原句则要过多占用读者的认知资源和记忆空间，使他们的推理受到影响。如果我们能够从客观角度把握语篇，在语篇整体结构框架的指导下，一边阅读一边即时抽取句子的基本含义，即工作记忆中要更多地保持句子的深层结构意义，而不是句子的原句、原词，才能使工作记忆保持更多的信息，使这些被记忆的信息在后面的语篇推理和消除歧义词的过程中发挥更大的作用。

（三）语篇推理的一般模型

在语篇认知中，我们要不断地对语篇中表述的事实做出各种判断，得出结论后做出选择或决定，这些都是读者认知行为的重要方面。在实践过程中，上述活动的表现形式是多种多样的，其中有些信息可能属于相对自动的加工过程，而有些信息内容则属于高度意识的加工过程。比如，对一些语义知识的加工过程，或者是根据一些事实提供的信息抽取出规则原理的学习过程，也可以是除上述所描述的认知活动以外的其他推理过程。如果能熟练掌握并将其应用在语篇认知中，将对我们的认知过程有很大帮助。在对语篇的认知中应用较为普遍的是以下几种推理模型。

1. 建构论模型。建构论推理理论是语篇认知较为流行的理论之一。该模型是格雷塞尔（Graesser）等人在剖析了早期建构论不能对阅读中的推理和意义表征进行精确预测的缺陷后提出的，主要用以说明认知叙事文章所构建的以知识为基础的推理。它的主要特点是其按照意义探究原则所做出的三个预测：第一，满足读者目标。这种预测表明，读者认知语篇通常受一个或几个目标所驱使。在有些情况下，读者的目标是模糊的、空泛的，如为了了解新闻而浏览晨报等。在另一些情况下，读者的目标则是明确的、具体的，如为了学术论文的写作而进行的大量文献阅读等。在这一过程中，由于读者总是要尽力满足自己的阅读目标，读者在阅读中就要不断地建构符合自己目标的推理。第二，这种预测表明的是建立局部连贯和整体连贯的推理过程。我们知道，语篇认知是读者试图对语篇中的事件、行动、状态等建构起局部和整体连贯的交叉表征。顾名思义，局部连贯是指对语篇中相邻的有关成分（如短句和从句等）或一两个语句进行连接；整体连贯是指对语篇中主题所覆盖的多数或全部信息进行连接。也可以说，整体连贯是把局部的信息块（意义整体）组织成更高级的信息块（意义整体），如在语篇中的不同层面——词的组合与句子之间、各句与段落主题之间，以及各段与语篇主题之间建立整体连贯的过程。第三，动态解释。这种预测表明，在语篇认知过程中对当前信息中是什么的问题做出解释，即通过上下文动态解释当前所阅读的信息，而不是预测以后发生什么，怎样发生，在哪儿发生和什么时候发生的问题。

2. 当前状态模型。当前状态模型也称当前状态选择模型，是弗莱彻（Fletcher）和布卢姆（Bloom）在1998年提出的。当前状态指的是：在阅读完一个句子时，被确记的且随着后面句子的阅读保持在短时记忆中的这些状态命题。状态命题在语篇阅读中起着非常重要的作用，因为如果消除这些命题，即忘掉前面所读的句子内容，就会导致一个或者是更多因果关系的丢失，即由于前面信息的丢失而导致不能理解后面的信息。按照当前状态模型，读者在短时记忆中保持的信息往往是他们阅读下一个句子的前因，而不是后果。读者认知简单故事的目的就是为了发现一系列因果关系，从而把语篇中未解决的问题与它的最后结果联系起来。当前状态模型认为：读者的阅读过程实际上是在进行某种形式的推理活动。他们总是在短时记忆中把注意的当前状态集中到最可能成为下一个句子的前因上。当这个过程失败时，他们就从长时记忆中进行搜寻，寻找能解释这个句子的前因或者是后果的信息。

3. 最小假设模型。最小假设模型具有三个特点。第一，自动推理是这一模型的核心。自动推理具有无意识性，是读者在没有特定的目标指向时形成的一般推理，如在茶余饭后阅读杂志，在乘车路上阅读报纸等。当然，在许多情况下，特别是在学习新信息内容时，读者的认知行为是有特定目标的，这种有目的指向的推理是策略推理。在这种情况下，自动推理就成为策略推理的基础。第二，最小推理建构的是语篇的最小特征——局部连贯表征，这种局部连贯表征为整体推理，即为目标推理提供资料信息。第三，对语篇的自动编码（自动推理）通常是在加工过程中最初的几百毫秒之内建构的，而要建构策略推理（有目标推理）则需要更多的时间。“根据最小假设模型，自动推理的生成依赖于两个条件：一是需要建构必要的局部连贯表征，二是必须能够快速获取易得信息。”[18] 局部连贯是相对于整体连贯而言的，语篇的局部连贯是读者利用快速易得信息对同时加工的两三个句子的连接，并通过连接形成一定的意义。快速易得信息有两个方面的来源，一个方面是来源于语篇局部范围内提供的明确的字面信息；另一个方面是来源于读者自身认知结构中与认知材料相关的较为熟悉的一般性知识。这种建构局部连贯的信息之所以是快速易得的，是因为这类信息既可能存在于读者短时记忆中，也可能在建构语篇表征条件下很容易从长时记忆中被提取出来。

第四节 语篇的情境性及其认知特征

一、语篇的情境性

情境是指在一定时间内各种情况的相对的或结合的境况，在语篇中它是指将语篇的意义与条件情境关联起来的因素，这些因素包括话语本身（上下文）、言语（语篇）实际发生时的环境和场景，以及作者与读者的共有知识等。这就是说，“作者在创作语篇的过程中总是要从社会环境中选取一个题材，而任何一个被选取的题材在构成语篇后都要有一个社会环境和场景。我们通常将它视为语篇中事件的发生情境，读者对语篇的所有认知都应该将其放置在情境的框架之下”[18]。在语篇中，这种情景通常体现在标题上，如在“В школе имени В. А. Сухомлинского”（在苏霍姆林斯基学校）这篇文章中，其事件一定是发生在苏霍姆林斯基学校或课堂之中，那么，读者对这篇文章的所有认知都会置于学校环境的框架下。再如课文“Защищайте леса!”（保护森林！），通过标题，我们也一定会对文章的认知定格在环境保护的框架之下。因此可以说，一篇文章的标题不仅表达了作品的全部内容，而且要比其名称在更大程度上完成它的意思解读。此外，一篇文章的情境还体现在语篇的背景介绍上，通常称其为背景情境。如“сахар”（糖），这篇文章开头的第一段是这样表述的：“Это было в Ленинграде во время войны. Город, окружённый фашисткими войсками, голодал.”（当时，列宁格勒处于战争中，被法西斯军队包围的城市正经历着饥饿。）。这一段向读者说明了语篇的整体情境，即这个故事发生在战争期间的列宁格勒，被法西斯军队所包围的这座城市的人们正经受着饥饿。接下来向读者叙述了发生在一个军官身上的关于一包糖的故事。这个情境使读者把所有发生的事情都置入二战期间的大情境中，那么，由一包糖所引起的故事就很容易理解了。

当然，语篇中的情境还表现在语篇内话语本身之间，即上下文情境。我们通常把这种情境认定为语篇中局部的、具体的情境，这种情境对语篇中词义的准确理解和把握有着非常重要的意义。例如，“Это письмо я нашёл в номере гостиницы, в ящике длинного, узкого стола. Я решил, что письмо это можно опубликовать, если изменить имена...”（这是我在旅馆房间中长条桌的抽屉里找到的信。我想，如果改个名字，这封信是可以发表的……）。在这两个句子中，前句的行为是后句行为的发生情境，读者只有在了解前句的情境后，才能对后句的行为进行正确的认知。我们知道，大部分俄语词都是多义的，我们对词义的判断不仅要看它们的搭配，更是要借助一定的情境。如下面这个对话：

— Ну ты, Воздвиженский... пойди к карте и покажи мне, сколько частей света.（哎，你，沃兹德维任斯基，走到地图前给我指指世界有几个大洲。）

— Воздвиженский подходит к висящей на классной доске ландкарте, берёт в руки кий и начинает путешествовать по европейской территории.（沃兹德维任斯基走到挂在教室黑板上的地图前，手里拿过木杆，开始沿着欧洲大陆游览。）

— Ну поезжай мой друг.（走呀，我的朋友。）

— Европа, начинает друг.（欧洲，朋友开始了。）

— Раз, считает учитель.（一，老师数道。）

— Азия.（亚洲。）

— Два, считает учитель.（二，老师数道。）

这里的путешествовать（旅行、游览）和поезжай（行，驶）在本文中都与它们的原意差别甚大。我们之所以能够对上述词进行正确认知，是因为在这里情境起到了重要的作用。根据文中上句“подходит к висящей на классной доске ландкарте, берёт в руки кий”（走到挂在教室黑板上的地图前，手里拿过木杆）的情境，我们可以推断这两个词指的是在地图上“移动”，即作者把看地图的过程形象地比作长途旅行或游览，把指看地图的过程看作沿一定路线行驶这样一种形象的用法。此时，这两个词只保留了动词原有的“按照一定方向移动”这一语义成分，在上下文情境中产生了新的意思，其他语义成分不复存在。

看来，作者在语篇的创作过程中需要将其置于一定的社会语言和物质世界的制约中，这种与语篇相互作用的社会语言和物质世界被称为语境。由此，语境实际上就是指那些直接影响语篇的创作和认知的各类要素，语篇的情境在语境中得以体现。

二、语篇情境性的认知过程与策略分析

语境，顾名思义是指语言环境。只要我们运用语言进行交际就会构成一个特定的语言环境，因为语言交际必须发生在一定的情境中。所以，任何语篇或话语都是一定语境中的产物。从语境研究的现状来看，各门不同的学科以及不同的学术流派关于语境的定义及其基本内容并不完全相同。但是趋向一致的认识是：语境即语言环境，它包括语言因素，也包括非语言因素。上下文、时间、空间、情境、对象、话语前提等与词语使用有关的都是语境因素。

语言学对语境的研究重在语言本身，目的是研究人们怎样使用语言，怎样在特定的语言环境下遣词造句，从而确切地表情达意。正是语言学的这一研究目的使语境涉及了语言内外的各种环境。心理学对语境的研究则侧重于探讨语境对言语认知的作用，其中主要包含：语境的作用点，即语境的作用是发生在前词阶段，还是后词阶段；语境的作用机制，即语境是怎样作用于语言加工的。可见，语言学和心理学对语境研究的目的是不同的。然而，对语篇的认知不单纯是心理学的问题，它仍然要借助于语言学的研究成果。也就是说，尽管语言学和心理学对语境的研究目的不同，在实践运用中两者则是相互结合的。这些因素也是心理学在论证语篇认知过程中所要借鉴的内容。总之，语境与语篇的认知密切相关，它不但可以帮助我们认知字面意义，还可以帮助我们认知说话人的真实意图，即“言外之意”。总体来看，语境对语篇认知的作用可以分为以下四个方面。

（一）确定词义，消除歧义

心理学实验表明：在语篇认知过程中对含有多种意义的词和歧义词意义的确定需要一个过程。在这一过程中一般会有三种情况发生：第一，不论语境有利于词的哪种意义，激活都将沿着词的名称连线扩散到单词的所有意义上去，这是一个自下而上的加工过程（即词—句—段—

篇的加工过程），因为激活依赖于现有的刺激。第二，如果语境不偏向词的某种意义，则歧义词的多种意义在其后几个音节的加工期间内将一直保持激活状态，即词的多种意义随时等待被选择。第三，如果语境很明显是偏向于词的一种意义，那么与语境不一致的、已经被激活的、等待被选择的那些词的意义很快就会消失。

在俄语句子中，由于许多词是一词多义，一旦脱离了语境，词的意义就会变得不明确，甚至会产生歧义。也就是说，语境对词义起到一定的制约作用。语境不同，词义就不同。因此在语篇中确切认知词的意义需要依赖具体的语境，而不只是从词的基本意义和语法意义上去了解。例如светлый一词，它既表示具体光线的“明亮的”特征，也能形容抽象的“愉快、光明的”特征，例如светлое будушее（光明的未来）。再看形容词чёрный，要区分其不同含义，我们可以用名词加以限定：чёрный хлеб（黑面包）、чёрные мысли（忧郁的思想）、чёрная неблагодарность（忘恩负义）、чёрная работа（粗活）；此外，чёрный在表达心理状态时是基于人类对黑色产生的联想——黑色会让人想到黑暗、黑夜，让人产生忧虑、悲伤、不安和恐惧等情绪。这样就产生了чёрные мысли（忧郁的思想）、чёрные дни（艰难的日子）、видеть всё в чёрном свете（把一切看成漆黑一团）、чёрная душа（恶毒的心肠）、чёрная измена（凶恶的背叛）。而在чёрный рынок（黑市）、чёрная биржа（黑交易所）、чёрные списки（黑名单）等用法中，чёрный还具有“不合乎法律规范的，负面的”的含义。我们再看下面的例子：“Основные средства сообщения внутри города: автобус, троллейбус, метро, такси. Многие пекинцы предпочитают ездить на работу на велосипедах.”（城市内主要的交通工具有：公交车、电车、地铁和出租车。很多北京人更喜欢骑自行车上班。），其中средство一词的意义有“方法、手段、资料、工具、经费”等。在本句中，根据上下文语境所列举的一系列交通工具，我们可以断定这一词的具体含义是“工具”。

（二）意义具体化

读者要理解语篇中话语的意义，除了要利用自己的语言知识获得句子本身的意义，还必须利用语境所提供的信息进行思辨、推理，从而获得作者所要传达的全部信息，使句子的意义具体化。例如，对“Мальчик не умеет ходить.”（男孩儿不会走路。）这句话，我们可以有多种理解：①“Он инвалид.”（他残疾。）；②“Он ещё маленький.”（他还小。）；③“Он был болен，ещё не поправился.”（他生病了，还没有恢复。）。但是当我们看到下面这个句子“Мальчик ещё маленький，поэтому он не умеет ходить.”（男孩儿还小，因此他不会走路。）时，我们就能确切地理解“Мальчик не умеет ходить.”的具体意义了。如果我们在解读中缺少语境，那么这个句子的意义就不能具体化，我们就不能正确理解该句所要传达的意义。但是，有时在语篇认知中，对词或句的具体意义并不能立即做出判断，直至语篇阅读结束时我们才能获得准确判断词或句具体意义的情境。如下面这篇文章：

Давным-давно жил в Сибири богатый и сильный старик Байкал. У старика было больше трёхсот жён и только одна дочь—Ангара.

Однажды ветер，который дул с запада，принёс красавице Ангаре привет от богатыря Енисея. Рада была Ангара，а потом скучно ей стало. Далеко был Енисей. Нельзя было видеть его，нельзя слышать его голос，нельзя разговаривать с ним. Тогда послала Ангара на запад чаек，попросила их передать Енисею её ласковые слова. И стала ждать ответа.

В прекрасный солнечный день ветер снова принёс ей привет от Енисея. Богатырь звал Ангару к себе и решила Ангара убежать от Байкала.

Проснулся однажды ночью Байкал，а дочери нет. Рассердился старик. Хотел он поймать дочь и стал бросать на дорогу огромные камни. Быстро бежала Ангара，а впереди летели чайки. Они показывали Ангаре путь среди камней.

Так и не поймал дочь старик Байкал. Убежала красавица Ангара к богатырю Енисею. И живут они до сих пор дружно и счастливо.

Вот что люди об Ангаре и Енисее рассказывают.

Более трёхсот тридцати рек течёт к Байкалу и только одна Ангара вытекает из этого озера. А там，где начинается Ангара，и сейчас лежит огромный камень.

很久很久以前，在西伯利亚住着一位富有、强悍的老人贝加尔，老人有三百多个妻子，却只有一个女儿——安加拉。

一天，从西方吹来的风为美女安加拉带来了勇士叶尼塞的问候。安加拉很高兴，而一段时间后，她变得很失落。叶尼塞远隔万里，安加拉无法与他相见，无法听到他的声音，无法和他交谈。于是安加拉让海鸥带信飞到西方，给叶尼塞捎去她的情话，并等待他的回话。

在一个美丽的阳光灿烂的日子，风又为她带来了叶尼塞的问候。叶尼塞要安加拉来到自己的身边，于是安加拉决定离家出走。

晚上，贝加尔突然醒来，发现女儿不见了。愤怒的老人想抓住女儿，于是在女儿必经的路上扔了一些大石头。安加拉飞快地向前跑着，前面，海鸥在石头之间飞着为安加拉指路。

贝加尔没有抓到女儿。安加拉终于来到了叶尼塞的身边，从此以后，他们幸福快乐地生活在一起。

这就是民间流传的关于安加拉河和叶尼塞河的故事。

有330多条河流流入贝加尔湖，只有安加拉河一条河从贝加尔湖流出。在安加拉河源头，至今还有一块巨石。

（选自《俄语阅读》黑龙江大学俄语系编，第1册，第47课）[81]

这是一个关于安加拉河和叶尼塞河的神话故事，这篇故事中的第一个自然段首先给出了一个情境，即远古的时候，在西伯利亚住着一位富有、强悍的老人叫贝加尔，他有三百个妻子却仅有一个女儿。紧接着在文章第二段讲述了贝加尔的女儿安加拉如何认识了勇士叶尼塞，并产生了爱情，这样就明确了故事要简述的主题情境。这一主题情境为语篇的展开提供了在此情境下出现的问题和要解决这一问题可能出现的麻烦，即在文章的第三段中描述了出现的问题：叶尼塞将带走贝加尔的女儿安加拉。然后文章描述了对这一问题解决的方法、过程和结果，以及贝加尔知道此事之后的反应和所采取的行动，即贝加尔为抓住女儿在路上放置了石头。最后，文章陈述主人公对这种解决问题的结果的反应及评价，即贝加尔没有抓住女儿，而此后女儿和勇士过着幸福甜蜜的生活。当阅读到文章结尾处“Вот что люди об Ангаре и Енисее рассказывают. Более трёхсот тридцати рек течёт к Байкалу и только одна Ангара вытекает из этого озера. А там, где начинается Ангара, и сейчас лежит огромный камень.”，读者才幡然醒悟，原来这是一个神话故事，文中将贝加尔湖、叶尼塞河、安加拉河进行了拟人化的描写。

（三）消除模糊性

话语含糊指的是话语不具体、不明确的现象。这种现象在任何语言中都大量存在，如俄语中的как обычно、как правило、как всегда等都是典型的模糊语，我们只有借助于一定的语境才可能解读其具体含义。这类模糊语与一词多义不同，一词多义本身具有多种含义，它要根据具体语境，通过词的具体搭配来确定意义，而模糊语并不是说它们本身具有各种各样的含义，而是说它将随着特定的语境而产生多种具体的含义。也就是说，在特定的语境中，其含义才由笼统变得具体，由模糊变得明确起来。

（四）推断言外之意

有时出于礼貌或者其他一些原因，说话人常常不直接表达自己的真实意图，而是通过其他方式来表达。听话人要准确理解和把握说话人的真实意图，就必须考虑到说话时的具体语境。例如：

Обратный путь показался Серёже долгим и неинтересным. Серёжа подумал: “Пусть-ка Соростелёв меня понесёт, раз он мой папа...” Серёжа сказал: —У меня ноги заболели.

返程的路对谢廖沙而言又长又无趣。谢廖沙想：“就让索罗斯捷廖夫抱我吧，谁让他是我爸爸。”于是谢廖沙说：“我的脚疼。”

在谢廖沙的话语中，他是想让爸爸抱着，但他并没有直截了当地表明意思，而是说“我的脚疼”。语境帮助我们了解到这句话的言外之意是一个请求。

第五节　语篇认知及其总体策略分析

语篇认知是一个综合的过程，它不仅需要读者具备一定的语言水平、认知能力，还涉及读者的知识结构、情感因素、阅读策略和心理活动过程。所以，语篇认知需要众多学科的支持：首先涉及心理学，还涉及语义学、语用学、语法学等相关语言学方面的知识。

一、语篇的认知心理结构——图式

图式一词最早见于哲学家康德（Kant）的著作中。他认为，“知识的纯范畴与感性的直观对象具有质的差别，要想使二者结合起来必须有一个中间环节，即有一个第三者”[46]。这个第三者一方面与范畴同质，另一方面又与现象无殊，这样才能使前者应用于后者。这一中介表象必须是纯粹的，既无一切经验内容，同时又必须是智性和感性的两面体。这样一种表象就是先验的图式。康德试图用图式这一概念把纯粹智性范畴与感性直观对象结合起来，从而看到图式对新知识获得的巨大作用。

在近代心理学史上，在一般理论高度上重视图式作用的是格式塔心理学，格式塔心理学受康德图式的影响排斥经验的作用，强调所谓完形的作用。他们认为：所谓完形是指人们心理的一种整体组织结构，这种心理组织机构就是一种图式。利用这种心理完形——图式的作用，可以填补问题缺口，出现顿悟，获得知识。格式塔心理学家利用“图形与背景”的概念阐释人类对整体事物的认知过程。他们认为，“一个人的知觉场始终被分成图形和背景两部分。图形是一个格式塔，是突出的实体，是我们知觉到的事物。背景是尚未分化的、衬托图形的东西。人们在观看一客体时，总是在未分化的背景中看到图形的”[66]。也就是说，人类在认识事物的过程中，总是倾向于在背景中看到一个突出的实体，并且这一实体是以整体方式呈现的。

著名瑞士儿童心理学家皮亚杰十分重视图式在学习过程中的作用。他认为：“图式”是指人的动作结构或经验。刺激输入的过滤或改变称为同化，内部图式的改变以适应现实称作顺应。在皮亚杰看来，同化就是把外界的信息纳入学习者原有图式，使原有图式不断扩大。顺应就是当环境发生变化时，原有图式不能再同化新的信息，而必须经过调整建立新的图式。皮亚杰的图式理论虽然也受到康德的影响，但是他的图式理论已经有了崭新的结论和丰富的内容。

从心理学发展的另一条路线——经验主义来看，英国的心理学家巴特莱特（Bartlett）重视过去经验的作用。他认为，图式是过去反应或过去经验的一种主动组织作用，“这种经验必须对具有良好适应性的机体的反应产生影响。图式具有积极主动加工的特点，图式不是被动地接受信息，而是积极地更新信息并同图式表征的知识加以联系”[18]。

从上述理论中我们看到：图式理论是在吸收理性主义关于心理结构的思想和经验主义关于过去经验对心理具有积极影响作用观点的基础上产生的。从理论角度看，图式理论是心理学中用于人类认知的一种综合理论，它的主要论点是人们在理解新事物的时候，需要将新事物与已知的概念或经验、背景知识联系起来。也就是说，对新事物的理解和解释要依靠先前头脑中已经存在的图式，输入的信息必须与这些图式相吻合之后，才能理解和判断新事物。在言语理解中，图式理论认为：个体对输入信息的理解并不是孤立的，而是以原有的图式为基础的。于是我们就可以有这样的认识：图式的实质就是人的头脑中原有的知识，它以结构的方式构成一个图式，并且以一个网络的形式分布在学习者的头脑中。这种以知识结构形成的图式在言语认知过程中，能帮助学习者共同处理新的信息。也就是说，所输入的言语信息在学习者头脑中已经存在的各种图式的帮助下完成对语篇中话语的理解。言语认知必须依靠学习者原有的知识结构才能实现对新信息的理解。

二、图式的分类

图式作为人的认知心理的整体要素存在于人的长时记忆中，它分为不同的图式样本，在认知不同事物的过程中发挥其作用。

（一）事件图式

我们经历的各种各样的活动会在记忆中形成各种各样的图式。如上课、打电话、就餐、看电影等，这些事件的具体过程是由一个个更加细小的事件构成的。如在上课这一图式中，它可能包括了师生问好，教师公布教学任务，在教师带领下的一系列教与学的活动，等等。

（二）场景图式

上述各种活动必然发生在一定的场合和地点，这就是关于某一活动通常发生的地点与场合的知识，我们将其称之为场景图式。在每个人的记忆中都存在各种各样的场景图式。例如，在学校上课的场景、在电话亭打电话的场景、在电影院观看电影的场景、在食堂就餐的场景、在朋友家做客的场景等。

（三）角色图式

在社会生活的不同事件中，人们都扮演着各自的角色，如教师、学生、医生、公务员等，每一种角色都有一定的活动范围，有他们要做的事情和属于角色的言语运用特点。这样在人们头脑中就形成了各种各样的角色图式的定式。

（四）范畴图式

范畴图式是从概念范畴的角度来归纳的图式，即从语言中语义的概念体系进行范畴归类的过程。如排队、挂号、候诊、问诊、开药等概念属于看病这一范畴的概念。如此一来，范畴图式就有可能与事件图式、场景图式、角色图式有重合的地方。例如，排队可以是范畴图式的一个概念，也可以是场景图式、条件图式、角色图式的一个元素。

（五）故事图式

在复杂的语篇中经常涉及很多的具体事情，这里不仅要涉及若干个关于个别情景的图式，即在一个故事图式中，不仅本身就包含了事件图式、场景图式、角色图式等，而且在这些图式中对事情之间的相互关系和事情在整个故事中地位的了解都会影响到对故事的理解。在故事或记叙文中，事件的叙述方式或叙述的顺序、结构等总是遵循着一定的规律，这些定型化的东西存在于头脑中就是故事图式或叙述图式。

上述的各种图式构成了一个人的综合的图式结构。当人们接受新知识时，输入新信息要与原有的相关图式吻合，才能从中找到需要的图式信息。即用于帮助认知新知识的原有知识结构，或者说是认知结构，它们对言语新信息的认知起到帮助和促进作用。从这一角度讲，学习者原有的各类图式内容越丰富，其信息量越大，各类图式之间内容、结构分布越合理，相互之间越协调，对学习者理解与判断新信息的帮助与促进作用就越大。当然，这些图式往往不是单一发挥作用的，有时输入的新信息需要同时调动几种图式才能够被认知。例如，当对一个关于去银行取款的语篇进行认知的时候，就可能涉及事件图式、角色图式、场景图式等。再如，对具有较多情境的叙事语篇进行认知的时候，不仅涉及条件图式、角色图式、场景图式，范畴图式也起到了重要作用。尤其在理解语篇中的词义时，对范畴图式的运用需要其他图式的帮助。不仅如此，故事图式中对故事的叙述方式、顺序、结构等都会影响到人们对语篇的认知。

三、图式的作用

概括起来，图式在人们接受新信息，即在语篇认知中主要有以下三个方面的作用。

（一）预期目标

图式理论指出：图式最重要的作用之一是它在理解或认知活动中的预期作用。由于图式结合了关于某一定型事物的具体构成知识，它为人们理解新信息提供积极的知识准备。当某一图式被激活后，人们对即将要叙述的内容便会产生一种预期，当预期同新信息内容一致时，图式将提供有利于对新材料迅速认知的知识。相反，当图式的预期同实际认知活动的内容不一致时，图式将阻碍对新信息的认知。例如，如果我们对俄罗斯“谢肉节”这一事件图式比较了解的话，那么，对下面的这篇文章就不难理解了。

Масленица–это весёлые проводы зимы，которые озарены радостным ожиданием приближающегося тепла，весеннего обновления природы. Даже блины，которые являются непременным атрибутом масленицы，имели ритуальное значение：румяные，круглые，горячие，они являли собой символ солнца，которое все ярче разгоралось，удлиняя дни.

Масленица является одним из самых весёлых праздников. Её

называют по-разному: разгульною, широкою, узкою, честною... В дни масленицы в городах, сёлах, деревеньках проходили широкие гулянья: игрища, катания с гор на санях, скачки на лошадях, взятие снежных крепостей, кулачные бои.

谢肉节——是人们期待天气回暖、春意复苏，告别冬季的愉快节日。甚至谢肉节的必备食品——烤薄饼也有着特定的含义：金黄圆形的热薄饼是太阳的象征，象征着天气越来越热，白天越来越长。

谢肉节是最欢乐的节日之一。人们用不同的词形容它：狂欢的、全民的、小范围的、坦诚的……谢肉节期间，在城市、乡镇和农村会举办很多娱乐活动：游戏、坐雪橇从山上滑下、赛马、攻占雪垒要塞、拳击比赛。

因为“谢肉节”这一事件图式已成为定式储存在读者的头脑中，场景图式会激活读者头脑中储存的“谢肉节”的图式：俄罗斯人民送别冬天，迎接春天，预祝新的一年五谷丰登、人畜兴旺、生活幸福美满；人民用美食和美酒、欢乐和喜庆来淹没平日里所有的愁苦与劳累；节日里最有代表性和象征性的美食是又大又圆又香的烤制薄油饼。这时，范畴图式也会出现以下这些关键概念“блины, игрища, катания с гор на санях, скачки на лошадях, взятие снежных крепостей, кулачные бои.”，而角色图式可以启发读者，在这一事件图式中，你应该注意什么，你的感受是什么。

（二）补充信息

在有些情况下，语篇中对一些“不言而喻”的内容可以省略不叙，这时，只要相应的图式得到唤醒，在认知时所建立的意义表征就会包含关于这些内容的信息，使省略的信息自动得到补充。例如，在“谢肉节”这篇文章中并没有叙述人们具体庆祝的场景。但是，通过人们早已熟知的图式就可以对这些内容进行自动的补充。如欢度“谢肉节”是孩子们最开心的事情，他们一周七天都在玩耍；而成年人周一就要开始准备过节的美食：发面，烤油饼，还要帮助孩子们堆雪人，浇注冰坡，准备“谢肉节”的吉祥物等。再如，如果我们对俄罗斯人过新年的事件图式比较了解，只用五个表示事件概念的词或短语就可以概括整个过新年的过程“сидеть за столом，звучать слова по радио，раздаётся бой часов-курантов Московского Кремля，открывать бутылки шампанского，С новым годом.”（坐在桌边，广播响起，克里姆林宫自鸣钟敲响，开香槟酒，祝贺新年。）。

（选自《俄语阅读》黑龙江大学俄语系编，第1册，第22课）[81]

文章中不用叙述人们具体回忆和展望了什么，也不用叙述电台、电视台具体说了哪些内容的新年祝辞，更没有打开香槟酒的具体过程和香槟酒四溅的情景，以及人们举起酒杯相互拥抱祝福的情景。但是，通过我们早已熟知的图式就可以对这些内容进行自动补充。

（三）选择加工

选择加工是指在认知新语篇的过程中对输入的新信息进行选择和加工的过程，具体包含两个方面的选择，一方面是对图式所产生的预期做印证性的选择；另一方面是对输入的新材料进行加工重点的选择。某一图式一旦被有关的线索激活，就会为新信息的加工储存提供一种框架，能被图式组织进来的信息将获得巩固记忆；而与图式无关、难以组织进来的信息则很容易被忘记。例如，我们对俄罗斯人过新年的事件图式比较了解，那么图式所产生的预期作用就会指引我们对文章中的描述进行印证性地选择“все за столом，звучат слова по радио，бой часов，открывают бутылки.”（所有人坐在桌边，广播响起，钟声，开香槟。）。而图式另一方面的选择体现在对文章内容加工重点的选择上。例如：文章中开始的第一句话“Как любой праздник новый год имеет свой ритуал.”（像所有节日一样，新年也有自己的仪式。），当我们读到这句话时，头脑中俄罗斯人过新年的图式就会被激活：包括团团围坐，回忆与展望，听新年祝辞，听新年钟声，打开香槟酒相互祝福等。在接下来阅读时就不需要逐字地读，只要找到与上述图式相关的词语，我们就知道预期正确。这就是图式在阅读判断过程中的选择加工作用，这也是阅读中的一种经济策略，它能够节省阅读时间。

上面我们谈到的是图式在接受新信息的三个方面的作用。其作用发挥的前提是：如果我们有合适的图式被激活，就会产生上面的效应。但是，如果我们头脑中没有合适的图式，那么对新语篇的理解就会很困难，因此也就无法了解其所描述的事件的意义了。例如，« Легенда об Ангаре и Енисее»（《关于安加拉和叶尼塞的传说》）这篇文章，如果我们并不知道Байкал、Ангара和Енисей是指俄罗斯的贝加尔湖、安加拉河、叶尼塞河，我们就会把它当作一般的神话故事来解读。我们就会认为“Байкал—это старик. Ангара—дочь Байкала. Енисей—это богатырь.”（贝加尔是位老人，安加拉是贝加尔的女儿，叶尼塞是名勇士。）,也很可能会在读完最后一段“более трёхсот трицати рек течёт к Байкалу и только одна Ангара вытекает из этого озера. Атам， где начинается Ангара， и сейчас лежит огромный камень.”（有330多条河流流入贝加尔湖，只有安加拉一条河从贝加尔湖流出。在安加拉河源头，至今还有一块巨石。）之后，反而会更加摸不着头脑。

综上所述，我们较详细地阐述了图式理论在语篇认知中的作用，同时我们也认为，图式就是指学习者原有的各类知识体系在大脑中的结构。图式理论告诉我们，学习者原有的知识体系，一是综合性的结构，它包括各类知识，不仅是概念知识，常识知识，还包括文化知识和世界知识；二是合理性的结构，上述各类知识都是不可或缺的，缺少任何一类知识都可能造成对语篇认知的困难；三是动态发展性的结构，即学习者的知识结构会随着他们对新信息的不断输入越来越丰富，越来越全面、完善，而丰富的、全面的、完善的知识结构反过来又会促进他们对新知识的认知和理解。

第六节　语篇整体和局部结构的认知策略

一、语篇体裁

在对语篇的认知中，我们可以借助语篇的局部结构，即上下文或上下句，建立信息之间的联系方式来认知语篇。除此之外，我们还可以根据语篇整体结构来帮助我们处理语篇内容。通常情况下，我们把一种具有其自身特征结构的语篇叫作体裁，如演讲、辩论、就职演说、叙述故事、新闻报道等。我们之所以必须分开不同结构类型的语篇体裁，是因为体裁可以预先告诉我们信息在语篇中将会是怎样安排的。知道了信息在语篇中的结构顺序，不仅能帮助我们快速阅读文章，更重要的是帮助我们找到更好地理解语篇的认知方法。通常情况下，我们遇到的较多的语篇体裁主要有新闻报道和叙述性故事。

（一）新闻报道

新闻报道是语篇的一种常见体裁，在当代多种大众传媒中，这种体裁应用得非常广泛。我们在认知这种新闻报道体裁的语篇时，可以把它想象为一个倒金字塔。文章开始时，首先用题目浓缩出新闻事件的内容，接下来运用文章中设立的标题说出事件内容的要点，然后在标题指引下逐步展开次要细节。这种结构与新闻故事如何编辑有直接的关系，也就是说，如果报纸、电视和广播没有足够的篇幅来刊登这个故事或者没有足够的时间来报导这个故事，编辑就可以删去故事后面的细节。例如，新闻报道通常把重要信息放在前面，我们在阅读这类体裁的语篇时，要非常注意理解标题说出的要点和每个段落中的第一句话，即文章段落的主题句。在这些要点和主题句的指引下，我们会更好地认知全文。

（二）叙述性故事

叙述性故事是我们接触最多的一种语篇体裁。通常情况下，故事从时间、地点、人物和背景开始，然后赋予主要人物某种行为目标，并让他们在要达到目标的过程中碰到某些挫折。其中主要表现的是主要人物要达到目标所遭遇到的种种困难，并激起种种相互交叉的矛盾，使故事达到一个高潮，然后通过主要人物的努力，相互交叉的矛盾逐步得到化解，最后得到解决。故事体裁也有不同的叙述方式，有正叙、倒叙、插叙、夹叙夹议等。当然故事也有不同体裁，如侦探小说、童话故事、爱情故事等。侦探或悬念小说首先要引起读者对某项罪恶的注意，然后提供几个嫌疑人的作案动机，通过侦察人员的调查、分析、现场技术手段的应用，分别从时间、犯罪心理等方面进行预测、分析、推理，有些时候作家还要留下一些线索给读者去揣测其结局，或故意在故事情节中安排一些线索使许多读者产生相去甚远的推测，而最后结局一出现，很多读者有恍然大悟之感，并久久回味。在一个建构好的故事当中，读者在开始时能够想象各种不同的结局，但是随着故事的展开，有些结局的可能性越来越小，到了后面，读者可能预测到的只是部分结局，而到了最后，只有一个结局是可能的。

二、语篇认知的模型

在语篇认知过程中，读者总是要按照一定的顺序对内容进行理解。有的人倾向于从整体到局部，即从综合到分析；有的人倾向于从局部到整体，即从分析到综合；还有的人倾向于整体与局部结构的相互结合。这样就产生了语篇认知的三种模型。

（一）自下而上模型

自下而上的过程从最底层开始，往上一个层面发展。在语篇认知中，首先从语音层面开始，其次是词层面，然后是句法层面，最后是话语层面。这种自下而上的模型为语篇认知按照从词汇到句子再到话语的逻辑顺序提供了理论依据。但是必须看到，绝对的自下而上模型难以解释言语的认知过程，因为在一定的语境中，经常要在认知整段话语的基础上才能判断出某一个词的具体含义，这就涉及自上而下的模型。

（二）自上而下模型

这种模型与自下而上模型相反，它是从最高层面开始，往下一个层面发展，如上下文可以影响我们对词汇的辨认。最足以具体体现自上而下过程的是“图式”的作用，当新信息输入后，读者头脑中相应的图式被激活，对下一个层面的信息产生相应的期待，这样就促进了对整个语篇的认知。在自上而下的模型中，预期起了重要的作用。但是应该指出的是，不是所有的自上而下的处理都有促进作用，当新的内容与我们的预期相违背时，自上而下模型就干扰了我们对新信息的认知，这时候采取自下而上的模型则比较可取。

（三）交互作用模型

这种模型是上述两种模型的结合。在语篇认知的过程中，两种模型相互配合，共同起作用，尤其在对熟悉的语言材料进行认知时，自上而下的作用最为明显，我们可以先从整体上把握材料，理解其中的词汇和句子。如果对词汇、句子甚至于整个话语的处理都存在困难，自上而下模型的作用就无从发挥，这时必须采取自下而上模型。在语篇认知中，只有这两种模型交互作用，才能实现对语篇的准确认知。

上述三种阅读模型说明：语篇认知是一个综合的过程，从整体到局部结构把握语篇能够使读者较好地理解语篇的创作背景、作者的交际意图，从客观角度去认知语篇内容，然而对具体词汇的认知就可能受到一定限制。从局部到整体结构把握语篇能够使读者较好地认知语篇中的具体词汇及其用法，然而该结构对语篇的创作背景、作者总体交际意图的忽略也会影响到对词义的理解，这种模式的缺陷是很明显的。可是，这恰恰是中国学生习惯运用的一种语篇认知策略，这种认知策略直接导致学习者创造性思维能力的发展受限，这需要我们认真地进行思考。交互作用模型兼具上述两种模型的优势，应该说是一种比较理想的语篇认知模型。关键问题是：在语篇认知过程中，能恰到好处地协调两者的作用，做到事实上的合理交互也不是一件容易的事，因为每一位读者都有一种自己原本就习惯的或喜欢的方法，这些因素会驱使他们总是朝老路走去。我们在前面阐述的关于建立连贯的策略应该属于一种运用语篇的局部结构去认知语篇的具体策略。除此之外，以动词为中心和根据词序来认知语篇中的新信息也属于这一类。

（四）动词为中心

动词是表示行为或状态的词类。俄语词类具有很强的支配能力，在构成句子的过程中，动词大多处于中心地位。我们在语篇认知活动中可以根据句子中动词的不同搭配，对语篇中的句子，以及句与句之间的意义进行判断理解。在俄语中，一词多义现象同样也表现在动词上。同样一个动词，不同的搭配就可以表达不同的意义。如果我们在学习中能理解并准确记住动词不同搭配表达的不同意义，就可以准确理解句子，进而对语篇内容做出比较正确的认知。如动词работать，当它与кем连用时表示“从事什么职业”，“Он работает учителем.”（他是老师。）；当它与над кем连用时表示“从事、研究、致力于……”的意义：“Сейчас он работает над статьей.”（现在他在写文章。）。这类动词，我们只需要对它们的表层结构进行分析就可以理解。但是有些动词搭配可以表示不同的意义，如брать–взять这一组动词，它们与что搭配时，其意义大相径庭：взять книгу（取书，借书）、взять такси（打车）、взять билет（买票）。这类动词就增加了学习者的认知难度。所以，必须根据语境来判断动词的具体含义。

（五）词序

词序策略是根据语篇句子中词的顺序对整体内容进行分析和理解。通常情况下，句中动词之前的名词是动作的发出者，而动词之后的名词则为动作的承受者，其基本词序就是：名词1＋动词＋名词2。这个词序模式的内涵是第一个名词对第二个名词施加了动词所要表达的行为。例如，读到“Отец любит сына.”时，很容易理解其意，即父亲喜欢儿子。词序策略不仅涉及句子的表层结构，实际上也涉及句子的深层结构。人在表达时，言语十分复杂和多样，一个句子往往难以被纳入某一个具体的词序模式中。这时需要把句子分解成若干的子句，找出其组成成分，并对这些成分加以分析，然后将这些句子组合起来，实现对句子的理解。俄语中的词大多都有词形变化，词在句子中的功能主要通过词形表达出来，因此，俄语句子中的词序比较自由。如上面所举的例子“Отец любит сына.”，我们完全可以变化词序而保留原有的意义，即“Сына любит отец.”。那么，是否可以说俄语句子的词序可以无限自由、随便地移动呢？当然不是，如果这一结论成立，我们在这里还谈什么词序策略呢！

在俄语中，还有这样一类句子“Мать любит дочь.”，如果我们还像上例那样改变两个名词的位置，改为“Дочь любит мать.”，其意义还会是一样的吗？当然不是。由于мать（妈妈）与дочь（女儿）这两个词第四格的形式同原格是一样的，我们无法在外部形式上看出它们的变化，这时我们就要严格按照词序来确定其含义。由此可见，词序的变化能引起句子意思的变化，词序作为一种重要的语义结构手段，并不是可以随意移动的。在交际中，使用哪一种句子结构来表达思想是有条件的，要受到交际目的、语言环境或上下文的制约。总之，俄语句子的词序不是绝对自由的，它总是遵循一定的规律的。在对语篇的认知中，我们也要根据语句的词序充分挖掘语句的深层含义，正确认知其意义。

第七章 言语理解的认知心理过程分析

言语理解是指个体将外部的、有声的言语向内部的、思维层面转换的过程。如果用“思维与言语”的相互关系来解释言语理解这一过程的话，就是言语向思维的转化。通常来说，一个掌握了语言的人，其内在思维领域有很大一部分是以言语为前提进行思维的。所以，可以将其称为言语思维。外部有声言语转向内部无声思维这一过程使其变为了内部言语。这样一来，言语向思维的转化即可视为外部言语（внешняя сторона речи）向内部言语（внутренняя сторона речи）的转化。那么，外部言语和内部言语的关系是怎样的？在转化过程中它们各自都经历了哪些变化？这还需要从维果茨基的“思维与言语”关系论说起。

第一节　维果茨基“思维与言语”相互作用的关系说

一、“思维与言语”的关系

在心理语言学研究中，思维与言语的关系是一个复杂而重大的问题，它不仅包含心理学和语言学的理论，也包含哲学和逻辑学中一系列方法论的命题。

纵观古今，对二者关系的研究概括起来主要有两种观点：一种观点认为思维与言语是同一的或联合的；另一种观点则认为二者是绝对的、几乎是形而上学的分离和割断。持前一种观点的学者认为思维即“言语减去声音”或其运动部分受到抑制的一种反射；持后一种观点的学者认为思维与言语是两种各自独立的元素，彼此之间是两个截然不同的过程。

维果茨基认为，从纯粹的自然论和唯心论立场出发都无法真正揭示思维与言语的关系，上述任何一种极端观点的成立都可能排除二者相互关系的研究，从而使研究走入死胡同。他在借助前人科研成果的基础上，开展了大量实验研究，用马克思辩证唯物主义的观点提出了思维与言语之间是相互作用、相互依存的关系。他认为，从发生学角度看，思维与言语的关系经历了很多变化，其进展也并非同步。它们有时犹如两条曲线不断交叉，有时又似两条直线各自前行，有时汇成一条直线重合而后又分开。“这条规律无论对种系发生还是对个体发生都适用。”[25]

从种系发展来看，言语和思维具有不同的发生学根源，这两个机能沿着不同的路线发展，彼此独立，但时有交叉。在类人猿身上没有人类所特有的思维与言语之间非常接近的一致性，其“思维发展至前言语阶段，言语发展至前智力阶段”而止步。[25]

从个体发展来看，思维与言语也具有不同的发生学根源，“在儿童最初的言语发展中存在前智力阶段，在思维发展中存在前言语阶段。大约在2岁之前二者沿不同路线发展，彼此独立。大约2岁左右甚至更大一些两条曲线汇合”[25]。其明显的外在标志是儿童发现并能叫出周围事物的名称，但此时他们并不清楚名称（符号）和事物之间的真正关系。

然而“儿童的这一‘伟大发现’却意味着他们把思维变成了言语，言语则代表了对自然界事物的概括而成为思维的工具，同时也意味着此后思维的发展开始受制于言语”[25]。但这时二者的发展并非一致。在后来很长一段时间里（甚至到青少年时期）他们在与成年人交互过程中经历了由外部言语至内部言语的转化之后，思维与言语才真正走向统一，即儿童掌握了言语符号和意义之间的关系。此时的“内部言语既与思维（内心思考）相联系，又与外部言语（外部有声言语）相关联”[25]。

由此看来，思维与言语的发生虽不同源，但在一定阶段二者既有部分相交，其相交性不仅说明思维与言语的会合，同时也说明二者具有相互联系、相互依存、相互制约的关系。然而，思维与言语各自仍保留着部分独立，其独立性说明“思维与言语的会合不仅在儿童身上，而且在成年人身上，也是一种局限于特定范围的现象。非言语的思维（如在心里复述已背熟的诗）和非智力的言语（如大声朗诵已背熟的诗）并不参与这种会合，他们只是间接地受到言语思维过程的影响”[24]。

二、外部言语向内部言语的转化

维果茨基通过对儿童的实验和观察使自己的观点得到了进一步的证明。他认为，人的内部心理活动来源于外部实践活动，人的心理活动是在社会历史发展过程中由物质生活、外部物质活动改造成为内部意识活动的结果和派生物。

从言语活动论的角度出发，内部言语（内部心理活动）与包括符号运用在内的一切其他的心理运算一样，应该遵循同样的过程与规律，大致经历四个发展阶段：

第一个阶段为原始的或自然的阶段。这一阶段儿童与动物的前智力的言语和前言语的思维相一致，因为它们都是在行为的原始水平上演化。即表现为儿童早期趋于情感始动的大声言语活动，即外部言语活动。

第二个阶段为“幼稚的心理”阶段，这一阶段在行为发展方面，儿童对自身和周围事物有了初步的感知，其行为不再是一种“自身中心化”的体验，他们学会了使用工具，在实际行为中显示出了最初阶段的智力操作。与此同时，儿童的认知开始出现了象征（或符号）功能。在言语发展方面，这一时期在儿童的言语发展中出现了非常明显的特点：儿童对语法结构和形式的掌握领先于对相应形式的逻辑结构和操作的掌握。例如，儿童可以正确使用“因为……所以……”“如果……”“当……时候”“或者”“但是……”等形式的从句，但是对上述从句所反映出的因果关系、时间关系、条件关系、对比关系等逻辑关系，儿童掌握得较晚。可以看出，儿童掌握言语的句法比他们掌握思维的句法更早。这再一次证明皮亚杰“儿童语法的发展要早于其逻辑发展”的论断。这一阶段仍可以看作是在某种愿望驱使下，儿童通过交往掌握外部言语的时期。

之后，进入儿童言语发展的第三个阶段，即“外部符号”阶段。这一阶段儿童可以利用外部符号解决内部心理认知方面的问题。人们非常熟悉的是儿童运用手指或运用小棍算数，这就是儿童在记忆过程中用外部辅助符号增加记忆的典型例子。在言语发展中，这一阶段表现为儿童的自我中心言语（эгоцентрическая речь），即儿童在活动中经常出现的自言自语。维果茨基认为，儿童在活动中，从同他人交往的外部言语，通过为自己活动服务的自我中心言语，可以十分自然和容易地转化为服务于自己思维的内部言语。所以说，外部言语（言语）转向内部言语（思维）是言语的功能起了变化。此外，还可以看到，外部言语在向内部言语转化的过程中，先有功能的转化，即从为他人（与别人交流的）的言语转向为自己（为自己思维服务的）的言语。再有生理上的内化，即从有声的外部言语向无声的内部言语的转化。

第四个阶段为“内部生长”阶段。这一阶段，外部言语通过内化过程已经转化为内部言语。在这一过程中，儿童的心理结构经历了深刻的变化，他们从概念混合开始，经历复合思维的各种变式，直至概念思维能力的形成，即他们已经具备运用事物的内在逻辑和内部符号来进行运算的能力。在言语发展中，这是内部的、无声的言语的最后阶段。此后，在外部言语（言语）与内部言语（思维）之间仍然存在相互作用，一种言语形式常常变为另一种形式，然后再转换回来。当个体需要表达自己的思想的时候，即内部言语被用来为外部言语做准备时，此时内部言语在形式上可能很接近外部言语，甚至完全变得和外部言语一样。例如，当一个人在经过认真思考后要发表讲话时，其内部言语与外部言语之间几乎没有明显的分界线，并且彼此都影响着对方。

综上，我们看到，在言语发展方面，儿童经历了四个阶段，即原始的或自然的阶段、“幼稚的心理”阶段、“外部符号”阶段和“内部生长”阶段。伴随儿童言语发展过程的还有儿童的智力（思维）发展以及它们对外部世界的认知。这说明，伴随这一过程的是儿童心理机能和能力的变化。但是，这四个阶段同样可以解释外部言语向内部言语的转化过程。如果我们把第一和第二阶段都看作是外部言语阶段，那么，这个转化就经历了三个过程：外部言语—自我中心言语—内部言语，伴随这一过程的是言语功能的相互转化。那么，内部言语是一种什么样的言语？自我中心言语又源自何方？为什么说自我中心言语是外部言语向内部言语转化的中间环节？以下我们将继续深入讨论。

三、内部言语的基本特征

内部言语是一种什么样的言语？最初，内部言语被理解为言语的一种口头记忆（внутренняя речь как вербальная память）；继而，在第二种解释中内部言语被看作是外部言语的压缩，即“言语减去声音”（речь минус звук）（Mueller缪勒）或“次级有声言语”（J. B. Watson华生）；而与此相反的第三种解释却认为，内部言语是“任何言语活动的整个内部领域（вся внутренняя сторона всякой речевой деятельности）”（K. Goldstein 戈尔茨坦）。维果茨基认为，如果把内部言语界定为发生在讲话行为之前的一切的话，那么“内部言语压根儿就不是言语，更确切地说，是一种智力的和情感—意志的活动，因为它包括了言语动机以及用言语表述的思想”[25]。维果茨基通过一系列实验证明，内部言语不是外部言语减去声音，不是外部言语的内在记忆，也不是其运动部分（发音）受到阻碍的言语反射，更不是任何言语活动之前的整个内部领域。内部言语本身是为个体自身的言语，是一种具有自主功能的言语结构。虽然它不具备有声的特征，但是，仍然可以把它看作是一种言语，一种为自己的言语。也就是说，内部言语是个体借助言语形式来思考问题的言语，它是言语思维的一个独特的层面，也可以称其为与词语相联系的思维。在外部言语中，思维是由词来表达的。而在内部言语中，随着词语产生思维，词语就随即消亡了。所以，内部言语在很大程度上是用纯粹的意义来思维。也就是说，内部言语是用词的意义来进行思维，而不是用词的发音来表述思维。即内部言语与语义一起运作，而不是与语音一起运作。

维果茨基进一步认为："在某种程度上说，内部言语是外部言语的对立物，外部言语是思维向言语转化的结果，是思维的具体化和客观表现；而对内部言语来说，该过程被颠倒过来，外部言语转化为内在思维，即由外部言语向内部言语转化。"[24] 可见，内部言语是一种动态的、转移的、不稳定的内在思维形式，它总是在思维和词语之间波动着。内部言语是个体用来思考问题，即为自己服务的言语，因此，个体始终了解所思所想事物的主语和情境。就像在外部言语中交谈双方的心理建立起来的一种"相互知觉"一样，在内部言语中这种"相互知觉"也始终存在，或以绝对的形式存在，这就直接导致在内部言语中简略言语的存在以及个体对其的直接理解。建立在这种理论假设基础上的内部言语是谓语化的、不完整的、不紧凑的言语片段。由于内部言语把句法和言语的声音降到最低限度，它的语义显得比以往任何时候都重要，即内部言语紧紧与语义相连。维果茨基认为，内部言语主要有三个语义特征：第一，一个词的意思（смысл）比它的意义（значение）更占有优势，即一个词在不同的上下文中可以表达不同的意思，而词的意义是稳定的。所以，在内部言语中，意思支配意义。第二，由于内部言语多是表达人的复合想法，它更多地使用黏合构词法表达人的复合思维。第三，内部言语中词的意思多使用结合和统一的方式，具有"成语化倾向"，即内部言语总能"用词的一个名称来表达全部思想和感受，甚至于完整的深刻推论……这种现象在内部言语中达到了顶峰"[25]。

四、外部言语向内部言语转化的中间环节——自我中心言语

内部言语源自何方？是儿童自身产生发展的，还是在与成年人交互过程中，即从社会得来的？在这一问题上，维果茨基与皮亚杰有着完全不同的看法。皮亚杰认为，"自我中心言语是儿童思维的自我中心主义

的直接表述，因而是介于儿童思维的初级我向思考和逐步社会化之间的一个中间阶段。随着儿童年龄的增长，我向思考逐渐消失而社会化逐渐发展，从而导致儿童思维和言语中自我中心主义的消失”[66]。维果茨基认为，自我中心言语并非源自儿童的我向思考，而是在与成人交互过程中“从相互心理作用过渡到内部心理作用的一种现象。它是从儿童社会的、集体的活动发展到个体化的活动——这是一切高级心理功能所共有的发展模式”[4]。毫无疑问，“自我中心言语源自他人的言语，是从他人的言语中分化出来的”[4]。在这一过程中，自我中心言语不是消失，而是转化为内部言语服务于外部言语和思维。由此可以看到，内部言语是言语思维的一个独立层面，它是通过功能变化和结构变化的漫长积累过程而发展起来的，它随着言语的社会功能和自我功能的分化同时从儿童的外部言语中分离出来。所以，从根本上说，“内部言语的发展取决于外部因素”[4]。如此看来，人类的言语思维并不是天生的、自然的行为形式，而是来源于社会，“由历史文化过程所决定”[25]。思维与言语的产生及其相互之间的关系“受历史唯物主义人类社会发展的一般规律所支配”[25]。

换言之，思维和言语的发展既有它的“自然历史”，也有它的“文化历史”。儿童最初的言语（外部言语）来源于社会。自我中心言语并不是从儿童的初级我向思考转向社会，恰恰相反，它是从源于社会的外部言语转化为内部言语。简言之，自我中心言语就其功能来说具有内部言语的特征，即为自己的言语。确切地说，它是向内发展的言语，它与儿童对自己行为的指示（智力操作）有密切的关系。但是在形式上还是有声的，它仍具有外部言语特征。也就是说，自我中心言语既具有外部言语的有声特征，又具有内部言语的思维特征。因此，维果茨基认为，自我中心言语是发生在儿童内部言语之前的一个言语发展阶段，“二者都履行智力功能，其结构也很相似。当自我中心言语在学龄期消失时，内部言语开始发展起来”[25]。由此可以推论出，“内部言语由自我中心言语转化而成”[25]，即自我中心言语是外部言语向内部言语转化的中间环节。

第二节 加利佩林“智力活动按阶段形成论”

20世纪50年代，苏联著名心理学家加利佩林依据维果茨基高级心理机能发展理论，深入研究了把外部物质化了的活动（外部言语活动）有目的地改造为内部智慧活动（内部言语活动）的五个连续阶段和条件，提出了著名的“智力活动按阶段形成论”（Теория поэтапного формирования умственных действий）。智力活动按阶段形成论的基本观点是：心理活动是外部物质活动向反映方面，即向内在知觉表象和概念方面转化的结果。这种转化过程分为五个发展阶段，每个阶段都产生新的反映和活动的再现以及系统的改造。加利佩林“智力活动按阶段形成论”的五个阶段是继维果茨基的言语发展四个阶段之后进一步解释外部言语向内部言语转化过程的理论。

第一阶段，活动的定向基础阶段。定向基础阶段是构成关于活动初步表象的阶段，这一阶段决定活动的对象、目的和手段。言语活动是人们运用语言通过听、说、读、写的方式进行言语交际的过程。俄语言语活动的定向基础阶段指的是明确俄语言语活动目的，有计划地安排进行言语活动的方式和方法，对新的言语活动做好心理方面和知识方面的准备。在这一阶段，学习者还没有正式进入学习过程中的言语活动。

第二阶段，物质和物质化的活动阶段。儿童最初的智力活动形式是从它的物质形式或外部形式开始的。物质形式指的是客观世界中的实物本身，即儿童借助实物依靠自己所做的动作来感受客观世界的物质。随着儿童智力的进一步发展，他们可以借助物质化的形式来感受世界，进行学习。“物质化的形式指的是能精确地再现实物，并能说明其本质特征和关系的替代物，即学习者能使用它们进行外部活动的图片、图表、幻灯、影像等。”[3] 儿童的智力活动最初是作为外部的物质的，或物质化的活动来形成的，因此，只有物质的或物质化的活动形式才是完备的智力活动的源泉。当智力活动达到最高的物质或物质化的形式，即最概括的、简化的、掌握得最牢固的形式之后，活动就离开它的最后的外部依据，进而转化到下一阶段，向没有实物依据的大声言语方面转化。在这一阶段，即学习起步阶段，学习者的言语活动是借助实物和物质化的形式——图片、图表、幻灯、影像等进行的。这些形式都可以有效促进物质的和物质化的活动阶段向没有实物和实物化的以物质描述为依据的大声言语阶段转化。

第三阶段，大声言语活动阶段。该阶段具体指的是“不借助实物或物质化的形式，用大声的言语形式来实现的一种言语活动，它是由外部的、物质的或物质化的活动向内在的智力活动转化的开始”[3]。因为在人类发展过程中，物质的或物质化的活动要想脱离实物的直接依赖，就必须要依据言语符号。这就要求对活动进行言语方面的复述或练习，即对新的活动进行言语练习或进行言语双向交际活动。言语练习活动是作为物质的或物质化活动的反映而建立起来的，也就是说，大声言语活动是从物质的或物质化活动开始并逐渐转化为大声言语活动。因为语言中概念与概念关系的组成是与物质活动的一定因素和程序相联系的，是按照反映物质活动的进程而连接起来的。这一阶段教学的主要目的是使学习者学会运用语言，掌握听、说、读、写等言语技巧，最终形成言语交际能力。

第四阶段，不出声的言语活动阶段。不出声的言语活动阶段指的是从大声的外部言语活动向内部方向转化的开始，并以对言语活动进行完全不出声的自由叙述而结束。从表面上看，大声言语活动阶段向不出声的言语活动阶段的转化过程只是言语减去了声音，实际上这要求对言语进行很大的改造。首先，在头脑中言语的声音形式转化成表象，变成了词（概念）的声音形象。其次，因为在头脑中依然存在言语的物质形式和言语的声音，所以它比视觉的表象保持得更巩固、更稳定。这时言语活动的实际重心落在清晰度上，但是，不出声的言语活动阶段在某个方面比出声的清晰度更强，可它是没有声音的。因此，智力活动本身的最初形式是明确展开的、不出声的外部言语。这种言语的隐蔽性、清晰性的机制与大声的外部言语的机制是稍有不同的，它要求对言语材料重新加以掌握。儿童最初学习不出声阅读时就表现得极为明显，即此时儿童不出声的言语在外部形式上和内容上与出声的言语活动没有任何区别。

在智力活动中，一旦对不出声的言语形式有所掌握，前几个阶段的全部成果就能直接迁移到这种形式上，并且不出声的言语活动就可以立即达到出声言语的最高形式——进行表述的活动。

第五阶段，内部言语活动阶段。内部言语活动是智力活动形式的最后阶段，也是最高阶段，它的进一步改变是即刻到来的。这时其言语形式已经简化，用言语表达得也很少，在学习者的内部心理，语言是一些不牢固的片段，有谓语化的性质。这说明，外部言语开始转化为内部言语了。言语片段本身并不是内部言语，只是不出声的外部言语的一些残余，或者是向不出声的外部言语的局部返回。而真正的内部言语的基本特征并不是言语中词的成分的片段化，而在于它的进行是自动化的过程，并且基本上处于自我观察（意识）的界限之外。这样，外部的言语活动，在以外部言语不同形式反映出来以后，就成为了内部言语的动作。在内部言语中，言语过程本身离开了意识。这时在学习者的意识中所剩下的只是它的最终结果，即言语活动的实在内容，它表现为隐蔽的词所表述的全部意义。

综上，加利佩林的“智力活动按阶段形成论”，阐述了人的智力活动发展转化的几个基本阶段，它说明人的智力通过外部物质活动向人的反应方面，即向知觉、表象和概念方面转化而得到发展。人的最初的智力活动的形成是从物质或物质化活动开始的，当物质或物质化活动达到最概括、最简化的程度，同时被学习者掌握得最扎实的时候，智力活动就开始脱离实物，转向言语活动阶段。言语活动理论把这一过程分为三个阶段：大声言语活动阶段、不出声的言语活动阶段、内部言语活动阶段。这三个阶段说明新的言语信息进入人的大脑之后的加工过程，即通过反复的听、说、读、写言语活动，不断地把新的信息进行编码，使知识进一步系统化、概括化，并最终以概念、命题的形式保存到人的记忆中。

第三节　言语理解的心理过程

言语理解是指个体将外部的、有声的言语向内部的、无声的思维转换的心理过程，其最终目的是通过外部言语形式建立一个相对独立的句子或语篇的意义。然而，我们知道，单词相加并不等于句子的意义，句子相加也不等于语篇的意义。只有依据语言规则，根据交际者意图建构不同的话语意义，才能使其适用于现实交流。

一、言语理解的心理过程

当我们即时理解交际对方的话语时，首先是感知对方的话语，这是通过感知事物的外部形象形成对事物的初步认知的。在感知阶段，一方面，要通过储存语言形式的即时记忆来辨认和感知言语信息，另一方面，还要通过储存的知识来感知非语言信息。如果是口头言语，除了理解交际对方的言语信息，还要关注交际者的面部表情、手势、姿势，以及语音、语调等非言语信息。如果是书面言语，那就一定不能忽视语篇的话题情境、体裁、结构及写作手法等。然而，要进一步理解交际对方的话语意义，就必须借助于上述语言和非语言知识记住所感知的信息，此时必须迅速将感知的信息送入短时记忆进行进一步加工。在短时记忆中，最有效的理解策略是运用各种方法将感知的新信息与以往掌握的旧知识进行编码，即将新知识与旧知识有机结合，最终送入长时记忆库中进行存储以备再用。所以，记忆不仅是言语理解的前提条件，也是言语理解过程重要的方式、方法。

我们以下面的短文为例，追踪言语理解的心理过程，分析外部言语向内部言语的动态转化。

第一阶段：感知外部言语

当交际者接触到一篇文章时，呈现于他们面前的信息是感知性的。感知是交际者通过知识的外部形象感受言语信息的过程。这一阶段交际者要借助于语篇的语境、衔接手段等感受言语信息。在感知过程中，交际者一方面要不断记忆新的信息，另一方面还要借助于上下文不断释义新的信息，以建立新旧信息的联系。

В городе у моря

Я часто вспоминаю своё детство. Город у моря. Жаркое лето. Мы с ребятами сидим во дворе. Где-то в конце улицы лают собаки. Это идёт почтальон. Наш Рекс ждёт, когда почтальон подойдёт к нашему дому. Рекс хорошо знает почтальона, но всё равно лает. Наверное, он так здоровается.

Почтальон—худенькая девочка с длинной косой. Зовут девочку Катя. Она совсем не боится собак. Идёт со своей сумкой рядом с ними. Собакам это очень нравится.

Иногда Катя не идёт во двор, а бросает почту в открытые окна. Значит, она спешит. Каждый хочет поговорить с Катей, а у неё мало времени. Мы тоже любим Катю, она даёт нам смотреть журналы.

Почтовый ящик на нашей улице пахнет цветами. Так придумала Катя. Утром она бросала в ящик цветок, и он весь день лежал в ящике вместе с письмами. А вечером Катя брала письма и несла их на почту.

Скоро, все на нашей улице начали бросать в ящик вместе с письмами цветок. И когда эти письма уходили в другие города, они всегда пахли цветами.

在海边城市

我常常想起自己的童年、那座海边城市和炎热的夏天。我和孩子们坐在院子里，街尾某处传来狗叫声，这是邮递员来了。我们的雷克斯在等着邮递员走到我家房前。雷克斯认识邮递员，但它还是叫。也许它就是这样问好的吧。

邮递员是一个留着长辫子的瘦瘦的姑娘，她叫卡佳。她一点也不怕狗。她背着包和狗一块儿走，狗很喜欢这样。

有时卡佳不进院子，而是从敞开的窗户扔进邮件。这表明她要赶时间。每个人都想和卡佳说话，而她的时间不多。我们也喜爱卡佳，因为她让我们有杂志看。

我们街上的邮筒有花的香气。这是卡佳想出来的。早上她把花投进邮筒，这样花和信就一整天都在邮筒里。晚上卡佳取走信，拿着它们去邮局。

很快，我们街上所有人都开始把花和信一起投入邮筒。这样，当这些信到达别的城市时，它们就一直有花的香气。

第二阶段：外部言语向内部言语的转化

随着阅读的不断展开，被交际者注意并选择的信息会进入短时记忆，从而得到进一步的加工处理。经过交际者进一步加工的语篇信息在结构和形式上都有了很大的改动。也就是说，外部言语在向内部言语转化的过程中，其自身形式出现了很大程度的变化。首先，没有被交际者注意的信息随着感知过程的瞬间结束而自动消失。即便是那些被选择的信息，在交际者的大脑中也有了很大程度的改造。这种改造直接导致一些次要信息、事件细节等的流逝，即加工处理保留下来的信息是语篇中那些重要的短语或句子结构。这些重要的短语或句子结构通过反复的复述进入到交际者的长时记忆库中储存起来以备再用。

1.Я часто вспоминаю своё детство. Где-то в конце улицы лают собаки.

（我常常想起自己的童年。街尾某处传来狗叫声。）

2. Наш Рекс ждёт，когда почтальон подойдёт к нашему дому.

（我们的雷克斯在等着邮递员走到我家房前。）

3. Почтальон— худенькая девочка с длинной косой. Зовут девочку Катя.

（邮递员是一个留着长辫子的瘦瘦的姑娘，她叫卡佳。）

4. Собакам это очень нравится.

（狗很喜欢这样。）

5. Катя бросает почту в открытые окна.

（卡佳从敞开的窗户扔进邮件。）

6. Каждый хочет поговорить с Катей.

（每个人都想和卡佳说话。）

7. Мы тоже любим Катю，она даёт нам смотреть журналы.

（我们也喜爱卡佳，因为她让我们有杂志看。）

8. Почтовый ящик на нашей улице пахнет цветами.

（我们街上的邮筒有花的香气。）

9. Утром она бросала в ящик цветок， и он весь день лежал в ящике вместе с письмами. А вечером Катя брала письма и несла их на почту.

（早上她把花投进邮筒，这样花和信就一整天都在邮筒里。晚上卡佳取走信，拿着它们去邮局。）

10. Скоро, ьсе на нашей улице начали бросать в ящик вместе с письмами цветок.

（很快，我们街上所有人都开始把花和信一起投入邮筒。）

第三阶段：内部言语

在内部言语中，呈现出来的只是那些极度简化的言语形式，或是一些不巩固的片段，或是一些谓语化的结构。然而，正是储存在交际者长时记忆库中的这些最基本的短语或结构蕴含着巨大的再生能力。当交际者再一次面临新的交际情境时，他们会迅速在记忆库中提取那些与新话题有联系的信息而用于现时交际。

1. вспоминать детство 想起童年

（вспоминать что 想起……）

2. лают собаки 狗叫

［кто лает……（狗、狐狸等）叫］

3. почтальон подойдёт 邮递员走近

（подойти к кому 走近某人）

4. собакам очень нравится 狗很喜欢

（кому что нравится 谁喜欢……）

5. любить Катю 喜爱卡佳

（любить кого 喜爱某人）

6. ящик пахнет цветами 邮筒有花的香气

（пахнуть чем 有……气味）

7. бросать в ящик вместе с письмами цветок 把花和信一起投入邮筒

（бросать что куда 把……投入……）

二、言语理解过程的信息综合运用

在正常交际中，人们更倾向于关注话语的意义，而非它的形式。所以人们记住的是话语的意义，而不是原来的词语。尽管如此，由词语及其规则构建起的语言知识仍然是言语理解的首要问题。因为人们在理解话语时要通过语言的一套规则把词语组织起来，建立意义之后才能明确话语的意义。这就涉及语法学的知识。除此之外，如果是外语交流，还有交际者双方对对方话语中概念含义的理解问题，这就涉及对目的语国家概念含义的理解和概念与概念之间关系的解读。当然，在这里还隐含目的语国家的民族文化知识，这就涉及词汇学、语义学和语言文化学的知识。最后一个问题是交际的问题。我们知道，在交际中，话语活动是一个人在特定状态下，带有特定交际目的与对方进行交际的过程。这一过程涉及诸多因素，其中有交际者的个性特征，包括年龄、性别、职业等；交际者之间的关系，如朋友之间的、上下级之间的、师生之间的、家庭成员之间的等。还有交际的社会环境，如正式场合的、非正式场合的等。话语的运用特点是直接的还是间接的，是言简意赅的还是详细复杂的，是晦涩难懂的还是简单易懂的，等等。因此，如果我们要在交际中正确理解对方的话语意义，就涉及语用学方面的知识。看来，言语理解涉及众多学科的知识，是交际者在交际过程中综合处理来自各方面知识信息的过程。

综上所述，我们看到，言语理解是一个动态的心理发展过程，它经历感知—注意—记忆—推理等环节，直至将信息进行有效储存。与此同时，言语理解也是外部言语向内部言语的转化过程。在这一过程中，言语信息发生很大程度的改变，从最具个性化的、展开的言语转化为最具生成能力的、最基本的短语或结构。此外，我们还看到，言语理解始终在记忆、释义过程中建构话语意义，决定言语理解程度的重要条件是众多学科知识的支持，包括语法学、词汇学、语义学、语言文化学、社会语言学和语用学等。

第四节　言语理解的理据

在言语理解中，交际者一方面要借助于言语形式与结构进行语言层面的释义，借助于目的语国家的文化知识理解概念的意义；另一方面还要根据交际情境和交际者话语的个性特征层面深入理解交际对方话语的含义。语用学作为语言学的一门独立学科，它主要研究在特定情境中的特定话语，特别是研究在不同的语言环境中如何运用语言和理解别人的话语，其主要对象就是交际情境中的话语。语用学的会话含义理论、言语行为理论和预设理论能帮助俄语学习者正确理解交际对方的话语。

一、会话含义理论

"会话含义是指在交际中说话人因违反'合作原则'的各项准则而产生的话语意义。通俗地说，会话含义即说话人的'言外之意'。它是透过说话人的语言形式所表达的字面意义，结合语境推断出的对方话语的真实含义。"[82] 所以，会话含义理论不是从语言系统内部出发去研究语言形式本身所表达的意义，而是结合具体的语言运用环境来分析语言，解释话语的言外之意。如下面这个例子：

A：Я хорошо помню，что оставил мой словарь в аудитории. Но сейчас его не видел?（我清楚地记得我把词典放在教室了。但现在没看到它?）

Б：Только Антон был здесь вчера вечером.（昨晚只有安东在这儿。）

这一组对话从语言形式本身所表达的意义来看，Б的应答没有直接对A说出他的词典在什么地方，似乎答非所问，好像违反了会话合作原则，即话语不切题。其实，在现实交际中人们不难理解Б的应答实际上是告诉A："词典可能被安东拿走了。"

美国哲学家格赖斯（H. Grice）对这一理论有比较系统的研究。他指出："人们的言语交际过程并不是由一些互不联系的话语组成，而是受到一定的条件制约。在交谈中，谈话双方为了保证会话的顺利进行，都要共同遵守一定的原则，这样才能达到相互了解、相互配合，使谈话目标得以实现。”[82] 格赖斯将其称为“合作原则”。合作原则包括四个范畴，每个范畴包括一条准则和一些次准则。第一，质的准则，即努力使你说的话是真实的，不要说自知是虚假的，不要说缺乏足够证据的话。第二，量的准则，即所说的话应包含在交谈目的所需信息内，不要超出这个范围。第三，关系准则，即话语要切题，要与所谈信息有关联。第四，方式准则，即谈话要清楚明白，避免晦涩、歧义。很明显，在实际言语交际中谁也不会像遵守法律那样去严格遵守这些准则。例如，交谈中一方说谎，另一方无察觉而上当受骗。这是说话人在有意违反合作原则中“质”的准则，而听话人却没有听出来，还误认为说话人一直在遵守合作原则。又如，交谈中一方有意不去遵守合作原则的某一项准则，但他相信听话人会察觉出来，而听话人认为说话人仍然是合作的，这样听话人便会根据语境所提供的线索，越过说话人话语的表面意义去分析、推测和领会其会话含义，即“言外之意”。这样一来，会话含义的产生需要两个条件：一是说话人有意违反合作原则的某一准则（事实上是说话人在利用这个原则）；二是听话人有所意识，并相信说话人是遵守合作原则的。说话人之所以违反某一准则，实际上是在向他传递一个言外之意。这样听话人就会根据语境来做言外之意的推导。看下面几组例子：

1. 违反质的原则可能会产生如下的会话含义：

А：Как делать，если вы не сдадите экзамен?（如果你考试没过怎么办?）

Б：Я съем мою шабку.（我会吃了我的帽子。）

上例中Б的话语显然违反了质的准则，因为他的话不符合实际情况：帽子是无法吃的。但应该说Б是遵守合作原则的，其会话含义可以推测为：我决不会在这次考试中失败。

2. 违反量的准则可能会产生如下的会话含义：

А：Знаете ли вы，Когда вернулся Саша вчера вечером?（你知不知道昨晚萨沙是什么时候回来的?）

Б：В десять часов，но он был в номере Веры.（十点，但他一直在

维拉房里。）

根据量的准则，在上例的对话中，Б只需答出“В десять часов.”就已经足够。然而Б却增加了后面的信息，似乎提供了毫无必要的内容，即所说的话超出了交谈目的所需信息。其实他是有意地违反了量的准则，其言外之意可推导为：萨沙与维拉的关系非同一般。

3.违反关系准则可能会产生如下的会话含义：

А：Вам нравится фильм，который вы смотрели вчера вечером?（你喜欢你昨晚看的那部电影吗?）

Б：Я и думал，что мороженое，которое продают в кино，очень вкусное.（我觉得电影院里卖的冰激凌很好吃。）

上例中Б的应答似乎与А的所问毫无关系，违反了合作原则中的关系准则，即话语不切题。如果А认为Б是遵守合作原则的话，就会当即推导出Б的话语含义是：这部电影不怎么样。

4.违反方式准则可能会产生如下的会话含义：

А：Что купила в универмаге твоя сестра?（你姐姐在商场里买了什么?）

Б：Она купила красное платье. Она ещё купила синее платье，и ещё купила белое...（她买了红裙子，还买了蓝裙子，又买了白裙子……）

上例中Б用同一句型在不断重复回答А的问题，似乎违反了合作原则中的方式准则，即话语不简明扼要。事实上是Б在有意违反这一准则，从而使话语产生了这样的含义：我的姐姐特别喜欢买衣服。

以上所列举的例子在交际中都是很常见的，也可能是我们曾经感受或经历的，这说明在交际中故意违反合作原则形成言外之意是说话人普遍使用的原则。概括起来，会话含义具有以下几个特点：第一，可推导性。即听话人借助话语的字面意义，根据合作原则的各项准则，推导出相应的会话含义。第二，不可分离性。即除背景知识以外，说话人所说的话语内容产生会话含义，而不是他的话语形式。也就是说，会话含义依附于话语内容而不依附于话语形式。一般来说，一个人不可能通过改变同一内容的不同讲法而改变会话含义。例如，“А：Как вы думаете об этом докладе?”（您觉得报告怎么样？）“Б：Я думаю，только зал красивый."（我觉得大厅挺漂亮的。）Б的会话含义是：没有多少人对报告感兴趣。如果将句中的думаю（想）换成считаю（认为），或者把красивый（漂亮的）改成большой（大的）等词，句子的会话含义仍然存在。第三，非规约性。即会话含义不是话语的规约意义。也就是说，会话含义不是字面意义，也不是字面意义的一部分，它是通过话语的字面意义结合语境推导出来的。字面意义在话语中不变，会话含义视语境的不同而变化。例如，“Здесь холодно.”（这儿冷。）。我们可以根据不同的语境推导出“关窗”或“出去走走”等意义。第四，不确定性。即推导会话含义就是推导交际双方在遵守合作原则前提下话语的种种解释。这种解释随语境的不同又可以有无数个，因此会话含义是不确定的。例如，“Он сильный”这句话在不同的语境下可以表达为“他是身强力壮的人”“他是有势力的人”“他是性格坚毅的人”等。第五，可取消性。即在具体情况下，一个会话含义可以通过附加一个分句而被取消或者通过上下文表明说话人放弃了原有的会话含义。例如，“У Анны четыре книги.”（安娜有四本书。），这说明安娜有四本书，不多不少。如果在该句后面加上“Может быть，и пять.”（也许，是五本。），则先前的含义“有四本书”就没有了。

二、言语行为理论

外部言语作为一种言语行为可以分为直接言语行为和间接言语行为。直接言语行为就是从说话人言语的字面意义上来直接判断其意义。例如，在一个寒冷的早晨，儿子正准备外出，母亲对他说：“Алёша，сегодня на улице холодно. Надо одеваться в пальто.”（阿廖沙，今天外面天气冷，应该穿上大衣。）。这就是一个直接言语行为，字面意义就是这句话的全部含义。间接言语行为是指说话人常常不是直接说出自己的想法，而是通过间接的方式去表达，即言语表达的主要内容蕴含在话语的深层含义中。例如，“Вы не можете закрыть дверь?”（您不能关上门吗？），说话人不是在问对方“能”或“不能”，而是请求他帮助关门，语言使用中的这种“拐弯抹角”的现象就是语言的间接性。间接地使用语言是人们交际中的一种普遍现象，表达了言语使用中的一种委婉性、含蓄性和礼貌性，也表达了说话人本身的性格特点和受教育程度。

间接言语行为现象是塞尔（J. Searle）首先注意到并提出来的。他认为，从言语行为来看，间接言语现象实际上是“通过实施另一种言语行为来间接地实施某一种言语行为”[82]。在日常谈话中，当人们希望让别人做某事的时候，为了讲求礼貌往往避免直接地使用命令句，而寻求一种比较婉转的表达方式。如我们在请求别人帮忙的时候，可以说“Вы не можете...?”（您不能……？），“Можете ли вы...?”（您能不能……？），“Можно ли ...?”（能否……？）等句式。我们用这种句式的意图并不是要求对方回答“能”或者“不能”，而是用一种疑问句的方式间接地请求对方“可以”或“不可以”。塞尔还认为：“在间接言语行为中，说话人之所以能让听话人明白话语中字面意义之外的用意，他所依靠的是他同听话人所共知的背景信息。这种背景信息包括语言的和非语言的，还有听话人所具有的一般的分析和推测能力。”[82] 塞尔把说话人在间接地使用语言时所实施的言外行为分为首要言外行为和次要言外行为。“首要言外行为体现了说话人的真正意图，次要言外行为是说话人为了实施首要言外行为所实施的另一种言外行为。”[82] 例如，“В комнате жарко.”(房间里热。)，其首要言外行为是要打开窗户或打开空调等，次要言外行为是借助的语言形式，即与字面意义相吻合。塞尔还把间接言语行为分为常规间接言语行为和非常规间接言语行为。常规间接言语行为是一种惯常使用的标准格式，如上面所说的“Вы не можете...?”“Можете ли вы...?”“Можно ли ...?”等。非常规间接言语行为是不按常规使用的间接言语行为，它表达的是一种更为复杂和不确定意义的话语。听话人要依靠语境、语用知识和推理能力来进行判断，上例“В комнате жарко.”就属于这种。

三、预设理论

在交际过程中，说话人常常可以省略不说那些双方都已经知道的信息。这些没有表达出来的、双方共知的信息在语言学理论中被称为“预设”。例如，交际双方都知道“Декан был в командировке”（系主任在出差）这一共知信息，所以说话人就可以直接向对方发问：“Когда декан вернётся?”（系主任什么时候回来？），而听话人也可以马上回答：“Говорят，завтра.”（据说是明天。）。

预设被通俗地理解为未被完全表达出来的句子暗含的语义成分。也就是说，在任何上下文中，除字面表达的信息——显性信息外，还存在各种在话语中未明显表达，但却是说话人所指，并为听话人接受的隐性信息。因为诸如词，特别是句子这一类语言单位，其意义在许多情况下不仅由该语言单位的表层结构所表达，还应该考虑到诸多没有公开表达出来的一些伴随因素。预设有以下几个特点：第一，在言语交际中，一个语句具有表层信息和内部信息。表层信息是交际双方已知信息和未知信息的集合，内部信息是交际双方共知的信息，预设就是语句的内部信息。人们只有通过分析语句的表层信息，才能解释和理解暗含在语句中的内部预设，这说明预设是暗含在语句中的内部信息。由于预设一般都没有在字面上被表达出来，当交际顺利时，人们都注意不到它的存在，就像心理学上所说的，预设是衬托前景图像的背景。透过语言现象去把握预设，有助于深入理解和解释语句的意思。第二，在言语交际中，话语不仅要服从遣词造句的语法规则，还要有被交际双方所理解的实际意义。话语是否有意义的先决条件是交际双方共同设定的预设是否真实，也就是说，交际双方共同认为所知的信息是真实的，那么交际的话语才有意义。一般来说，如果预设是假的，那么这个预设的话语就无真假值，就无意义，也不会被交际双方所理解和接受。例如，“Его доклад произошёл на меня щубоке впечатление.”（他的报告给我留下了深刻的印象。），这句话的预设是“我已经听到这个报告了”，如果我没有听到这个报告，这个预设就是假的，那么这句话就无意义，别人也不会接受我对这个报告的评价。这说明，预设是话语可理解的、有意义的先决条件。在交际中，一旦违背预设为真的条件就会导致话语的语义异常，给言语理解带来困难。因此，说话人应该遵循这一点，否则他所使用的话语是不规范的，或者他本人是不真诚的，甚至是故弄玄虚，有意迷惑别人的。如果语句语义异常，听话人又有所觉察，这时他就会因此而进行逆向推测语句的预设是否成立，或说话人是否真诚等。第三，对预设的态度也显示说话人的观点。例如，“Даже в свои 10 лет школьник не может ещё понять 《Война и мир》."（甚至10岁的学生还不能理解《战争与和平》。），听话人能够理解说话人的意思，却可以不同意他的观点。说话人通过预设所表示的观点："甚至10岁的学生还不能读懂《战争与和平》。"这可以说是一种主观的、未经证实的，认为听话人已知的语用预设。这样看来，预设对掌握某些词义，特别是语气词的意义十分重要，因为语气词和理解话语密切相关。

要正确运用预设，还必须明确区分它与会话含义的不同意义，因为在语言运用中它们是两个既不同又联系密切的概念。预设不包括在语句所表达的内容之列，它是交际双方所拥有的对语言、周围世界、传统习俗、交际情境特点所共有的知识，也可以说是当事人各方一种预先的信息"默契"。会话含义虽然也不表现在语句的表层信息上，但它却是语句所表达的全部内容的一部分，它是透过说话人语言形式或所表达的字面意义，结合语境推断出来的语句中隐含的信息，即对方话语的真实含义。如下面这句话："Если я опять провалюсь на экзамене，то я съем мою шабку."（如果我考试又不及格，我就吃了我的帽子。）。在这个句子中，其会话含义是：我一定要通过考试。为什么要如此理解？因为这个句子对听话人和说话人来说存在一个共同的预设：帽子是不能吃的。再分析一例："Мальчик не был бы так несчастен，если бы была жива его родная мать."（如果男孩儿的生母还活着，他就不会那么不幸了。）。根据上下文，该语句具有这么一种预设，即"男孩儿有一个继母"，这种预设为当事人所知。从这个预设出发，可以认为，继母对这个男孩儿不好。这是通过句子的字面意义推断出来的，即语句隐含的意义。

综上，我们阐述了在言语活动中，要对交际对象的话语产生准确的理解，首先要深入了解俄罗斯文化，了解俄罗斯人的思想，用一种完全适合俄罗斯人的思维模式进行交际。除此之外，我们还初步分析了有关会话含义理论、言语行为理论以及预设理论，希望能给学习者正确有效地理解俄语提供理论上的帮助和借鉴。然而，理论归根结底还是要付诸实践的，以下我们分析并阐述用于听的言语实践练习的有关学习策略。

第五节 听的心理基础及教与学的过程

如前所述，言语理解是指个体将外部的、有声的言语行为向内部的言语思维行为转换的过程。但是，在转换过程中人们需要通过不同感觉——听觉和视觉，借助于某些方式——听和读来进行言语的理解。

一、听及相关概念分析

“听”是一种积极主动的思考，是理解和接受信息的心理过程，它还是说话者与听话者相互交流的双边活动。参与“听”这一言语形式的主要感官是听觉分析器，声动觉（发音器官）以潜在的形式辅助听觉活动，视觉有时也参与其中，如边听边看交际对方的表情、手势等。“听”的心理过程可理解为信息在大脑中的流通过程，即包括声音的刺激、信息的摄入、编码的储存、信息的处理及输出这样一种极为复杂的高级神经系统的心理活动过程。具体来说，“听”的心理过程首先是对听的词、句子和话语片段进行感知，形成声音表象，然后依据学习者原有的知识基础对新学的词、句子和话语片段进行解码，形成短时记忆。最后，短时记忆再与早已储存在长时记忆中的背景知识进行综合整理，经过预测和印证之后做出正确的判断与反应，从而完成一个“听”的心理过程。

我们在听语言材料或听对方话语时都要借助于听力材料或交际对方话语中的词、句子和语段等表层结构（句子的外在结构）去理解它的深层结构（语言的内在意义），即借助于听到的词和句来理解它要说明的含义。然后通过综合、分析、概括，归纳出听的主要内容。也就是说，当我们听完一个材料或一段话语之后，我们不可能完全记住或回忆出所听内容的原词和原句，但是却能通过判断、推理，概括地说出或写出它的主要内容，这证明我们已经达到了“听”的目的。所以，“听”的过程就是在听力材料的基础上通过学习者对听到信息的加工，最终概括出主要信息的过程。那么，我们运用哪些策略能够达到这一目的呢？

二、听的心理过程

第一，听前准备。听前准备主要指从不同角度对要听的内容多做一些了解以提高听的效果。听力材料的题目对我们的“听”有启动效应，因为一篇文章的题目往往就是一篇文章的主题，知道了文章的主题，就能尽快调动自己已有的知识结构中的有关词汇知识、语境知识、背景知识等去启动所听材料的内容。例如，文章题目是Москва（莫斯科），听者头脑中马上就会出现Россия（俄罗斯）、Красная площадь（红场）、Кремль（克里姆林宫）、музей（博物馆）、театр（剧院）、метро（地铁）等词汇，以及莫斯科这个城市的历史和现状等相关知识。再如，文章题目是Лунная соната（月光奏鸣曲），听话者头脑中马上会出现相关的词汇：музыка（音乐）、музыкант（音乐家）、Бетховен（贝多芬）、композитор（作曲家）、концерт（音乐会），以及贝多芬的生平和他的作品等。有时在听之前，教师可以读一段与所听内容相关的背景知识，或者学习者先阅读一些与听的内容相关的背景材料，这对“听”来说就有很明显的启动效应。

第二，抓住主要信息。抓住主要信息是指在听的过程中一边听一边抽取所听内容的主要含义，而不是记住文章中的原词、原句。但是，这种抽取主要含义的过程并不比记住原词和原句更轻松，因为抽取主要含义本身就是一个信息再加工的过程。抓住主要信息的“听”的过程是同时处理两个方面的信息：一是对新信息进行理解、加工，二是把新信息和旧信息联系起来进行加工储存。心理学理论认为：注意力是大脑摄取信息和加工信息的第一因素，如果听话者的注意力能更集中，就能更有效地吸收和理解所听信息，因为在听的过程中无论外界信息的刺激程度重还是轻，都会被听者感知，但是只有重要的信息才会被注意。大脑也只有在注意力集中的情况下才能产生反应，并开始进行记忆、联想、判断、理解和加工。通常情况下，一篇文章所提供的信息大致分为三种：主要信息、次要信息和冗余信息。主要信息是指那些最直接影响理解的、如果遗漏就不能理解或造成理解困难的关键性信息，如关键词、关键句、主题思想等。次要信息是指与理解没有直接联系但却有助于对内容进行进一步理解的信息，如关联词、背景、细节等。冗余信息则是指与理解无关的或关系不大的信息。在听的过程中学习者应该抓住关键词、关键句、段落起始句，利用语篇题目或相关背景知识等次要信息，排除冗余信息的干扰，促进对主要内容的理解。

第三，推理。推理是指从已知的或假设的事实中得出结论的心理过程。在听的过程中，推理就是根据听力材料中的明示部分，即借助于文章中的词、句子、短语结构等去判断它的深层含义或言外之意。推理过程是一种假设验证的主动思维过程，它包括对信息进行必要的预测、推断和修正几个环节，它通常是通过从已知推未知的手段，遵循“关联性”原理进行推理。在推理过程中，所听材料的相关信息、背景知识是推理的基础，听话者结合所听材料的上下文、语境和背景知识推导说话者的意图及其言外之意。除此之外，听话者还可以借助于说话者的语音、语调，说话时的语气、停顿等推导出话语的含义。可见，推理在话语理解中起着极为重要的作用。听与读同属语言输入，因此有些用于听和读以及话语理解的推理策略可以共用，本文在读的能力形成部分和语篇理解部分引用过许多有关推理的理论，列举了若干个有关推理的例子供学习者参考，这里不再阐述。

第四，句单位感知。听力理解过程是根据声音信号建立意义的过程。在听的过程中应该把每个句子作为听的感知单位，不断地推断出每句话的含义，不断地把它们的含义连接起来进行整体理解，这样才能提高听的理解效果。可是有许多俄语学习者往往习惯于把注意力放在对单个词的认知上，以为听清了每个词就能理解意义。这种逐词听辨的方法不仅降低了理解速度，而且还切割了自然语流的语义，反而给整体理解设置了障碍。如果我们能够以句子作为一个感知单位，在听的过程中把注意力集中在语义的整合上，这样理解的速度就更快，效率就更高。还有一些俄语学习者，在理论上接受句单位的感知策略，但是在实际听的过程中一旦遇到一个不理解的词，就忘记了所遵循的策略，无论如何不肯放弃这个不懂的词，以致影响了对后面内容的理解而导致听的失败。其实，我们所听的语言材料通常以篇章或会话的形式出现，在一个完整的篇章或会话中其上下文的意义是连贯的，并且都有一些连接词、关联词作为明示衔接的标记，而且还有人物、情景、事件发生的时间地点等。我们完全可以借助于这些衔接手段来理解话语，有些不懂的词可以借助上下文、构词规则来猜测词义。如果不理解的词不是文章的关键词，对理解全文又无大碍，那就没有必要对它纠缠不放了。

第五，记忆的合理分配。为了把所听材料的上下文信息结合起来进行整体理解，我们必须把现在正在听的信息与前一句或前几句，甚至前一段的信息联系起来，这就意味着工作记忆在起一个中心作用。工作记忆与短时记忆的时间长度是相似的，但是其内涵意义却不相同。短时记忆主要针对长时记忆而言，其基本功能是对感觉记忆渠道进入的信息进行加工处理，即短时记忆是记忆的一个大加工车间。工作记忆主要针对正在听和读的信息进行加工处理，即对前后内容整合理解时所需要的在线记忆。在听的过程中需要我们一边听着不断向后延续的内容，一边不断地把前面听过的信息进行归纳、概括，把理解的主要信息储存在头脑中进行整体理解。如果我们不能做到一边听一边记忆的话，就会直接影响对听力材料的整体理解，并且还会出现“前听后忘”的情况，从而导致听的失败。

在听的过程中，一方面，我们要集中注意力，及时归纳概括所听内容，不要把注意力集中在一个个单词上；另一方面，我们还要选择合适的听力材料。如果听力材料过难，我们就会把注意力用在对词和句的理解上，从而影响对听过的信息的记忆。只有当你所听的内容难度适宜，你的认知资源才能合理、有效地分配在听和记两个方面，才会收到事半功倍的效果。不过，我们要给自己提出一个这样的问题：我们所理解的听的内容，到底是听来的还是看来的？许多学习者都认为是听来的。其实不然，这其中有一些内容是我们根据画面看出来的，或判断出来的。如果是借助于这些辅助手段获取的信息，那么这些辅助手段不但没有辅助我们，在某种程度上还起到了相反的作用，即在视听过程中，有些内容是借助于画面看明白的，而不是听明白的。这势必会影响听的能力的形成，况且在现实生活中，我们听的过程有很多时候是不借助于视的。所以，一些具有视听效果的电化教学手段适宜在初学阶段使用，目的是借助情境帮助理解语言的运用。随着学习者听的能力的提高，要逐渐增加无视觉辅助的听力训练，培养自己不借助于图像直接理解语言的能力，即我们在学习过程中可以在合适的阶段，适当借助视觉图像，但最终一定要扔掉它。

第六节 阅读的心理基础及教与学的过程

一、阅读及相关概念分析

阅读是通过视觉感知语言符号后，大脑进行加工、处理与理解其意义的心理过程。阅读与听都是领会式言语活动，其相同点是它们都属于语言输入，其不同点是：听是通过声波信号从听觉输入语言，而阅读是通过光波信号从视觉输入语言，即阅读是吸收和理解别人用书面形式表达的思想，通过文字获取信息的一种能力。在读的过程中，人们总是带有一定的目的去理解所读信息，总是把注意力集中在读的内容上，在感知书面语言的同时理解所读内容含义，获取有效信息。

阅读属于书面交际范畴，而听则属于口头交际范畴。书面交际不同于口头交际，口头交际是说话者和听话者双方的言语活动，在口头交际中，交际双方无法控制对方的语言速度和语言运用的特点，语言受时空限制，瞬间即逝。阅读是读者单方面的言语活动过程。在读的过程中，读者可以自己选择阅读材料，自己确定读的速度，自己确定读的方式，如朗读、默读，或精读、泛读。用于读的语言材料是读者看得见的，读者感到容易理解的内容可以一扫而过，感到困难的内容可以借助于上下文，反复推敲，多次回视，反复阅读，以求理解。但是，阅读看不见说话者，也看不见说话者的表情、手势，更听不见说话者的语音、语调。因此，读者不可能借助于这些外部因素来理解语言，全靠个人判断理解所读材料的内容。

阅读是一种复杂的言语活动，参与这一活动过程的除视觉分析器以外，声动觉（发音器官）参与活动，听觉也伴随其中。除此之外，阅读者的注意力、记忆力、思维力、想象力等也处在积极活动的状态，通过快速的综合、分析、判断、推理、概括等思维活动来吸收有效信息。在阅读的初级阶段，学习者总是习惯于把注意力集中在词汇意义和语法结构上，总要借助于母语进行心译，常常是先弄懂句子结构，然后再去释义。这样，读的速度很慢，视距也比较短。随着学习者语言水平和阅读技能的提高，心译的过程会逐渐缩短，学习者会逐渐把阅读的注意力由语言结构转向意义，最后达到不通过分析，不通过心译而直接理解文章意义的水平。

阅读既是一个生理过程，又是一个心理过程，要形成较好的阅读能力，必须把阅读的生理过程和心理过程统一起来。从生理过程看，阅读开始于视觉，视觉感受信号的这一外部过程是阅读的生理过程。在这一过程中，视线的每一次跳动称为眼动，眼动一次需要10~20毫秒，眼动之后视线固定在一个地方，这种注视称为眼停，每一次眼停至少需要1/4秒，视觉信号是在眼停时获得的，阅读过程就是眼动与眼停连续交替的过程。不熟练的阅读者，眼停的次数多、时间长，且经常退回去重读，这种逆向的返回运动叫作回视。阅读的心理过程是识别感觉信号、理解意义的内部心理过程。它大致经历以下四个阶段：第一，自动认词阶段。自动认词是阅读的开始，它是指视觉器官准确迅速地认出词汇，即对印刷符号的特征和字母进行加工的过程。对单词中的字母及其字母组合的识别是一个复杂的知觉过程。在这一过程中，读者对其有三种加工形式，一是自下而上的加工过程，即从单个字母到整个单词。二是平行的加工过程，指知觉系统每次能同时提取字母的两个特征，即读者能够对单词和组成字母同时进行加工。三是自上而下的加工过程，指读者在对字母进行自下而上加工和平行加工的同时，能够根据已有的知识和经验来推测和识别字母，进行自上而下的加工。第二，单词加工阶段。自动认词以后，阅读开始进入单词的语音与意义加工阶段，在单词的语音和意义激活读者长时记忆中与此有关的语义、词法、句法等方面的联系后，便完成了对单词的认知。影响单词认知的因素有三点：一是长时记忆的信息库里是否储存了，或者说是否牢固地储存了这个词及其语义、词法、句法。二是所要提取的词是高频词还是低频词，是新近储存的词还是储存已久的词，如果是高频词、新近词，其认知速度就快。三是语境效应，语境即上下文，它能帮助读者快速地确定词义，快速地在长时记忆中寻找到该词。第三，理解产生阶段。单词的认知完成之后，读者便开始对更大的语言单位，即词语和句子进行加工。词语是指词和词的组块，词语认知需要读者提取长时记忆中储存的有关词语知识并对此进行迅速地、自动地再认，然后再把词语的意义用于对所读内容的分析、综合等更高水平的加工上。如果对词语的认知不能达到自动化的程度，就会阻碍或延缓理解的顺畅进行。词语认知传递之后，就是加工句子，即从句子的表层结构中建构意义。在这一过程中，读者要借助于所读内容中句子的表层结构，也就是读者看得见的词、短语、句子结构理解句子的意义，最后完成从句子的表层结构到深层结构的转换。第四，深入理解阶段。上述理解产生之后，读者对所读内容的理解远没有停止。这时他要根据所读文章的题目、背景知识、文化知识、语境等方方面面的知识，对所读内容进行更深入和准确地理解。综上，我们可以把自动认词和单词加工阶段看作阅读的初级阶段，把理解产生和深入理解阶段看作阅读的高级阶段。不熟练的阅读者在初级阶段费时较多，而熟练的阅读者几乎能实现初级阶段的自动化，其精力主要集中在高级阶段。读者初级阶段的自动化程度越高，理解得就越好，阅读速度也就越快。

二、阅读的心理过程

（一）观察力与阅读感知

阅读感知能力来自学习者对语言的观察能力，阅读感知是对连续的文字符号快捷、准确地感觉和知觉。在阅读感知的发展过程中会产生两次飞跃：第一次飞跃是从词的音、形整体感知到形、义整体感知的过程，这次飞跃的意义在于为快速阅读打下基础；第二次飞跃是阅读感知单位逐步从低层次向高层次递进的过程，从最初的以字母、单词、词组为单位进行感知，发展到以意群、句子甚至语段、语篇为单位进行感知，这次飞跃的意义是实现真正的快速阅读。

从以上阐述中我们看到，文字符号，即俄语文字符号具有特殊的感知性：第一，俄语文字符号以线性结构从左向右逐步展开；第二，文字符号依照语言规则进行组合，然后转换生成为音组、词、词语、句子、语段、语篇。学习者不仅要知道，而且要懂得所读内容文字符号的意义，这样才能为正确的观察打下基础。由于文字符号按规则进行组合，而后又按规则转换生成，这说明观察力不单纯是感性的、对事物外部特征的观察，还包括一定的理解和记忆。也就是说，只有对所观察的事物有了一定的了解，并记住了问题的规则和特征，才能有到位的观察。基于阅读感知的两次飞跃，我们可以认为：观察在阅读感知中有两个发展水平：一是反映在词层面的音、形、义水平；二是反映在阅读内容中从短语到语篇的意义水平。观察力只有具备上述两个水平，学习者才能快速、准确地阅读。

预测。阅读不是被动地理解和接受信息的过程，它是主动运用自己原有的知识和能力去理解所读材料的过程。为了提高阅读效果，更深刻地理解所读内容，读者通常要借助于很多手段和方法，对所要阅读的材料进行阅读理解的准备，这就是我们通常所说的预测。预测可以在阅读过程中，也可以在阅读之前。在阅读过程中，主要借助于文章中的词及词组、句子结构、上下文情境等进行预测。在阅读之前，主要借助于文章的题目、体裁、背景知识、文化知识等进行预测。在认知心理学家奥苏贝尔的学习理论中，这种阅读前的预测被称为“先行组织者”教学策略。奥苏贝尔认为这种策略是促进学习迁移的一种有效策略。先行组织者教学策略就是在向学习者传授新知识之前呈现一个短暂的、具有概括性和引导性的说明。这个概括性的说明或引导性的材料通常用简单、清晰和概括的语言介绍新知识的内容和特点，以及与新知识相关的背景知识，同时还说明它与哪些旧知识有关，有什么样的关系等。这种教学策略可以唤醒学习者原有知识结构中与新知识有关的旧知识或旧观念，增加新、旧知识之间的联系性，提高旧知识的可利用性和稳定性。

我们可以把这种教学策略转化为一种学习策略并运用在俄语学习中，即在阅读之前，学习者主动了解一些与文章有关的背景资料，以帮助自己对文章内容进行深入理解。事实上，在俄语阅读教材中或在一些精读课教材中，我们接触过上述所说的这种预测形式，只不过我们没有在理论上更深刻地意识到这种资源在阅读中的作用。例如，在普通高中课程标准实验教科书《俄语》第五册中，这种预测是以一个知识栏目的形式——“Это надо знать（这应该了解）”呈现出来的。如在第二课“Россия”（俄罗斯）中介绍了伊凡三世，莫斯科大公（自1462年起）在执政期间形成统一的俄罗斯国家领土并开始设置中央国家机构的背景知识。

再如，用于大学本科教学的《俄语泛读》第四册第十八课“Министр в отставке”（退休部长），就是以“Краткие справки”（注解）的形式简要地向读者介绍了苏联时期的农业集体所有制，这就使学习者对文章中主人公退休之后在家乡所从事的工作有了一个可理解的依据。又如，《俄语泛读》第三册第二十四课“Охраны природы”（保护自然），首先向学习者概括阐述了生态学的概念及其研究领域，这样就使学习者对环境保护的意义、措施，以及由于没有环境保护意识给人民生活带来的伤害等有了更深刻的认识。除此之外，还可以借助文章的题目和体裁进行预测。如《俄语泛读》第四册第二十课“Свадьба”（婚礼），学习者一接触这样的文章题目，马上就会意识到文章介绍的是有关俄罗斯的婚礼，就会把阅读重点放在了解俄罗斯婚礼习俗等民族文化知识上。再如，《东方俄语》第六册第十二课“Общение с компьютером: возможно ли такое?”（与计算机交流——这可能吗?），学习者也同样会预测出文章的体裁应该是议论文，是论述人与电脑打交道方面的内容，学习者就会在脑海中搜索有关电脑方面的知识来帮助理解文章。

在阅读过程中对文章内容的预测主要是借助于文章惯常的组织方式、段落的组织特点、连接词、关键词或关键句的使用等。在每一篇文章中，每一种话语的形式都有其特定的结构特征，故事有故事的叙述方式，说明文有说明文的篇章结构。如果我们能了解各类体裁的文章结构以及话语特点，就能预测出所读篇章的发展，使理解水到渠成。例如，说明文的结构通常是提出问题、分析问题、解决问题，最后给出结论。问题句通常在句首或句末，或者是句首有主题句，句末再一次重复主题句来加深人们的认识。再如，叙述故事的文章结构通常在文章开头交待事件的时间、地点、人物，然后是主题目标，再往后是事件的发展过程，最后是结局。因此，读了开头几句就会预测出这个故事要说的是什么，再去看文章的最后几句，就基本知道故事的结局。例如，《东方俄语》第二册第二课“Времена года”（季节）的开头第一段是这样的：“Однажды вечером мы сидели в комнате и долго спорили о том, какое время года лучше: весна, лето, осень или зима. Сначала заговорил Николай.Он москвич.”（一天晚上，我们坐在房间里争论了好久：春、夏、秋、冬哪个季节最好。首先尼古拉说，他是莫斯科人。）。看到这儿，我们就明白故事发生的时间是однажды вечером（一天晚上），地点是в комнате（在房间里），人物是мы（我们），主题目标是спорили о том，какое время года лучше（争论哪个季节最好），再看到сначала（首先），我们就会预测到故事的进展过程；当我们看到文章的最后一句“Так они спорили долго，и каждый настаивал на своём.”（他们这样争论了好久，每个人都坚持自己的看法。），我们就知道故事的结局了。

在阅读过程中，我们还可以根据连接词来进行预测。例如，看到并列复合句的联合连接词и（和），да（和），тоже（也），также（也是），как...，так и（无论……都……），не только...，но и...（不仅……而且……）等，可预测到下句与上句的意义是对等连接的；看到对比连接词а（而），но（但是），да（可是），однако（然而），зато（但是）等，可预测下句与上句是有对比之意的；看到区分连接词или（或者），либо（或者），то..，то...（有时……有时……），не то...，не то...（不知是……还是……）等，可预测到下句与上句的意义是有区别的；主从复合句连接词的特征比较明显，不同的主从复合句都有比较固定的连接词。如表示原因的连接词потому что（因为），表示条件的连接词если（如果），表示目的连接词чтобы（为了）等，利用这些连接词对预测都有很大的帮助。

（二）注意力与阅读理解

注意是心理活动对一定事物的指向性和集中性。它是在感知的基础上发展起来的，即注意力是在观察力的基础上发展起来的。指向性是对一定事物的选择，是注意的方向；集中性是对所选择的事物的关注和坚持，是注意在每个方向上的强度或紧张度，即专心致志的状态。例如，在俄语学习中，我们选择了一篇文章并准备阅读，这时注意力就指向了这篇文章。如果你对所选的阅读内容非常感兴趣，便能够投入极大的精力，一气呵成地阅读完毕。这说明你在阅读中产生了较为集中的注意力。

此外，与阅读密切相关的还有注意的品质，即注意的稳定性和紧张性等。注意的稳定性是把注意力长时间地保持在一定的认识对象或所从事的活动上的能力；注意的紧张性是注意力高度集中时的积极状态。俄语学习者对所学内容注意力保持的时间与保持的状态各异，当然，注意力的投入与对所学知识的兴趣有很大的关系，浓厚的兴趣会使注意力保持的时间更长。但是兴趣不是与生俱来的，它可以在学习中逐渐培养起来，最开始对某件事物不感兴趣并不能说明永远都不会对它有兴趣。另外，注意力保持时间的长短与学习者的年龄、习惯等有密切的关系。从生理角度讲，学习者年龄大一些，注意力保持时间会相对长一些。如小学阶段每节课一般为30~40分钟，中学阶段为45~50分钟，大学阶段为90分钟。这样的时间分配与学习者的年龄和所能保持的注意力时间长短有关。

注意的分配和转移能力对阅读的效率也相当重要。注意分配是指在同一时间内把注意力分配在两种以上的对象或活动上。阅读过程中经常会发生阅读注意的分配，如边读边记笔记，就要把注意力合理地分配到读书和记笔记这两种活动上。注意转移指有目的地、及时地将注意从一个对象转移到另一个对象上的过程。如在阅读中不断地从上句转到下句，从上段转到下段，从一个事件转入下一个事件等。只有具备良好意志品质的学习者，才能在阅读中快速地把注意力从前一个活动转向后一个活动。如果做不到这一点，即使把所读内容完全读完，也只能记住你所注意的信息，其他的信息由于没有注意力的参与，早已流失掉了。

良好的阅读注意力可以通过训练培养得到加强，这需要学习者具有一定心理上的自控能力，在培养过程中需要一定的心理强制手段和措施。在阅读中可以通过以下几个方面努力形成学习者的注意品质。第一，培养阅读兴趣，使自己全身心投入开卷有益的阅读状态。第二，选择难易适度的阅读材料，既要让自己力所能及，又要有一定的难度。要注意的是，太难的材料会使自己读不下去，很难集中精力，时间一长也容易对阅读失去兴趣。第三，不断地、循序渐进地提出明确具体的阅读任务，有计划地、持之以恒地、经常伴有自我督促和自我评价地逐步完成阅读任务。实践证明，阅读目的越明确、任务越具体，完成任务的愿望就越强烈，也就越能引起学习者的注意，越能在阅读中将这种状态保持下去。

（三）记忆力与阅读理解

阅读开始于对文字符号的感知，产生感觉记忆，然后通过注意的作用，使感觉记忆的信息进入短时记忆，产生表象和认识。短时记忆是记忆的加工车间，它的容量是有限的，大量的信息在短时加工车间中经过各种复述方式的加工进入长时记忆。同时，长时记忆的信息不断地被阅读者激活、提取，并参与到阅读的思维和推理的理解过程中去。

在阅读过程中，我们主要用到的是工作记忆。工作记忆是一种特殊的短时记忆，它同时具有储存和加工两种功能。在阅读过程中，我们需要借助于篇章的表层结构不断地把读过的信息暂时存储在大脑中，然后将其与正在读的信息迅速结合，与此同时，还要在自己原有的长时记忆中提取与当前所读信息相关联的信息以帮助理解。那么，在阅读过程中，工作记忆的容量有多大？它能暂时保存多少信息来帮助我们进行阅读理解呢？

1956年，美国心理学家米勒（Miller）发表了一篇论文，题目是《神奇的数字7±2，我们加工能力的某些限制》。在文章中，他明确提出短时记忆的容量是7±2，即记忆广度。他用“块”来表示7±2个单位，即人的短时记忆广度一般是7±2个块。他认为：“一个‘块’是一条有联系的信息，它是由若干个较小信息单位联合成熟悉的、较大的、有意义的信息单位。”[18] 按照这一理论推理，在俄语阅读中，“块”既可以是词，也可以是短语，还可以是句子。总之，它是一个可变的客体。依据短时记忆以意义为基础的理论进行推导，如果能够对阅读内容做到基本理解的话，那么，在阅读中短时记忆中的信息量就有可能是7±2个句子。如果不是很理解或完全不理解其内容，就可能是7±2个毫无关联的单词，甚至是7±2个字母。从7个字母到7个句子，其“块”的容量就发生了很大的变化。由此可见，短时记忆的容量是就“块”数而言的，但“块”作为单位，其含义差别就相当大了。如果在记忆加工过程中，我们把要储存的信息都组成了有意义的信息单位，当再次提取时，也会提取到那些较大的、有意义联系的“块”，或者是“块”与“块”之间的意义联系。

（四）思维力与阅读理解

在现代阅读理论中有这样的实验统计：在大多数情况下，阅读时眼睛移动的时间仅占5%，其余95%的时间用于思考。根据这个比例，阅读过程的实质是思维活动的过程，阅读能力的强弱、阅读质量的好坏和阅读效率的高低等大都取决于思维能力。

1. 形象思维与逻辑思维。思维是人脑对客观事物间接的、概括的认识过程。它运用概念、判断、推理等形式，通过综合、分析、比较、概括等过程对客观事物进行认识。阅读中的思维主要指在阅读感知的基础上，通过分析、综合、比较、概括来理解和评价所读内容的过程。它主要包括形象思维和抽象思维。

形象思维是运用表象进行的思维活动。在阅读过程中，学习者运用形象思维把作者描绘的形象再现出来，使阅读更加丰富和深刻。阅读的形象思维主要通过联想和想象。联想是由一个事物联想到另一个事物的心理过程。在阅读过程中，联想体现为运用已有的知识和经验来理解所读内容，例如，词与词之间、句与句之间、人物与人物之间、事件与事件之间的联想。还可以通过联想充分调动原有的常识知识、世界知识、俄罗斯文化知识来帮助理解。这样，由此及彼，由表及里，求同求异的联想方式能扩大思维的空间与时间，扩展阅读思维的内容，使思维举一反三、左右逢源，最终达到对所读内容中新旧知识的融会贯通。心理学把在知觉材料的基础上，经过新的组合而创造出新形象的心理过程叫作想象。阅读想象是根据所读内容的文字材料描述在头脑中再现其形象的再造想象，以及凭借篇章的提示、暗示等独立创造出新形象的创造想象。爱因斯坦曾经说过，“想象力比知识更重要，因为知识是有限的，而想象力可以概括世界的一切”[18]。丰富的想象力不仅可以再现所读内容，使人物、事件变得更加具体、形象、鲜明、活泼、生动，更加丰富、充实和完美，而且能够使思维超越时空界线，富有创造性，使阅读理解更深刻，记忆更牢固。抽象思维也称逻辑思维，它是指透过事物的表面现象，运用概念、判断、推理等方式，通过分析、综合、归纳、概括等过程认识事物的本质和规律的过程。相对于感性的形象思维来说，抽象思维是一种理性思维。在阅读过程中学习者运用自己的知识经验，借助于所读内容的背景知识、篇章整体结构、上下文衔接等，通过细致的分析和严密的推理，做出符合逻辑的判断，然后进行评价，提炼所读材料要旨，最后整理思路，概括其思想意义和深层内涵。可以说，阅读理解过程是形象思维和抽象思维相互作用的结果。

2. 推理。心理学家对阅读提出了许多不同的定义。最终他们把阅读的定义概括为两类。一类观点认为，阅读是译码的过程，强调从视觉信号到听觉信号的转换。另一类观点认为，阅读是意义的获得，强调从视觉信号到内容意义的转换。显然，上述这两类阅读之间的差别在于阅读加工水平的不同，当然获得意义的加工水平更高一些。近些年来，随着心理语言学研究的发展，心理语言学家们发现，阅读活动不但可以获得信息，而且可以促进学习者智力的发展，还可以影响人的情感和个性的形成。这样一来，阅读的定义又获得了新的含义，除上面阐述的两类之外，第三类应该是：阅读是从书面材料中获取信息并影响读者智力与非智力因素发展的过程。

我们分析上述三类关于对阅读的定义，意在明确推理是强调在阅读过程中对文章中一般意义和深层意义的获得。如果在阅读过程中我们能正确借助文章的词、短语和句子等表层结构，运用自己的世界知识、俄罗斯文化知识等深入理解语篇内容，就是阅读理解水平较高的表现。但是在学习中，很多学习者只重视对阅读文章的翻译，认为只要用母语把阅读文章的意思翻译过来就达到了阅读的目的，却忽略了对整个文章深刻含义的理解。这些问题对俄语学习都造成了极其不利的影响。

推理作为阅读理解的一个概念，是指在阅读过程中读者在大脑中进行一连串复杂的逻辑思维活动，从已知的或假设的事实中做出合乎逻辑的联想，以已知的事实为依据对作者希望表达而又未做明确表达的意思进行正确的推理，从而引出正确的结论。在推理过程中，读者不是离开所阅读的文章做主观臆断，而是根据作者由于不便说明或没有必要说明，而又在语言连贯上给读者留下的空间中进行有理有据的推理。在阅读理解中运用推理这一策略大体上能起到以下三个方面的作用。

第一，实现思维的连接。我们知道，语言具有省略的特点，无论从时间顺序还是空间顺序上，不可能完全连续地表达，经常会出现省略。

尤其在口语交际中，根据上下文和语境等进行省略更是常见的。这样一来，表达是省略了，可是理解却不能省略，它需要一个连贯的过程。推理正是实现连贯的重要策略之一。例如："Каждый день утром он рано встаёт и идёт на работу."（每天早上他早早起床，然后去上班。）。在这个句子中，只说明了起床和上班两个事实，省略了穿衣、吃饭等环节，可是读者读起来并不觉得难理解，因为我们完全可以借助于一些生活常识，通过推理将省略的信息补充完整。

在普通高中课程标准实验教科书《俄语》第五册的第一课"Праздники"（节日）中有这样一段话，"Если лететь на самолёте с востока России на запад，можно встретить Новый год одинннадцать раз."（如果坐飞机从俄罗斯的东边飞到西边可以欢度十一次新年。）。如果你具备这样的地理常识 "По территории России проходит одиннадцать часовых поясов."（俄罗斯横跨十一个时区。），那么前一个句子的意义我们就可以轻而易举地理解了。

再看下面这个例子："Сегодня он опять опоздал."（今天他又迟到了。）。在这一句话中，虽然没有明确说明昨天他迟到的信息，但是我们完全可以借助опять（又）这一个词，通过推理，把省略的信息补充完整。上面这两个例子借助于读者的日常生活知识，或借助于篇章中那些明示的词来进行推理。再如，在黑龙江大学俄语系编写的《俄语》第二册第三课中有这样的句子："Если сейчас в Лондоне равно пять часов утра，то в Москве уже семь часов，а в Пекине двенадцать часов дня."（假如现在是伦敦早上5点整，那么莫斯科已经7点，而在北京是中午12点。）。为什么伦敦、莫斯科和北京的时间不一样呢？文章中省略了有关地区时差等一些地理方面的常识，如果我们对此有所了解，就很容易通过推理来理解上面的句子。

在普通高中课程标准实验教科书《俄语》第五册第一课中有这样一段话："Одна часть России относится к Европе，а другая-к Азии. Граница Европы и Азии проходит по Уральским горам и по реке Урал，один берег которой лежит в Европе，а другая-в Азии. В городе Магнитогорске многие жители живут в Европе，а работает в Азии и наоборот."（俄罗斯一部分

领土位于欧洲，而另一部分领土位于亚洲。欧亚两大洲以乌拉尔山、乌拉尔河为界，河的一岸是欧洲，另一岸是亚洲。在马格尼托哥尔斯克市许多人在欧洲居住，在亚洲工作，或与之相反。）。如果我们在阅读这篇文章之前知道：俄罗斯两个洲的分界线正好穿过乌拉尔河沿岸的Магнитогорск这个城市，那么我们就不难理解下面这个句子。“В городе Магнитогорске, например, некоторые люди живут в Европе, а работают в Азии, наверное не думают о том, что каждый день ездят из одной части света в другую.”（在马格尼托哥尔斯克市，一些人住在欧洲，却在亚洲工作。也许他们没想过，每天他们是从一个大洲跨越另一个大洲。）。

再来看下面的例子：“Уже шесть часов.”（已经六点了。）。从句子的表面意思看，是对具体时间的一个陈述，但是，如果在不同的语境中，可以理解为“我该走了”“该吃饭了”“时间过得如此之快”，等等。所以，在阅读中我们可以根据篇章中的上下文语境，通过推理等手段理解作者的言外之意。再如：“—Саша, сегодня вечером мы на новый фильм, хорошо?”（萨沙，今晚我们去看新电影好吗？）“—Завтра у нас будет экзамен.”（明天我有考试。）。在这个例子中，上句与下句的内容并不搭界，更谈不上连贯，但是读者却明白萨沙不想去看电影的想法。因为萨沙的这句话隐含着“Сегодня вечером я хочу повторять уроки.”（今晚我想复习功课。）或“Уроки ещё не готовы.”（功课还没准备好。）等言外之意。实践证明，在阅读过程中，一个人的世界知识、常识及所学语言国家的文化知识越丰富，其对篇章内容理解的速度就越快，正确率就越高。

第二，实现对信息的精细加工。我们在阅读中对所读内容的理解并不是词和句在头脑中的简单反映，而是对阅读内容所进行的复杂整合，并在整合的基础上对内容进行更深一步的理解，从而推导出一种原理或准则。来看下面的例子：

Что важнее всего на свете? Шахтёр говорит: Самое важное – уголь. Если бы не было угла, остановились бы машины, люди замёрзли бы. Металлург говорит: Самое важное – Металл. Без металла не было бы машин, угла и хлеба. Хлебороб говорит: Самое важно – хлеб. Без хлеба не может работать ни Шахтёр, ни металлурк, ни лётчик... Так кто же из них прав? Что важнее всего на свете?

世上什么最重要？矿工说：最重要的是煤炭。如果没有煤炭，机器会停转，人也会被冻死。冶金专家说：最重要的是金属。没有金属的话就没有机器、住所和面包。农夫说：最重要的是粮食。没有粮食的话，矿工、冶金专家和飞行员等都无法工作。那么他们中谁是对的？世上什么最重要？

（选自《俄语阅读》黑龙江大学俄语系编，第1册，第6课）[81]

这个故事平铺直叙，内容简单易懂，衔接得很好，也没有省略，但这里面却蕴含着一个深刻的道理：社会是一个整体，在这个社会中，每个人的社会分工是不同的，重要的不是自己所从事的某一项工作，而是大家的共同劳动。因此，我们可以这样推理，“Самое важное— труд. Без труда не было бы ни хлеба, ни металла, ни угла. Ничего.”（最重要的是劳动。没有劳动的话就不会有粮食、金属和住处，什么都没有。）”。寓言故事也运用了一些浅显易懂的语言手段，向我们阐述了深刻的道理。篇章中蕴含着深刻的做人原则、做事准则等，这些需要读者通过对所读内容的精细加工才能获得。

第三，实现对信息的快速加工。在对阅读内容进行理解的过程中，我们可以借助文章的标题和文章体裁的特点，加速推理过程，达到快速理解的目的。例如，我们可以通过文章的一、二、三级标题推断出所读的内容。通常情况下，除文章的总标题之外，我们把各个部分的标题称为文章的一级标题，把每部分中分为几个问题的标题称为文章的二级标题，再把每个问题分为几个小点的标题称为三级标题，随着标题级数的不断增加，内容也不断地深入。而知道了各级标题，就基本推测出了所读的内容。如获得了报纸上一则新闻报导的标题就获得了一个上层图示，从这个上层图示出发，利用各级标题进行自上而下的推理，一旦预期的信息被发现，推理得到证实，理解便获得成功。

第八章 言语生成的认知心理过程分析

言语生成是指个体将内在心理的、无声的言语行为向外部的、有声的言语行为转换的过程。如果我们仍然用维果茨基“思维与言语”的相互关系来解释言语生成这一概念的话，那就是思维向言语的转化过程，也即内部言语向外部言语的转化过程。那么，言语生成是不是与言语理解走了一个完全相反的路径呢？我们首先看看维果茨基对这一问题的论述。

在本章中，我们仍以维果茨基“思维与言语”相互作用的辩证理论为依据，阐述言语生成的认知心理特征，分析思维（内部言语）向言语（外部言语）转换的心理过程，并以外部言语作为阐释的重点，详细描述它的概念、结构及特征，以便大家进一步认识内部言语生成外部言语之后的基本特征。本章的阐述将从外部言语开始，向思维层面逐步延伸。在此基础上，再通过从思维层面向外部言语的转换说明言语生成的基本心理过程，以便能够更清楚地看到内部言语与外部言语二者之间的关系，它们在结构和功能方面的差异，以及个体在将内部言语转化为外部言语（言语生成）时要经历的心理过程。

第一节　“思维与言语”动态作用下的言语生成观

依据维果茨基“思维与言语”相互作用的辩证唯物主义学说，人的内部心理活动来源于外部实践活动，人的心理活动是在社会历史发展过程中由物质生活、外部物质活动改造成为内部意识活动的结果和派生物。当个体需要将自己的思想表达出来用以交流的时候，就必须将自己内部心理的言语思维活动（思维）转化为外部的言语表达活动（言语）。与此同时，当交际一方运用外部言语形式将自己的思想表达出来后，交际的另一方就必须依据自身的知识判断理解对方的话语，即转化为自己的内部言语形式，以了解对方的交际意图。可见，外部言语与内部言语在交际过程中总是相随相伴地交替出现：一方面在交际双方之间动态循环，另一方面也在交际者自身内—外言语转换过程中动态循环。

20世纪20年代，依据马克思的辩证唯物主义活动观，维果茨基提出了著名的人的心理发展的文化历史理论。他认为，“人的心理发展的决定因素是历史过程中不断发展的文化，而文化则是人的社会生活与社会活动的产物”[4]。也可以说，人的心理是在社会生活与社会活动中发展起来的。在活动中，人们不断把客观世界摄入自己的视觉，运用自身的体力和智力，通过一定的手段和方式，形成主、客观之间的联系，最终达到有意识认识和改造客观世界的目的。在这一过程中，活动与意识始终相互联系、高度协调一致，从而使意识作为人的心理活动过程的主要特征而成为活动理论的最基本问题。

维果茨基从马克思主义活动观出发，从劳动活动中引申出工具中介性的思想，提出了人的心理过程的变化与他的劳动活动过程的变化是同样的论断。他认为，人的心理活动与劳动活动一样都是以工具为中介的，只不过中介人的心理活动过程的“是特殊的‘精神生产的工具’——各种符号系统”[25]。在这些符号中，尤其是“人的词语系统（语言符号），在中介人的活动的同时从根本上改变了人的心理结构，形成了人类特有的高级的、被中介的心理机能”[25]。人类也由此形成了有别于动物的高级心理机能的反应形式——意识。可以说，意识作为一个系统，它建立在人的高级心理机能和自身语言符号（词）的整体结构之中。

维果茨基进一步认为，人的心理发展遵循两条连续不断的客观规律。首先，人的心理机能不是从人的心理内部自发产生的，“它们只能产生于人们的协同活动和人与人之间的交往”之中。[17] 在集体活动和社会活动中最先形成人的外部心理过程及其方式；紧接着外部掌握的这一活动方式被逐步改造成内部心理过程，即外部心理过程向内部心理过程转化。在这一“内化”过程中，其心理过程是作为个体的内部思维方式，即个性活动出现的。可以说，人的内部心理机能是“在活动着的外部的、集体的形式向着完成活动的内部的、个体形式的转化中实现其发展的”[17]。

人的心理发展在由外部言语向内部心理转化的过程中都经历了什么？首先，人们需要感知和注意周围的环境；随后，新的感知立即与原有的记忆，即个人的原有经验产生密切联系，这时感知开始反映现实，并依据概念的外部表现形式——语言（词的意义）的基本功能进行抽象和概括；最后，完成一个新的意识过程。也就是说，人们在经历感知、注意、记忆、抽象等心理运作的同时，在外部语言的操作下完成意识过程。在这一过程中意识各机能始终主导着活动的发展。

那么，究竟什么是意识？它与概念、词语是什么关系？“意识是人所特有的最高级水平的反映形式，是人在活动开始时活动的映象。它是客观现实的反映，并对人的活动进程起调节作用。”[4] 再进一步分析，也可以这样认为，意识是人的各种心理机能在整体行为时的结构系统，它与人的感知、注意、逻辑记忆、抽象思维等心理机能是整体与部分的关系。在人的心理发展中，各种心理机能始终处在相互联系、相互影响、相互制约之中。这种联系和相互之间的关系不仅说明各种心理机能本身在变化，也同时说明各种心理机能在变化时受到其他诸因素的影响和制约。在意识这一复杂的心理机能系统中，各种心理机能的活动不是处在同一层面的，“它随着对外部事物感知、注意的开始，在逻辑记忆和抽象概括的过程中逐步加深，最高层次表现为映象活动的最终结果”[4]。这说明，人在意识问题时，各种心理机能发挥的作用是不同的。借助于语言来意识问题的水平也是不一样的，因此，他们意识问题的程度也是各异的。这就是意识的等级结构特征。也就是说，“意识的结构是受活动结果映象调节的、统一的心理机能的层次系统”[25]。这就是意识的机能结构。

但是，意识仅仅具有机能结构还是不够的，它还必须具有意义结构，这样才能在“形式”和“内容”的统一体上意识问题。这是因为“‘机能’是从心理形式，即感知、注意、记忆、抽象等出发去意识问题，‘意义’是从心理内容，即语言符号（词）所表达的客观世界的概念出发去意识问题”[4]。由此可以得出如下结论：人的意识必须同时具备两个系统结构，一是它的机能结构，二是它的内容结构，缺少其中任何一种结构人们都不能去意识问题。

这样一来，我们就会看到，意识的内容就是意义，而意义的基本形式就是语言符号中的词，词就是以其自身的意义作为中介来反映客观世界的现实的。但是，就词的意义来讲，它并不局限于指出某一个别的事物，它的任何意义都是对客观现实的一种概括，即一个词的概念就是对客观现实的一个概括。人在社会条件（活动）下生活的同时，掌握着反映客观现实的意义（语言符号—词）系统，可以说，“人的个体意识就本质来说就是社会性的，而意义既属于客观社会现象范畴，也属于社会意识范畴”[17]。因此，词的意义既作为个体意识的事实，也作为心理学的事实而存在。

第二节　外部言语的基本特征

众所周知，外部言语是人们在交际过程中使用的，即交际对方能看得见（书面表达）、听得到（口头表达）的言语。依据维果茨基的观点，从言语功能的角度出发，外部言语是“为他人的言语”（让交际对方理解的话语），它具有书面言语（写）和口头言语（说）两种形式。然而，尽管书面言语和口头言语同属外部言语形式，但是二者无论在结构方面，还是在功能方面都存在巨大的差异。需要指出的是，在这里我们所说的书面言语是指书面语体的言语形式，口头言语是指口语语体的言语形式。

一、书面言语的特征

书面言语作为一种言语形式具有自身独立的言语功能，甚至在书面言语的最初构思阶段也需要作者有较高的语言概括能力。此时的书面言语是在作者的思维和意象中说话，它要求作者从自己的言语感觉方面走出来，用意象的言语来取代口头的言语。首先，由于书面言语最初表达的意象性，需要作者将言语声音符号化，变成书面符号。而这个转换过程要求作者将言语形式进行较大程度的变动。其次，书面言语受规则支配的性质比口头言语更为明显，它要求作者具有较高的语言抽象能力。正是由于书面言语是没有对话者的言语，即向一个不在眼前的，或想象中的，甚至根本不存在的人说话，它不仅要求作者用更多数量的词、最大程度地展开言语形式，以便传递自身的思想，而且还要求作者语言运用正确，逻辑严谨，结构布局合理，段落分明，内部意义连贯，外部结构衔接得当等，以便对方能更确切地了解自己的意图，而不至于产生理解上的歧义。最后，在书面言语中，虽然声音和声调均已排除，但是作者必须清楚地认知业已学过并得以保持的每个词的声音信号和结构，并以字母表的符号顺序分解和重组单词。与此同时，运用深思熟虑的方式把单词置于某种序列，以便组成一个个句子，再将其构成连贯话语

（篇）。因此，书面言语是最精心组织的、具有严谨逻辑性的言语形式，是外部言语形式的最好样例，我们可以从中更清晰地考察出外部言语的特征。如下面这个例子：

Атомы и молекулы

Атом-это частица лемента или молекулы. Атом имеет сложную структуру. В центре атома находится ядро. В ядре атома находятся протоны и нейтроны. Протоны-это элементарные частицы. Они имеют положительный заряд. Нейтроны не имеют заряд. Ядро атома имеет положительный заряд, который равен числу протонов. Вокруг ядра атома вращаются электроны. Электроны-это элементарные частицы. Они имеют отрицательный заряд. Число электронов в атоме равно числу протонов, поэтому атом электронейтрален.

原子和分子

原子是构成元素或分子的一种粒子。原子有复杂的结构，在原子中心是原子核，原子核里有质子和中子。质子是一种基本粒子，带正电荷。中子不带电荷。因此，原子核带有与质子数相同的正电荷。原子核周围环绕着电子。电子是一种基本粒子，带负电荷。原子中的电子数和质子数相等，因此原子不带电。

（选自《科技俄语教程》王利众等主编，第1册，第3课）[83]

从上面这个例子可以看到，文段结构分明，逻辑严谨，衔接得当。仅通过атом（原子）、ядро（原子核）、частица（粒子）、молекул（分子）、нейтрон（中子）、электрон（电子）、заряд（电荷）等几个关键词的反复运用，就可以清楚这篇文章在向人们阐述一个自然科学的重要理论。我们再看下面这个例子：

Что такое художественная литература?

Художественная литература – одна из видов искусства. Это искусствб слов. Литература показывает жизнь в образах, рисует различные жизненных картины. Предмет литературы, как и других видов искусства – вся жизнь, которая нас окружает. Но в центре литературы всегда стоит человек. Писатель изображает жизнь человека, его отношение к обществу, природе, его мысли, чувства.

Литература не просто изображает действительность, она активно участвует в общественной жизти страны. Писатели в своих книгах ставят важные проблемы, которые интересуют общество, помогают решать эти проблемы. Передовая литература защищает идеи справедливости, свободы и мира и борется за воплощение этих идей в жизнь. Нередко писатели сами участвуют в освободительной борьбе своих народов.

什么是文学?

文学是一种艺术形式，它是语言的艺术。文学通过范例展示生活，描绘各式各样的生活图景。像其他艺术形式一样，文学主题围绕我们周围的整个生活。但处于文学中心地位的永远是人。作家描绘人的生活，人与社会、自然的关系以及人的思想和感受。

文学不仅描绘现实，还积极反映国家社会生活。作家在自己的书中展现社会关心的重要问题，并帮助解决这些问题。进步文学捍卫公正、自由、和平的理念并为这些理念的实现而战。作家亲身加入到本民族解放斗争中的事例并不少见。

（选自《俄语专业阅读教程》刘永红等主编，第2册，第31课）[84]

在上面这个例子中，我们仍然可以感受到书面言语逻辑的清晰性、结构的严谨性，以及衔接的紧密性。文中通过反复运用литература（文学）一词，论证了它作为一种语言艺术的社会价值。那么，我们能不能由此就认为外部言语是一种在词语符号和结构上最大程度展开的言语形式了呢？当然不是。

二、口头言语的特征

我们知道，书面言语只是外部言语的一种形式。通常情况下，书面言语代表的是独白言语，而口头言语则代表的是对话言语。那么，作为外部言语的另一种形式，口头言语又有哪些特征呢？首先，口头言语是一种即时性交际行为，是交际双方正在进行的一种在线式话语活动，是领会式言语活动和复用式言语活动结合使用的过程，即听和说交替使用的过程。其次，在交际过程中，由于交际双方了解交流话题的主题或话题的主语，即双方具有一定的共知信息（已知信息），且又在交际双方上下文的语境之中，双方都可以使用简略话语，甚至在某种情况下容许使用纯粹没有主语的句子。例如，人们在购票窗口买票时，由于相互间具有共知信息与上下文语境，因此会常说“Зеленоградская туда и обратно.”（买到泽列诺格勒的往返票。），而不会说“Прошу вас дать мне один билет от этой станции до станции Зеленоградская и один билет от этой станции до Москвы.”（请给我一张从这个站到泽列诺格勒站的票和一张从泽列诺格勒站回莫斯科站的票。）。最后，口头言语通常是交际双方都能看见对方，能看到对方的面部表情、动作、姿势等，还可以听到对方的语音、语调，这不仅可以通过对方话语以外的辅助因素——表情、动作、姿势、语调等帮助判断理解对方的话语含义，同时也使简略话语的使用成为口头话语交际过程中的一条规律。

归纳起来，书面言语和口头言语之间的差异性主要有以下几点：第一，口头言语是说话者通过声带振动产生的音波传导给听话者；书面言语是作者通过深思熟虑，把要表达的言语用文字形式记载下来而呈现给读者，或是读者通过光波由视觉接受书面文字符号。第二，口语交际时，由于受时空所限，声音停留短暂，转瞬即逝；书面言语则能打破时空限制，使人类经验得到不断地积累和发展。第三，口语交际时，交际双方具有一定的共知信息（语言预设），且又在交际的上下文情境中，因此，通常情况下所用语言结构简单，且常用省略式、简短式；书面言语则要求语言规范、结构严谨，最大限度地展开言语形式，以便对方明确理解作者的话语含义。第四，口语交际时，交际双方是面对面地进行语言交流，因此，交际双方可以运用交际的辅助手段帮助理解对方的言语，如观察对方的面部表情、姿势、动作等；书面言语虽不能利用上述非语言手段，却可以利用文字记载的长久性对话语进行反复修改，达到上下文的最好衔接与连贯。下面我们通过几个例子，说明在口头言语交际中言语简略性所能达到的交际效果，以及语调在话语中是如何表达情感的。如下面这个例子：

—Андрей，куда ты думаешь поехать в воскресенье?

—В мединститут к Николаю.

—Разве ты не был у него в прошлую субботу?

—Был. Но он просил меня приехать к нему ещё раз в это воскресенье.

—Когда ты вернёшься от него?

—Думаю，к ужину.

（——安德烈，你周日打算去哪儿?

——到医学院找尼古拉。

——难道你上周六没去他那儿?

——去了，但他让我这周日再去他那儿一次。

——你什么时候从他那儿回来?

——我想，晚饭前吧。）

（选自《俄语阅读》黑龙江大学俄语系编，第1册，第5课）[85]

从上面的对话中我们可以看到，在每一个话论的答句中，答话者都不是在完全重复问话者话语的基础上回答问题的，而是在交际双方话语共知的前提下直击问话主题。例如，在第一个话论的答句中，说话者不必完整地回答“В воскресенье я думаю поехать в мединститут к Николаю.”（周日我打算去医学院找尼古拉。），而是直接切中主题“В мединститут к Николаю.”（到医学院找尼古拉。），省略了其他部分。在第二个话论的答句中，说话者也不必完整地回答“В прошлую субботу я был у Николая.”（上周六我去尼古拉那儿了。），而是省略地答复道“Был.”（去了。）。在第三个话论的答句中，我们也看到了同样的情况，即答话者没有完整地回答“Я думаю，я вернусь от Николаяк ужину.”（我想，晚饭前能从尼古拉那儿回来。），而是省略地答复道“Думаю，к ужину.”（我想，晚饭前吧。）。上面这一会话的例子是我们在教程中随机选择的，在口头言语中，这样的例子比比皆是。这说明口头言语的省略性、简洁性是一种常态化的言语现象。

托尔斯泰（Л. Н. Толстой）作为俄罗斯最著名的作家之一，曾不止一次地运用理解心理学对作品中的话语形式进行分析，以深入把握小说中主人公的心理。下面这个例子是列夫·托尔斯泰在其著名小说《安娜·卡列尼娜》中选取的关于基帝和列文的会话。托尔斯泰认为，这是外部言语缩略的一个极好的特例，以至于没有人能理解他们的对话，但是他们之间却能相互理解。虽然在现实口头言语中这样的例子并不多见，但是它却可以告诉人们口头言语可以达到怎样的简短程度。下面的对话清晰地呈现出基帝和列文是如何通过词的首字母来宣布他们的爱情的，这一例子将帮助俄语学习者更好地体会口头言语的这一特征。

“Я давно хотел спросить у вас одну вещь”.—“Пожалуйста, спросите”.—“Вот, —сказал он и написал начальные буквы: К, В, М, О: Э, Н, М, Б, З, Л, Э, Н, И, Т”. Буквы эти значили: “Когда вы мне ответили: этого не может быть, значило ли это никогда или тогда?” Не было никакой вероятности, чтобы она могла понять эту сложную фразу. “Я поняла”, — сказала она, покраснев. “Какое это слово?” —сказал он, указывая на “Н”, которым означалось слово “никогда”. Это слово значит “никогда”, —сказала она,— но это неправда. Он быстро стёр написанное, подал ей мел и встал. Она написала: “Т, Я, Н, М, И, О”. Он вдруг просиял: он понял. Это значило: “Тогда я не могла иначе ответить”. Она писала начальные буквы: “Ч, В, М, З, И, П, Ч, Б”, Это значило: “Чтобы вы могли забыть и простить, что было”. Он схватил мел напряжёнными дрожащими пальцами и, сломав его, написал начальные буквы следующего: “Мне нечего забывать и прощать. Я не переставал любить вас.”—“Я поняла”, —шёпотом сказала она. Он сел и написал длинную фразу. Она всё поняла и, не спрашивая его, так ли, взяла мел и тотчас же ответила. Он долго не мог понять того, что она написала, и часто взглядывал в её глаза. На него нашло затмение от счастья. Он никак не мог подставить те слова, которые она разумела; но в прелестных, сияющих счастьем глазах её он понял всё, что ему нужно было знать. И он написал три буквы. Но он ещё не кончил писать, а она уже читала за его рукой и сама докончила и написала ответ: да. В разговоре их всё было сказано; было сказано, что она любит его и что скажет отцу и матери, что завтра он приедет утром.

“我想问你一件事已经很久了。”“请吧。”“请看。”他一边说着一边写下了以下单词的开头字母：К，В，М，О，Э，Н，М，Б，З，Л，Э，

Н，И，Т。这些字母的意思是："当你回答我，这不可能，这是表示永远或者仅仅是当时。"看起来，她是不可能理解这个复杂句子的。"我懂了，"她红着脸说。"这是什么词？"他指着表示"永远也不"这个单词的首字母Н，问道。"这个字母表示'永不'，"她说，"但这不是真的。"他很快擦掉自己写下的字母，递给她一支粉笔并站了起来。她写下了"Т，Я，Н，М，И，О"。他突然精神抖擞了起来：他懂了。这表示："那一刻我不能做别的回答。"她又写了几个单词的首字母"Ч，В，М，З，И，П，Ч，Б"。这表示："为了使你忘却和原谅过去的事情。"他用紧张和颤抖的手指拿起粉笔折断了它，写了下面这句话中每一个单词的首字母："我没有什么要忘却和原谅的，我从未停止过爱您。""我懂了。"她轻声地说。他坐了起来，写了一个长句。她都懂了，她没有问他是否是这样，便拿起粉笔，立刻写下了自己的回答。他很久未能弄懂她写的东西，他不时地看着她的眼睛。幸福令他神志恍惚了，他怎么也不能弄懂她写的东西，但在她那双美丽动人的、闪烁着幸福的眼睛里，他理解了他需要的一切。他写了三个字母。但他还没有写完，她就知道他写的是什么了，她帮他写完这句话并写出了答案：是的。在他们的交谈中一切都说了。说了她爱他，说了她将告诉她的父母，也说了他明天早晨要来。

（« мышление и речь»第321页）[25]

这个例子清楚地表明，当两个或多个会话者的思想一致时，话语中词的数量可能会降至最低，经常出现缩略、简化的句法形式，甚至有时只出现谓语化的句子。发生这种情况的原因，一是在会话时双方都知道正在发生事情的情况；二是他们有共同的生活和工作经历，而且是经常接触的亲人、朋友或同事，他们彼此之间具有更多的共知信息。所以，即便双方都使用了极其简洁、省略的话语，他们也都能理解彼此心中所要表达的复杂含义。但是，在生活中也通常会发生这样的情况：交际双方在会话时并没有，或者很少有，甚至完全没有任何共知信息，此时即便使用非简略形式，也可能会发生交际失误，以至于出现一些滑稽可笑的场面。下面就是发生这种情况的一个很好的例证，它可以帮助俄语学习者更好地感受由于交际者思路不同而产生的超出想象的事件结局。

Глухой глухого звал на суд судьи глухого
Глухой кричал: моя им сведена корова!
Помилуй, возопил глухой ему в ответ:
Сей пустошью владел ещё покойный дед.
Судья решил: почто идти вам брат на брата,
Не тот и не другой, а девка виновата.
一个聋子叫另一个聋子到聋子法官那里打官司。
这个聋子大声喊道:我的牛被他给害死了!
怎么可能呢,另一个聋子高声喊叫着回答:
这片荒地早已属于我逝去的祖父。
法官判决:你们兄弟俩为何要争吵,
你们俩都没有罪,有罪的是那姑娘。

(« мышление и речь»第 322 页)[25]

从这个例子中,我们可以看到,即便说话者使用了完整的语言,但是,由于交际双方思路不同,即各自按自己的思路理解对方的话语,这就造成完全的误解,以至于“误判”。当然,这个例子有些极端,但它至少说明,不仅聋子之间由于不理解彼此的思路会发生这样的事情,即便在两个普通人之间对一个词的含义的理解相悖,或观点不一致,也会造成彼此的不理解。

下面我们摘录陀思妥耶夫斯基(Достоевский)摘记中一个典型的例子,看语调在话语中是如何表达说话者情感态度的。这个例子说的是一群醉汉对话中所用的一个词,这个词是由一个不能算作词的名词构成的,我们可以从这群醉汉的对话中看语调是如何帮助人们理解词义的细微区别的。

Однажды в воскресенье уже к ночи мне пришлось пройти шагов с пятнадцать рядом с толпой шестерых пьяных мастеровых, и я вдруг убедился, что можно выразить все мысли, ощущения и даже целые глубокие рассуждения одним лишь названием этого существительного, до крайности к тому же немного сложного. Вот один парень резко и энергически произносит это существительное, чтобы выразить о чём-то, о чём раньше у них общая речь зашла, своё самое презрительное отрицание. Другой в ответ ему повторяет это же самое существительное, но совсем уже в другом тоне и смысле, – именно в смысле полного сомнения в правильности отрицания первого парня. Третий вдруг приходит в негодование против первого парня, резко и азартно ввязывается в разговор и кричит ему то же самое существительное, но в смысле уже брани и ругательства. Тут ввязывается опять второй парень в негодовании на третьего, на обидчика, и останавливает его в таком смысле: “Что дескать, что же ты так, парень, влетел. Мы рассуждали спокойно, а ты откуда взялся - лезешь Фильку ругать”. И вот всю эту мысль он проговорил тем же самым словом, одним заповедным словом, тем же крайне односложным названием одного предмета, разве что только поднял руку и взял третьего парня за плечо. Но вот вдруг четвёртый паренёк, самый молодой из всей партии, доселе молчавший, должно быть вдруг отыскав разрешение первоначального затруднения, из–за которого вышел спор, в восторге, приподнимая руку, кричит... Эврика, вы думаете? Нашёл, нашёл? Нет, совсем не эврика и не нашёл; он повторяет лишь то же самое нелексиконное существительное, одно только слово, всего одно слово, но только с восторгом, с визгом упоения, и, кажется, слишком уж сильным, потому что шестому, угрюмому и самому старшему парню, это не понравилось, и он мигом осаживает молокососный восторг паренька, обращаясь к нему и повторяя угрюмым и назидательным басом... да всё то же самое, запрещённое при дамах существительное, что, впрочем, ясно и точно обозначало: “чего орёшь, глотку дерёшь”. Итак, не приговоря ни единого другого слова, они повторили это одно только излюбленное ими словечко шесть раз кряду один за другим и поняли друг друга вполне. Это–факт, которому я был свидетелем.

一个星期日的夜晚，我碰巧遇上了六个喝得酩酊大醉的工人并与他们同行了大约十五步左右的路。我突然确信，可以用一个极短的不算是词的词表达出全部的想法、感觉，甚至是完整深刻的判断或推论。这正是他们当中一个小伙子用激烈且粗鲁的语调说出的词，这个词在这里用来表达这个青年对他们以前曾谈论过的事情的极端鄙视的态度。第二个人回答时重复了这个词，由于语调已经完全不同，意思也就不一样了。他的这一语调表达了对前面那个小伙子完全持否定态度的正确性的质疑。第三个人突然对第一个人发怒，并用激动且激昂的语调说出这个词，这时这一词带有了几分诅咒和威胁。这时第二个人又插话了，他朝第三个人发起了火并制止他讲话，认为他不该参与进来，意思是"你为何要插嘴，我们本来是在心平气和地讨论一件事情，而你却跑来骂人"。于是他抬起手抓住对方的肩膀，用了那个意思隐秘的词表达了全部的想法，这个词正是刚刚所用的那个极短的词。突然间，第四个小伙子，也是他们当中最年轻的、一直保持沉默的人，突然感觉到他大概是找到了解决争端的方法，他兴高采烈地举起了一只手并大声地叫了起来：找到了，找到了。找到了吗？其实根本就没有找到。他只是重复了那个极短的，且不能用以印刷的那个词，仅仅是一个词，是一个他用狂喜且过于强烈的语调说出来的那个极短的词。正是由于这样的语调使他们当中的第六个人，也是他们当中年龄最长的，一个看上去闷闷不乐的人，有了反应。由于他不喜欢这种情况，他打断了那个年轻幼稚者，用低沉且训导的语调重复着那个极短的、令人难以启齿的词，这时这个词显然在表达着"吼什么"。就这样，这群醉汉没用任何其他的词，只是六次重复使用了这个他们所喜爱的词，可是他们相互之间却完全理解其意。这是我亲眼所见的事实。

（«мышление и речь »第325页）[25]

三、外部言语与内部言语的联系

以上我们分两个部分分析了外部言语中书面言语和口头言语的主要特征，以及它们在功能和结构方面的差异。然而，要分析言语生成的过程，就必须要说明外部言语是怎样与内部言语相联系的。如前所述，在书面言语中，由于缺乏情境性和表述性的支持，作者只有通过词和词的组合才能达到交流的目的。这样一来，作者就要采用更复杂的言语活动形式，以便形成自己的书面言语，这就是作者在写作前通常所做的准备工作——打草稿。在书面言语中，打草稿是作者形成书面言语的前期言语计划活动，甚至不打草稿，作者有时也要自言自语地说说自己要写的东西，即打腹稿，这也是一种言语计划活动。上述所说的打腹稿情况，通常也在个体口头表达自己思想之前发生。维果茨基认为，这种打草稿或打腹稿就是外部言语与内部言语相联系的过程，而草稿或腹稿本身也属于内部言语。因为“从作者在心里打腹稿或打草稿的反复思考，再到作者选择词语表达，直至到最后定稿的过程，说明人们的心理变化过程。这个心理变化过程恰恰反映了内部言语到外部言语，外部言语到内部言语的相互转化过程”[24]。

至此，我们已经从外部言语追溯到内部言语，那么，我们是不是就找到了言语生成的起点了呢？当然不是。内部言语是言语思维（借助于言语进行思维）的一个独特领域，而言语思维又是从思维（不借助于词语的思考）中走出来的。这样一来，追溯言语生成起点的脚步又把我们向前推进了一步，将我们从内部言语带进了思维这一领域。

第三节　思维的基本特征

维果茨基认为，“思维是一个不进入词语（不借助于词语进行思考）的独特结构，但是，每种思维都会与外界创造一种联结，解决一个问题，完成一种功能。思维的流动并不同时伴随着言语的展开，言语和思维具有不同的发生学根源，这两个机能沿着不同的路线发展，彼此独立，但有时交叉”[24]。因此，思维过程和言语过程不是同一的，在思维单位和言语单位之间也不存在刻板的一致性。比如，同一个想法可能会采用不同的言语表达形式，而同一个言语形式可能会表达个体不同的思想。戏剧中的“潜台词”，话语中的“言外之意”“话外之意”，以及在现实生活当中我们所讲的每一句话等都有某种“潜台词”，即话语里面都隐藏着一种思想，这就是隐藏在说话者内心深处的思想（思维）。例如：“Закроите окно!”（请关上窗户！）。这样一句话在不同的交际环境中至少可以隐藏着说话者下面几种想法：①提醒听话人把窗户关上。②责备听话人没有把窗户关上。③暗示室内温度低，请求听话人把窗户关上。④暗示隔窗有耳，请求听话人把窗户关上。

由于思维和言语有各自的独特结构，从思维向言语的过渡并非易事。思维（思想）不是由彼此独立的单位所组成，它一经产生就是一个整体。要把思想表述出来就必须借助于言语，而言语（话语）则要借助于一个个言语单位（词），最终组成一个整体。所以，在说话者的心中，思维（思想）是呈整体性立刻出现的，之后说话者要即时寻找一个个合适的言语单位来表达自己的整体思想。在言语中，这个过程正好相反，说话者必须首先从一个言语单位，接着到另一个言语单位相继展开，最终完成表达自己整体思想的目的。可见，思维过程是从整体到部分，而言语过程则是从部分到整体，思维和言语就是这样从整体到部分（思维转换到言语），从部分到整体（言语转换到思维）的动态循环。维果茨基曾形象地将思维与言语的关系看作是乌云和雨点。他说，如果把思维比作一朵乌云（整体）的话，那么，言语就好似乌云洒下的雨点（一个个部分)。他还认为，思维与思维的直接交流是不可能的，不仅在生理上不可能，而且在心理上也不可能。这样一来，交流只能用迂回的方式，也就是说，它要借助于一种工具才能完成这个迂回的过程，这就必须通过言语中的词所表达的意义（词)。此外，由于思维与言语呈相反方向运动，思维在言语中没有它的自动对应物，这样一来，思维向言语过渡也要通过意义，而意义只有在言语的词中才能找到。可见，词是思维向言语转换，言语向思维转换的单位。

到此，我们从内部言语—言语思维已经追溯到了思维本身，这似乎已经找到了言语生成的源头。其实不然，在这里还要继续追溯：思维又是怎样被激发出来的？维果茨基认为，思维本身是由动机激发的。也就是说，思维是由于个体的欲望和需求、个体的兴趣和情绪而得到激发的，因此，在每一种思维的背后都有着一种情感—意志的倾向。恰恰是这种情感—意志的倾向掌握着思维分析中最后一个问题的答案。也就是说，在现实交往中，只有了解对方思维的情感—意志基础，才有可能真正了解另一个人的心理世界，那自然也就可以准确了解他的话语的真正意图了。

综上所述，我们遵循维果茨基“思维与言语”相互关系的理论，从外部言语开始，进入内部言语，紧接着再进入思维层面，直至追溯到思维的激发—动机层面，并系统分析了外部言语向内部言语发展的路径：外部言语—内部言语—思维—动机。从这一过程的走向看，似乎在分析言语理解而不是言语生成。但是我们一旦以动机激发作为分析问题的起点的话，那么，言语生成的过程就遵循动机—思维—内部言语—外部言语这一规律进行逐步转换的过程。不过，“将内部言语生成外部言语并不是简单地把一种语言形式翻译成另一种语言形式，更不可能仅仅通过把无声的言语转变为有声的语言来解决”[25]。这个过程是复合的、动态的，它需要在动机的驱动下，首先形成自己的思想，然后调动长时记忆中存储的信息，“把内部言语中那些谓语化、习语化的结构转换成能为他人所懂的，即句法合理、发音清晰的言语”[25]。在这个过程中，思维和言语的关系似乎是穿越一系列层面的运动：从激发一种思维的动机至思维本身的形成，先是在内部言语中呈现，然后在语义中选择恰当的词，最终在言语中用词语表达出来。归纳起来，这个过程可以由五个环节组成，简略地表示为："1. 动机，即有别于言语指向的模糊的意向；2. 思想，即言语意旨；3. 内部语词表达的间接思想，即言语的内部编程；4. 外部词义表达的间接思想，即内部编程的实现；5. 词汇表达，即间接思想——言语的发声、发音的实现。"[17]

第四节　言语生成的心理过程

依据维果茨基提出的内部言语向外部言语转化过程的五个环节，我们将言语生成过程划分为三个阶段，他们分别是：产生言语意旨、言语的内部编程、内部编程的外部实现。在本节，我们将从所划分出的三个阶段来分析交际者言语生成的心理过程，以及每个阶段交际者所面临的问题和采取的应对策略。

一、产生言语意旨

产生言语意旨是交际者在内心中通过思考、酝酿产生的一个想法，它是交际者最初的言语意旨。对交际者来说，这时只有一个内心的总体想法，并没有将其付诸实践，因此，言语意旨具有一定的模糊性和不确定性特征。这一阶段是说话人由情感—意志驱动产生了需要交际的某些想法，如说话人有某种信息要通知对方，有某种想法要与对方讨论，有某种好消息急于与对方分享等，并且还想通过口头言语形式来表达自己的思想，甚至期望听话人能从自己的话语中认识到自己的交际意图。这时说话人要做好以下三方面准备：

（一）确定交际题目

说话者要根据其说话的目的确定一个交流的题目，然后选择符合这个题目的话语类型，即是随意交流的话语形式，还是比较正式的话语形式，最后按照自己要达到的交际目的展开自己的话题内容。交际题目是交际双方要谈论的话题，它是交际双方在交际中共同体验、共同经历的主题。通常情况下，按照会话合作原则，说话人必须对正在进行的话题做出贡献，也就是使自己所谈内容和话题联系起来，即“按话题说话”。有时在交际过程中说话人想要改变话题，或者想要开始一个新的内容，就需要同对方进行协商。协商可以用明示的方法，例如，现在我们谈谈另外一个问题；也可以用暗示的方法，例如，说到这，让我想起另外一个问题；有时还可以用一些韵律手段，如提高声音、放慢语速等。在交际过程中，交际话题能否发展成为交际过程中的主要话题，取决于交际双方对话题的想法和相互的认同感。能否在交际中维持该题目，取决于交际双方是否具有共同的意愿。能否在交际中顺利完成交际题目，从而达到交际目的，取决于交际双方的共同态度、意向和彼此的诚意。

（二）选择话语类型

交际题目确定之后，交际者要选择一个符合题目的，适合交际双方性格、年龄、身份特点的话语类型来进行交际。以下的话语类型可供交际双方选择参考：第一，非正式的日常会话。这种话语形式并非很一致，从某种程度来说，它不仅取决于交际双方的感情及亲密程度，还取决于所要谈论的话题内容。如父母与子女之间，兄弟姐妹之间，朋友之间，同事之间等的谈话都有不同的性质。其主要特征之一就是交际双方都能意识到话语的非正式程度，如气氛轻松的、彼此随意的、亲密的等。另一特征就是都能把握好所用的话语形式，如协商式的、讨论式的、探讨式的或要求式的等。通常情况下，在这种交际形式中，交际双方的权力是平等的，即双方都有权力说话，也都有权力改变话题和中止话题。第二，叙述性话语。这种话语形式主要包括叙述一个事件，讲述一个故事，甚至讲一个笑话。有时叙述可以穿插在会话里面，即在会话过程中穿插一个完整的叙述式话题。在叙述过程中，说话人经常一个人叙述，直至结束，但也不排除中间会有插话。这时，说话人应该遵循言语生成的结构顺序，即当回答了别人的插话之后，再按原有的话语顺序继续叙述下去。第三，演讲。这种话语形式也属于叙述性结构类型。这类叙述通常是在各种会议上发表，因此，演讲的话语要清楚、明确，上下文衔接紧密，语义连贯，结构严谨，观点鲜明，话语内容按最大程度展开。演讲者通常是事先有所准备，或完全做好了演讲准备，因此话语具有鲜明的书面言语特点。在演讲过程中，通常是演讲者一人说话，较少有人插话。第四，口试与面谈。这类话语形式有固定的问答次序，提问与回答的人身份比较明确，话语有很明显的特点，即紧紧围绕问题来阐述自己的观点，或紧紧围绕问题向应试者发问。辩论也具备上述这些话语特点，但不同的是辩论中参加者都有同等机会担任说话者，每个参加者都有自己的论题来参与答辩。另外，还有一些话语形式，如记者访谈、空间描述、人物描述、询问、请求、道歉、祝贺等，这些话语形式也都有自己的话语结构顺序与特点，这里不再赘述。

当然，说话者话语类型的选择对实现交际意图是有着非常重要的意义的，它是达到交际目的的重要手段。如果我们把口试当作辩论，把日常会话当成演讲，或是在家庭的日常生活交流中运用那些高亢且激昂的语调等就会犯原则性的错误，同时也会给交际带来负面影响，甚至导致交际意图无法实现。只有双方在交际一开始就有共同认可的话题类型才有共同的交际基础。用于交际的话语形式需要交际双方有明示的协商，例如，“我想同您商量一下……”“我们共同商量一下……”等都属于明示协商形式。

（三）确定话题内容

在交际过程中，双方依据交际话题，遵循所选择的相应话语形式不断展开话题内容。交际双方要在话题中不断地引进或重新引进一些人、事件和事件发生的时间、地点等内容，并不断地对它们做出分析、预测和评价。这时，交际双方对话题内容的理解程度，除我们通常所说的话语衔接、连贯和对话语前后连贯内容的记忆外，重要的是交际双方共享的知识与能力，以防止由于双方互不了解言语意图和无力驾驭交流过程而使交际失败。我们可以把这些知识与能力概括为四类：第一类知识是交际双方的共同背景知识，它主要指独立于交际内容之外的知识。例如，交际双方都知道他们的同事小张出国访学已将近一年，当说话人问小张什么时候回来的时候，听话人就不会觉得诧异，因为他们有共知的知识信息。第二类知识是说话人认为自己所具备的语言能力能够把要表达的信息成功地传递出去，同时也相信听话人有能力理解自己的话语，即说话人对自己、对交际对方的语言能力和掌握的知识很了解。例如，对对方所学专业、文化程度、职业特点等有所了解，就可以运用适合对方的语言特点展开话语。第三类知识是说话人相信听话人有能力判断传达给他的信息的真假度。例如，说话人想通过含蓄、委婉的语言或口气告诉或告诫对方什么，这时他可能不会直截了当地说，而是通过所说言语的“言外之意”或“话外之意”让对方了解自己的言语意图。第四类知识是说话人相信听话人有能力理解自己想要说但又没有明示的信息。

这一点我们仍然可以说，说话者运用什么样的言语形式要视交际对方的文化程度和受教育程度等确定自己的言语内容与形式。

二、言语的内部编程

交际者在产生交际意图之后，对自己要表达的话题，选择的话语形式及话题内容等有了初步的交际意向，然后就要想方设法把自己的思想表达出来。这时交际者在心中要考虑制订一个言语计划，即言语的内部编程。在这一过程中主要应该考虑以下几个方面的问题：

（一）了解对方的具体情况

在进行言语的内部编程阶段，说话人首先要考虑与听话人的关系。例如，是朋友之间的，还是上下级之间的关系，是长辈对晚辈，还是晚辈对长辈。除此之外，还要考虑听话人各方面的背景情况，如年龄、性格、职业、性别、受教育程度等。然后再确定自己的话语形式，如是详细讲解的，还是言简意赅的；是委婉含蓄的，还是直白表达的；是简洁易懂的，还是复杂晦涩的；是协商式的，还是命令式的；等等。但是，无论采用哪一种语言形式，其目的都是使听话人明确自己的交际意图，接受这种交际形式，最终达到顺利交际的目的。

（二）遵守会话的合作原则

在交际中说话人期望听话人相信他们是遵循合作原则的，并期望通过真诚合作达到交际的目的。对这一原则做出较好解释的是美国哲学家格赖斯。他认为，人们的言语交际过程并不是由一些互不联系的话语组成，而是受到一定的条件制约。在交谈中，谈话双方为了保证会话的顺利进行，都要共同遵守一定的原则，这样才能达到相互了解，相互配合，使谈话目标得以实现。格赖斯将其称为“合作原则”。合作原则包括四个范畴，每个范畴包括一条准则和一些次准则。1.质的准则。努力使你说的话是真实的，不要说虚假的、缺乏足够证据的话。2.量的准则。所说的话应包含在交谈目的所需信息内，且不超出这个范围。3.关系准则。话语要切题，要与所谈信息有关联。4.方式准则。谈话要清楚明白，避免晦涩、歧义。但是，在实际言语交际中谁也不会像遵守法律那样去严格遵守这些准则。例如，交谈中一方说谎，另一方无察觉而上当受骗。这是说话人在有意违反合作原则中的“质”的准则，而听话人却没有听出来，还误认为说话人一直在遵守合作原则。又如，交谈中一方有意不去遵守合作原则的某一项准则，但他相信听话人会察觉出来，而听话人认为说话人仍然是合作的，这样听话人便会根据语境所提供的线索，越过说话人话语的表面意义去分析、推测和领会其会话含义，即“言外之意”。这样一来，会话含义的产生需要两个条件：一是说话人有意违反合作原则的某一准则（事实上是说话人在利用这个原则）。二是听话人有所意识，并相信说话人是遵守合作原则的。说话人之所以违反某一准则，实际上是向他传递一个言外之意。这样听话人就根据语境来做言外之意的推导。

（三）考虑语言的社会环境

在言语交际过程中，说话人期望听话人相信他们所谈话题既合乎常理又符合社会背景，因为在不同社会语境下说话人的话语形式是不同的。他们要根据听话人的不同身份、性别、职业选用不同的语言，根据不同的语境使用不同的语体等。具体来说，语境是指语言发生的社会环境，只要我们运用语言进行交际就会构成一个言语活动的特定的语言环境。所以，任何言语活动都是一定社会语境中的产物。语言的社会环境是一个范围非常广的概念，它是指语言发生的社会情境，包括语内环境，也包括语外环境。语内环境指语言本身的环境，如语言环境、词语环境、言语生成活动的环境等。语外环境即语言以外的环境，它指语言所依赖的社会环境、文化环境等客观条件。除此之外，它还指说话者的年龄、性别、身份、职业、文化、修养、思想、性格、信仰、处境等主观环境。这就出现了狭义语境和广义语境之分。狭义语境是指语内语境或词语语境，即我们通常所说的上下文。若是听觉材料，其语境主要指前后的音，而书面材料则主要指前后的词语。这些词语可以是一个单词，一个短语，也可以是一个句子，还可以是一个段落。所以，又常将狭义语境分为词语语境、句子语境和话语语境三种类型。广义语境泛指一切语言环境，它既包括狭义的上下文，又包括语言本身以外的语言环境。而后者又包括两个方面：一是情境语境，它指的是一种客观语境，如语言交际的场合，与文字有关的图像信息等。二是个人语境，它指的是一种主观语境，如人的文化图式、思想观点、知识结构、个性特征等。上述这些因素在言语生成过程中是一定要考虑的。

（四）确定语言手段

在交际过程中，很多要表达的内容其实并没有现成的说法，这就必须运用说话人所持有的语言手段把它表达出来，这里包括各种语言手段和非语言手段。这是说话者说话前就要考虑到的。如果采用语言手段，说话人要确定以什么样的方式参与话语活动，是自己叙述一个事件，还是同别人进行对话，如果是前者，就要遵循独白言语的话语结构；如果是后者，就要选择对话言语的话语结构。

如前所述，独白言语是一个人用比较扩展的言语形式表达自己的思想，常常是提前做好准备，或者事前在心中拟好提纲，无论是话语结构、言语修辞，还是话语的层次性、逻辑性都比较严谨、完整，更接近书面言语；而对话言语是交际双方共同进行的话语活动，是领会式言语活动和复用式言语活动结合使用的过程，即听和说的交替使用过程。由于说在言语活动中是说话人在表达自己的思想，这样说话人自己能控制的东西就比较多。如所用的词汇、句子、话语结构、速度，以及非语言手段的辅助程度等。此外，说话人还要充分考虑与听话人的相互配合，这里包括怎样开始一段话，怎样轮流说话，怎样结束一段话三个方面的问题。首先，说话人想开始一段对话，必须向对方表达自己要进行对话的意图，提出对话的题目。其次，轮流说话是对话的核心部分。轮流也有些基本的要求，例如，交际双方都要有机会说话，每次只能有一个人说话，轮流说话时间歇不能太长，讲话次序一般不做事先规定等。最后，结束一段对话则较为复杂，因为交际双方要互相协调一些想法，使对话得以结束。一般来说，交际一方会采取一种结束前的陈述，例如，“Ну，хорошо!”（那好吧！），“Сегодня до этого!”（今天到此结束！），“Ну，ладно!”（那行！）等。如果另一方也表示同意，那么对话就此结束，如果另一方还希望谈另外一个话题，而交际一方又不同意，那么他就会坚持自己结束前的陈述，他可能会说，“Извините，у меня ещё...”（抱歉，我还有……）或“Извините，мне пришлось...”（不好意思，我必须……）等。

在自然条件下，对话言语和独白言语的使用没有严格的区分界限。对话言语形式与独白言语形式经常结合在一起使用。如交际一方提出问题，另一方需要用较为扩展的、层次分明的话语就某一个问题做出回答，这时他就要用独白言语形式，如答记者问、学术讨论会等。当然，在言语生成过程中经常会用一些非语言手段来辅助语言手段，如果运用的语言手段是书面言语形式，那么最好的，也是最直观的非语言辅助手段是图示。因为图示在有些情境中也可以代替语言的作用，甚至比语言更加直观。在此种意义上，图示作为人的智力活动的中介取代了语言。文学作品中的各种非语言手段首先应该是一些特殊的文字装饰和排版设计。其次，还有一些图案、图表和颜色的利用等。如果运用的语言手段是口头言语形式，常伴随这一过程的非语言手段则是一些表现力很强的动作、表情、姿态，以及说话者的语音、语调等。

三、内部编程的实现

从第一阶段产生言语意旨，到第二阶段的言语内部编程，说话人已经形成了要表达的信息内容。接下来，说话人就要借助于言语结构形式将内部编程的思想内容转换为表层话语传递给交际对方。也就是说，内部编程的实现是言语从心理层面转换到言语层面的过程（其具体心理过程我们在本章的开始部分有详细分析），而一旦说话人要借助于言语把自己的思想组织为言语表达出来时，这些信息就必须从大脑传递到言语系统里的肌肉组织以执行必需的动作，即产生所要说的声音信号。从生理学角度看，这些肌肉分布在三个系统里面：呼吸系统、喉部系统和声道系统。呼吸系统的作用是调节从肺部输往声带的气流；喉部系统由声带组成，它在喉里有两条肌肉组织可以振动，它的作用是负责产生清音和浊音；声道系统包括喉部以上的各种器官：舌、齿、颚，它们是通过操纵口腔（口和咽）的大小和形状对言语的发音产生作用。上述这些肌肉控制从大脑肌动命令开始，在说话人编制话语的言语计划时，负责言语产生的大脑结构向呼吸、喉部和声道系统的肌肉发出信息。编制发音程序主要有如下几个步骤：第一步，选择意义，决定采用的句子成分应具有的意义。第二步，选择句子的框架，对句子的形式和句子的声音做出规定。第三步，选择需要的词汇，并把它放入语言形式里面。第四步，构成词缀和功能词。所选择的词汇被确定后要提出功能词的语音形式。第五步，把音段具体化，一个一个音节地把音段完全实现。

当内部编程在外部实现之后，说话人还要执行一个编辑过程。也就是说，说话人一边说话一边在自我监察所编辑的话语，主要监察语言结构的准确性和话语使用的恰当性和得体性，以及它们是否符合社会情境，对方是否可以接受。自我监察的结果是随时调整和改正自己的话语，最大限度地让交际对方理解自己的话语。在交际中自我监察主要有以下三种情况：

首先，自行打断失误话语。在交际过程中，说话人一旦发现自己的话语失误后会自行打断自己说的话。这种“自行打断”多数都是发生在失误话语的后面。因为一方面，说话人为了让交际对方更好地理解自己的话语，不产生误会，都有一种马上纠正失误的强烈愿望，所以说话者不会间隔很久才修改自己失误的话语。另一方面，说话人都想说完自己正在进行的话语，所以自我纠正通常发生在失误后第一个词的边界。心理语言学的研究证明：在交际过程中，这种打断、纠正自己话语失误的行为比其他的失误纠正行为要多。

其次，适时编辑插入语。在交际中，即便是较为连贯的话语，也经常伴有说话人的插入语。说话人适时编辑插入语通常在两种情况下发生：一种情况是，说话人在自我纠正失误话语的过程中，经常会编辑一些插入语运用在句子中，使自己有足够的时间去考虑如何纠正失误的话语。另一种情况是，当说话者认为自己的话语由于过于简捷或过于概括而使对方难以理解时，也会适时编辑插入语以进一步解释自己的话语，从而使对方明确和理解自己的话语。如“Это значит，что...”（这表明……），“Дело в том，что...”（关键在于……），“То есть...”（即……）等都是说话者经常使用的插入语。

最后，自我纠正失误话语。经过自行打断失误话语和适时编辑插入语等两个阶段之后，接下来是自我纠正失误话语阶段。一般情况下，说话人要自我纠正失误话语都要回溯到刚刚出现问题的那个词，然后选择运用正确的词来代替。如“Весной 1942 г. в военном госпитале для высшего комсостава, размещении Академии сельскохозяйственных наук, шел концерт."（1942年春天，军医院为供职于农业科学院的高级指挥官举办了音乐会。）这个句子中，如果说话人将"комсостав"（指挥官）这一词说错，通常失误之后会立即纠正。另一种情况是提前回溯，即说话人回溯到失误话语（词）之前的某一个点上，例如，说话人可能回溯到"высшего комсостава"（高级指挥官）或"для высшего комсостава"（为高级指挥官），通过将失误的词纳入一个词组的方式纠正自己的话语。最后一种情况是重新开始，即说话人放弃了原来的句子结构，重新再来。例如，"в военном госпитале для высшего комсостава"（在军医院为高级指挥官），一般来说，在交际过程中说话人纠正自己的话语，目的是为了最大限度地提高听话人的理解程度。当说话人讲错话后，重点不仅在于听话人怎样理解被纠正的话语，还在于怎样把纠正的话语放回原来正在进行的话语当中。

上述三种自我检查情况均表现在话语产生过程中，并依次发生。实验证明，它们都有助于听话人理解对方的话语。

第五节　言语生成及策略分析

在本章的前四节中，我们分析了言语生成的心理过程。这一节，我们将借助言语生成的最终成品——语篇，分析言语生成及其策略。下面以较为常见的叙述性话语为例分析其构篇的过程。我们认为，一个叙述性话语，首先应该有背景，如时间、地点、人物；然后还要有情节，而每个情节会有各种变化的可能性，在变化中会激起各种矛盾，于是在解决各种矛盾的过程中推动事件向前发展；最后还要有叙述性话语作为结尾，即矛盾的圆满解决。从言语活动论的角度看，一个完整的话语，无论是对白言语，还是独白言语都是一个完整的构篇过程。也就是说，我们可以借用语篇文本分析话语生成的特点和方法。看下面这个例子：

Голубь художника Пикассо

Однажды к художнику Пикассо пришёл с просьбой старик. Сначала он рассказал художнику о своей жизни и о своём внуке Люсьене. Мальчик очень любил голубей. Но фашисты, которые хозяйничали в Париже, как-то увидели Люсьена с красным флагом и убил его. После этого голуби мальчика поднялись в воздух и улетели. Остался только один голубь. Но фашисты убили и этого голубя.

Старик попросил художника нарисовать голубя в память о мальчике. Художник выполнил его просьбу. Так была создана известная всему миру картина: Голубь мира.

画家毕加索的鸽子

有一天，一位老人带着一个请求找到画家毕加索。他向画家介绍了自己和自己的孙子留辛。男孩儿留辛非常喜爱鸽子，但占领巴黎的法西斯分子不知怎么的，看到留辛举着红布条，就把他打死了。接着，男孩儿的鸽子飞到空中，飞走了。仅剩的一只鸽子也被法西斯分子打死了。

老人请求画家画一只鸽子以纪念男孩儿，画家满足了他的请求。这就是闻名世界的画：和平鸽。

（选自《俄语泛读》阮福根、达曼华主编，第1册，第5课）[86]

从上面这篇叙述性文章的结构看：文章一开头用“Однажды к художнику Пикассо пришёл с просьбой старик.”（有一天，一位老人带着一个请求找到画家毕加索。）这个句子交代了事情发生的时间、地点、人物和将要发生的事情。接下来从“Сначала он рассказал...”（他介绍了）开始，讲述了事件的发展过程。最后以“Художник выполнил его просьбу.”（画家满足了他的请求。）这句话来表示事件发展的结果。同时以“Так была создана известная всему миру картина：Голубь мира.”（这就是闻名世界的画：和平鸽。）作为话语的结尾，告诉人们和平鸽这一概念的含义和由来及留给后人的思考。综上分析，我们看到，叙述性故事一般分为四个结构：首先是故事的背景介绍，接下来是故事中事件的发展过程，然后是故事的结果，最后是故事的结局。上面这个语篇所述事件较为简单，事件的发展过程也不复杂。事实上，在现实中叙述性语篇的内容要复杂得多。但是，不论多么复杂的叙述性语篇的内容，其故事的结构是基本稳定的，只是所述事件发展变化的复杂过程或程度有所不同，可能同时展开2~3个事件，也可能有更多事件；事件发展的过程更复杂，但总是以解决诸矛盾而走向故事的结局。下面我们以Голубь художника Пикассо画家毕加索的鸽子为例，将叙述性故事的发展过程分解为一个故事结构图：

叙述性故事发展过程的结构规则

结构规则	叙述性故事的发展过程
背 景	时间、地点、人物 Однажды к художнику Пикассо пришёл с просьбой старик. （有一天，一位老人带着一个请求找到画家毕加索。）
故事开始	事件1 Сначала он рассказал художнику о своей жизни и о своём внуке Люсьене.（他向画家介绍了自己和自己的孙子留辛。）
故事展开	事件2 Мальчик очень любил голубей. Но фашисты, которые хозяй ничали в Париже, как-то увидели Люсьена с красным флагом и убил его.（男孩儿留辛非常喜爱鸽子，但占领巴黎的法西斯分子不知怎么的，看到留辛举着红布条，就把他打死了。）

续表

结构规则	叙述性故事的发展过程
故事发展	事件3 После этого голуби мальчика поднялись в воздух и улетели. Остался только один голубь. Но фашисты убили и этого голубя.（接着，男孩儿的鸽子飞到空中，飞走了。仅剩的一只鸽子也被法西斯分子打死了。）
故事结果	事件4 Старик попросил художника нарисовать голубя в память о мальчике. Художник выполнил его просьбу.（老人请求画家画一只鸽子以纪念男孩儿，画家满足了他的请求。）
结 局	结局 Так была создана известная всему миру картина: Голубь мира. （这就是闻名世界的画：和平鸽。）

我们再以描述某些事物的话语（语篇）为例，分析话语生成的切入角度。在描述某些事物的话语中，首先，要确定在什么层面进行描述，是从事物的宏观层面展开，还是从事物的某一侧面开始；然后，要确定描写哪些内容，是对全部事物都进行描述，还是要有所取舍；之后，要确定所描述内容的顺序，是从大到小，由远及近，还是由具体到抽象，或是按其重要程度进行描述；最后，要确定被描述事物各部分之间的内容是以怎样的方式或关系联系在同一个完整事物之中的。下面以«Москва»（《莫斯科》）和«Санкт-Петербург»（《圣彼得堡》）两篇介绍两个城市的文章为例，看叙述性话语的切入角度。

Москва

Москва – столица России, город – герой, крупнейший центр промышленности, культуры и науки. Это один из красивейших и крупнейших городов мира: площадь его около 900 квадратных километров, население – девять миллионов человек. В городе множество фабрик и заводов, сотни научных институтов, вузов, техникумов. Много событий пронеслось над Москвой за восемь с лишним веков её истории.

Москва – древний и вечно юный город, всегда игравший ведущую роль в развитии политики, культуры. Это город всемирно известных памятников архитектуры. В Москве жили и работали многие известные деятели науки и техники, литературы и искусства. Москва – город музеев и театров, стадионов и спортивных плащадок. Двери московских библиотек широко открыты для москвичей и гостей столицы.

Много прекрасных мест в Москве...

莫斯科

莫斯科——俄罗斯首都，英雄城市，最大的工业、文化和科学中心。它是世界上最美最大的城市之一：占地近九百平方千米，人口九百万。城市拥有大量轻、重工业工厂和几百个科研院所、大学及中等技术学校。在城市八个多世纪的历史中，莫斯科发生过很多事件。

莫斯科——这座古老却又永远年轻的城市，一直在政治、文化的发展中起着引领作用。这座城市拥有世界闻名的建筑遗迹。许多著名的科学活动家、文学家和艺术活动家曾在莫斯科生活、工作过。莫斯科城中遍布博物馆、剧院和体育场馆。莫斯科所有图书馆的大门都向莫斯科居民和首都访客开放。

在莫斯科有很多漂亮的地方……

Санкт-Петербург

В Санкт - Петербурге очень красивые архитектурные ансамбли. Посмотрите – это Дворцовая площадь. Здесь Зимний дворец – большая резиденция царя. Ночью 25–го октября 1917 года начался штурм дворца. Сигнал дали грудия крейсера 《Аврора》. Он и сейчас стоит на Неве как памятник истории. А в Зимнем дворце сейчас музей Эрмитаж.

А это Смольный. Здесь в 10 часов утра 26 - го октября 1917 года съезд Советов провозгласил, что социалистическая революция в России совершилась. Съезд Советов выбрал первое Советское правительство во главе с Лениным и принял первые декреты: Декрет о мире, Декрет о земле, декрет о власти.

Санкт- Петербург – крупнейший культурный центр. Какие здесь

музеи, театры, библиотеки, институты! Достаточно сказать, что здесь находится знаменитый Пушкинский Дом, где хранятся все рукописи поэта, и Эрмитаж–крупнейший художественный музей мира.

Об этом городе можно рассказывать бесконечно...

圣彼得堡。在圣彼得堡有非常漂亮的建筑群。看，这是宫廷广场，在这儿有冬宫——一座巨大的沙皇官邸。1917年10月25日夜间，阿芙乐尔号巡洋舰发出作战信号，对冬宫的总攻开始了。现在该舰作为历史的见证者停在涅瓦河上，冬宫则成为艾尔米塔什博物馆。

这是斯莫尔尼宫。1917年10月26日早上10点，苏维埃代表大会在这儿宣布：社会主义革命在俄罗斯实现了。苏维埃代表大会选举出以列宁为领导的第一届苏维埃政府并通过了几部初期法令：《和平法》、《土地法》和《政权法》。

圣彼得堡是最大的文化中心。这里有多少博物馆、剧院、图书馆和科研院所啊！只要说出这里有著名的、保存着诗人所有手稿的普希金故居和世界最大的艺术博物馆艾尔米塔什就够了。

关于这座城市是讲不完的……

（选自《俄语阅读》黑龙江大学俄语系编，第1册，第21课和第65课）[81]

通过比较，我们看到：同样是对一个城市进行描述，其描述方法、顺序、切入的角度却有很大不同。对莫斯科的描写是从其作为政治经济中心的宏观角度进入，其内容和顺序按城市的历史、政治、文化和科技等方面展开，以充分阐释其作为首都的不可替代的作用。对圣彼得堡的描写则是从微观的文化角度进入，其内容和顺序是从文化视角展开的，然后将其分为建筑文化、历史文化和艺术文化三个方面逐一进行阐述，其中每一个方面都以圣彼得堡标志性文化建筑为例，展现出其作为俄罗斯历史发展中的政治、经济和艺术文化中心的不可替代的作用。

上面我们分析的是对两个不同城市的描写，展示了在话语生成过程中人们所采用的不同方法。下面我们选择具有同一个题目的话语语篇，再进一步分析它们之间在话语生成及内容展开顺序方面的异同。

例 1：

Кем быть?—думают юноши и девушки, когда учатся в школе.

Хорошо быть и инженером и строителем, и врачом, и шофёром. Но решить–трудная проблема.

Рассказывает Анатолий Богатов. Мне двадцать пять лет. Я сталевар. Почему я выбрал эту профессию? Потому что мой отец сталевар. Когда я учился в школе, я был на заводе, смотрел, как работал отец, и думал: сталевары – сильные люди. И решил быть сталеваром. Моя профессия трудная, но интересная.

Рассказывает Марина Гаврилова. Мне двадцать лет. Раньше я работала медсестрой в больнице, а сейчас учусь в институте. Хочу быть врачом. Я хорошо знаю работу врача и думаю, что это интересная профессия.

Рассказывает Борис Надеждин. Мне шестнадцать лет. Я не работаю, учусь в школе. У меня нет профессии, и я ещё думаю, кем быть. Мне нравится Сергей Иванович Огнёв. Он интересный человек, строит электростанции. Когда он рассказывает, как живут и работают строители, я хочу быть строителем.

从事什么职业？男孩和女孩们在中学学习时就考虑这个问题。

成为工程师、建筑工人、医生和司机都不错，但确定职业是一件困难的事。

阿纳托利·博卡托夫说：我 25 岁，是一名炼钢工人。为什么我选择这个职业呢？因为我爸爸是一名炼钢工人。当我还在中学学习时，我曾到过工厂，看过爸爸如何工作。当时我想：炼钢工人是强健的人，于是我决定成为一名炼钢工人。我的工作艰苦却有趣。

玛丽娜·加夫里洛娃说：我 20 岁。之前我在医院做护士，现在在学院学习。我想成为一名医生。我很了解医生的工作，我认为这是一个有趣的职业。

鲍里斯·纳杰日金说：我 16 岁，我还未工作，还在上学。我没有职业，还在考虑将来从事什么职业。我喜欢谢尔盖·伊万诺维奇·奥格尼奥夫。他是个有趣的人，正在建发电站。他讲过建筑工人是怎么生活和工作的，我想成为建筑工人。

（选自《俄语泛读》阮福根、达曼华主编，第1册，第19课）[86]

例2：

Когда мы ещё учились в школе，мы часто думали о своём будущем，о нашей профессии. Это очень важно－выбрать своё место в жизни. Все мои товарищи уже знают，кем они ходят быть. Они будут инженерами，врачами，учителями，экономистами. Я завидую друзьям，потому что они уже выбрали специальность，а я не могу решить，кем я буду.

Хорошо быть инженером，строителем или архитектором. Хорошо строить жилые дома，больницы，вокзалы. Чтобы делать проекты здании，больниц，театров，нужно серьёзно заниматься физикой，математикой и черчением. Это не легко，но интересно.

А как интересно быть химиком! В наш век，когда создают новые вещества и открываеют новае соединения，химия имеет очень большое значение. Сейчас говорят，что химия－это наука будущего.

Хорошо быть учителем：учить детей，давать им знания，радоваться их успехам!

Очень интересно быть врачом：лечить людей，делать серьёзные операчии，бороться с болезнями. Я уважаю людей，которые всегда готовы помочь людям. Есть много специальностей. И все они нужные и полезные.

Но самое главное－любить свою профессию и чувствовать，что ты приносишь пользу людям.

在中学学习时，我们常常思考自己的未来和职业。在生活中选择自己的位置是非常重要的。我的同伴们都知道自己想从事什么职业，他们将成为工程师、医生、教师和经济学家。我很羡慕他们，因为他们已经选好了职业，而我还没有决定将来做什么。

成为工程师、建筑工或建筑师很不错，能好好建造房子、医院和车站。为了画出楼房、医院和剧院的草图，需要认真学习物理、数学和绘图。这虽不轻松，但却有趣。

而成为化学家是多么有趣啊！在我们这个时代，化学对创造新物质、发现新化合物有着十分重要的作用。现在人们说：化学，是未来的科学。

成为教师也很好：给孩子上课，教他们知识，为他们的成功而高兴！

成为医生是十分有趣的：医治病人，认真手术，与疾病做斗争。我尊重那些时刻准备帮助别人的人。世上有许多职业，所有职业都是必不可少且有益于人们的。

但最重要的是：热爱自己的职业，并感到自己将给他人带去益处。

（选自《俄语阅读》黑龙江大学俄语系编，第1册，第45课）[81]

上面两篇话语为同一个题目，但是其话语生成所运用的方式却完全不同。首先，前者从第三人称角度进入，因而大量引入了他人的话语；后者从第一人称角度进入，因而文中出现的话语均属作者本身，也或是主人公自身的想法。其次，前者文中的主人公多为从业人员，文中大量使用回述的方式；后者文中的主人公为在校学生，文中出现的话语多用将来时，以表明是对未来的一种构想。最后，在结构顺序方面，前者在文中三次运用“Рассказывает”（说）一词，并将其作为核心段落的开头语，引出文中三名主人公各自的想法而成就该文章的总体结构；后者在文中两次出现“Хорошо быть...”（成为……不错）这一句型，如“Хорошо быть инженером，строителем или архитектором. Хорошо быть учителем：учить детей，давать им знания，радоваться их успехам!”（成为工程师、建筑工或建筑师很不错。成为教师也很好：给孩子上课，教他们知识，为他们的成功而高兴！）通过主人公对未来职业的憧憬而成就文章的总体结构。

第六节　言语生成的相关因素分析

我们知道，当内部言语生成外部言语时，它包含两种言语形式：表示口头言语的说和表示书面言语的写。虽然二者同为外部言语，但其形成过程却有很大区别。说是通过口头交际形式把信息传递给别人的过程，而写是通过书面言语形式表达自己思想的过程。按照海姆斯的交际能力理论，一个说外语或用外语写作的人不仅要能够说出合乎语法的句子，即能保有选词造句的正确性、准确性，更重要的是所表达的话语要恰当、得体，要符合目的语国家的社会文化背景，同时还要有较好的话语组织能力。在俄语学习中，能够流利地说出和正确地写出合乎语法的句子已非易事，如果还要表达恰当、得体，那就更不易了。我们认为，提高学习者言语生成质量的主要因素应该有以下几方面。

一、重构目的语的语言规则体系

人类语言是一个按规则组成的系统，各语言之间虽然也存在共性，但不同的语言系统其构成方式和规则体系是不尽相同的。在我国，俄语学习者是在习得了汉语语言系统，形成汉语语言习惯的基础上学习俄语的，因此，学习俄语就意味着要重构一个新的语言规则系统。俄语学习者重构俄语语言系统不同于汉语语言规则系统的内化过程，汉语语言规则是在自然的语言环境下随着语言习得者认知能力的发展而完成的，即语言与思维能力同步形成。而俄语语言规则的重构主要依赖俄语课堂的教授和学习，其重构过程是在母语语言规则系统的影响下进行的，这反映在两种语言相互迁移的过程中出现的一系列问题上。在俄语学习中，语言迁移主要指学习者在用俄语进行交际时，试图借用或无意识地运用母语的词义、结构规则或文化习惯，再用目的语的形式表达思想的一种现象。这种现象在俄语学习中十分常见。归纳起来，主要有以下几种表现形式：正向迁移、负向迁移、语间迁移和语内迁移、交际迁移和学习迁移。

第一，正向迁移。正向迁移是指一种学习对象对另一种学习对象的积极影响和促进。这种情况大多发生在母语与目的语之间的相同之处，表现为学习者的母语能帮助学习者学会和掌握俄语中的某些项目。这种正向迁移现象经常发生在词义完全等同的语言现象中。例如，一些单义词的词义：亚洲—Азия，物理—физика，书—книга等。还有一些汉—俄语言中表示相同或相似意义的聚合体，如表示亲属关系的聚合体：отец—父亲，мать—母亲，сын—儿子，дочь—女儿；表示职业的聚合体：учитель—教师，рабочий—工人，врач—医生，шофёр—司机，архитектор—建筑师；表示反义结构的聚合体：сильный强的—слабый弱的，друг朋友—враг敌人，подняться上去—спуститься下来。

第二，负向迁移。负向迁移是指母语的一些语言因素对目的语学习的干扰。这时母语不但不能帮助学习者学习俄语，反而在一定程度上会阻碍俄语学习中新知识的掌握。这种负向迁移经常发生在两种语言现象中既有联系又有区别的情况下。例如，在汉语和俄语中表示昼夜时间名称的聚合体：俄语中没有专门表达上午、下午这两个时间的名词，所以只能用до обеда，после обеда的短语形式来代替。再如，在汉语和俄语中表示基数词位数的词的聚合体：俄语中没有专门表达“万”和“亿”的数字，所以只能用десять тысяч，сто тысяч，以及десять милионов，сто милионов等表示万、十万、千万、亿的位数。再来看俄语中词的组合意义：汉语中“外国护照”“外国习俗”“外国商品”，同为“外国的”这一形容词的组合搭配，在俄语中却是由三个不同的词表示：иностранный паспорт（外国护照）、иноземные обычаи（外国习俗）、заграничный товар（外国商品）。汉语中坐车、坐船、坐飞机，用同一个动词“坐”，在俄语中则是用三个不同的动词表达：ехать на автобусе（坐车）、плыть на теплоходе（坐船）、лететь на самолёте（坐飞机）。俄语前置词的灵活运用更是让一些中国学习者不得要领。例如，房间钥匙—ключ от комнаты、中学同学—товарищ по средней школе、圆桌会议—собрание за круглым столом、公费医疗—лечение за счёт государства、新年献词—слово к Новому году。上述这些短语看起来都属于一般的名词与名词之间表示所属关系的词组，翻译成俄语后应该是一样的，但事实并非我们所想象的那样，它们运用了各不相同的前置词。上述这些语言现象都属于两种语言的负向迁移，它直接或间接影响了中国学习者的俄语学习。

第三，语间迁移和语内迁移。语间迁移和语内迁移的概念是根据迁移内容的来源界定的。语间迁移发生在不同的语言之间，即母语内容迁移到目的语中的现象或目的语内容迁移到母语中的现象都可称为语间迁移，上述所举的例子便是语间迁移。迁移还可能在一种语言之内发生，它主要指在学习过程中学习者先前学习过的知识与技能对新学的知识与技能的获得产生影响的这一现象。语内迁移可以出现正向迁移和负向迁移现象。例如，当学习者学习了阳性名词复数第二格的变化规则，如журналов（杂志）、студентов（大学生）、пионеров（奠基人），就可以把这一规则运用到学习者未曾学过的复数第二格名词变化中，这种情况属于语内的正向迁移。可是如果把这一规则推导到стул（椅子）、друг（朋友）、брат（兄弟）等词的复数第二格中，则属于语内的负向迁移，即对规则的过度概括。再比如，我们学会了учитель русского языка（俄语教师）、урок русского языка（俄语课），有时也会出现过度概括规则的错误：экзамен русского языка（俄语考试）。

第四，交际迁移和学习迁移。当学习者激发母语去理解或运用外语的时候可能会出现两种迁移情况。一种迁移只在说话和理解话语时发生，即学习者利用母语去实现暂时和个别的交际目的，或帮助理解目的语的意思，这种迁移称为“交际迁移”。另一种是学习中的迁移，它是指学习者使用母语知识来构建有关目的语规则的“中介语”系统，也叫“学习迁移”。可见，交际迁移是语言使用中的反映，学习迁移是知识系统和认知结构的反映。实际上语言使用也是知识系统和认知结构的反映，所以两者之间并非泾渭分明。交际迁移也可谓是一种学习迁移的反映，两者相互渗透，相互作用，共同促进语言的发展。那么语言迁移过程中出现的这种既不是母语，也不完全是目的语的语言是一种什么样的语言？塞林克（L. Selinker）给这种语言做了概念界定，称其为“中介语”。

塞林克认为，由语言迁移产生的不完全正确的言语——中介语，是不断发展变化的。它随着学习者对目的语的掌握而不断发展变化，逐渐向目的语的正确形式靠近。这个变化发展过程呈阶段性，大体可分为四个阶段：第一阶段是无规律性的错误阶段。这一阶段，学习者只是模模糊糊地意识到目的语有一种特殊的系统知识，而自己又缺乏这种知识。此时学习者的目的语输出大部分是错的，只是偶然碰巧时才对。这一阶段，错误的出现没有任何规律性。第二阶段为突生阶段。这一阶段学习者的语言输出逐渐地变得前后一致，这时学习者已开始辨识系统并内化某些规则。虽然这些内化的规则从标准的目的语角度来看并不是很正确，但学习者却感觉它们是合理的规则。学习者在这一阶段的语言系统很不稳定，容易倒退到第一阶段。一般来说，在这一阶段当学习者的错误被指出时，他无法说明为什么自己会这样说，当被告知语言出现错误时也无能力去改正。第三阶段为系统形成阶段。这一阶段学习者的语言运用表现出更多的一致性。虽然这时他所内化的目的语的一些规则不是十分完全，但却是连贯的，是比较接近目的语系统的。这一阶段的明显特征是学习者的错误只要稍稍被指出，他便能自行更正。第四阶段为稳定阶段。这一阶段学习者的语言错误相对比较少，他们已经基本掌握了目的语系统。语言运用比较流利，表达意义也没有什么问题。这一阶段的特征是学习者无需他人指出自己便能纠正语言运用中的错误，学习者的语言系统趋于稳定，所犯的错误只不过是由于疏忽大意或是由于一时紧张而忘记运用某条已知的规则而造成的。

二、明确言语结构与功能的关系

语言作为人类的交际工具，它具有语言形式和语言功能的双重价值。一方面，语言在形式上有一定的规律性，变化相对比较稳定，并且可以脱离语境而单独地进行分析和解释。在言语活动中，语言的社会功能、语言结构、语言系统与语言的发展规律紧密相连。而语言结构本身及其发展潜能由语言社会功能相关联的社会因素所预先决定，因此，社会因素不是在抽象的语言系统中，而是表现在具体的、综合的言语情境中。这些因素在言语活动中都拥有自己的表现形式，它们必须通过言语活动才能实现其对语言的影响。也就是说，只有通过言语活动这一中介才能看出这些社会因素在语言中的反映。另一方面，语言又具有可变性特征，它是一种变化不定的话语，在不同的交际环境中体现为不同的语言功能，表现为不同的交际意义。功能语言学中有关结构与功能之间关系的研究成果说明，语言不仅是一个有结构有规则的系统，同时在社会交际中还有其自身的功能。

语言结构和语言功能是语言的两个不同方面，语言结构是针对语言本身而言，是语言的规则体系；语言功能是针对语言在社会交际中的使用而言，是语言的社会作用。从理论上讲，当我们有话要说的时候应当实话实说，因为这样做既容易表达自己的思想，又容易使交际对方理解自己的话语。在幼儿的话语里，语言结构通常是直接反映语言功能的，这说明幼儿总是实话实说。在成年人的话语里这种语言环境也是存在的，例如，在专题讲座、学术报告中由于说的内容属理论阐述或信息交流，报告人运用的语言手段是直接表达思想内容的，这时语言结构也是直接反映语言功能的。然而，在大多数的语言环境中，由于交际双方的职业、社会地位、性别、性格、年龄等的不同，又由于社会交往中说话的目的通常不是命令某人做某事，而是为了使听话人改变或接受某种观点，因此说话人就要注意语言的表达方式，通常要用一些含蓄的、间接的，甚至是故意违背合作原则的话语来表达自己的思想。这就需要听话人根据语境来判断说话人所说内容的真实含义，使交际获得成功。

这样一来，语言结构和语言功能之间便存在一种多重性的关系。在交际过程中，同一语言结构在不同的交际环境中可以有不同的语言功能；而同一语言功能在不同的交际环境中也可以用不同的语言结构来表达。由此可见，在言语交流中，要使自己的语言准确、流利、恰当、得体，就必须注意语言形式和语言功能之间的关系，学会在不同的社会交往中，根据不同的环境说不同的话。

在言语表达过程中，有两个概念要弄清楚：一是遵守语言的形式规则，也就是说，讲出来的话、写出来的文章语法要正确。如果语法混乱，别人看不懂、听不明白，也就达不到交际目的。二是遵守语言使用规则，即在具体的交际情境中怎样使用语言。如果表达出来的话语只符合语言形式规则，而不符合使用规则，同样也达不到交际目的。

在母语学习过程中，由于语法规则是在自然的言语交际情境中习得的，语法规则的习得伴随着相应的语言使用规则同时获得，二者同步进行，融为一体。在母语习得过程中，人们从来就没有感受到语法规则习得的不易，以及语言使用规则习得的艰难，直到开始学习外语时，对此才有了真正的感受。恰恰是象形文字的汉语使人们所养成的语言习惯影响了对屈折语——俄语的学习，甚至有很多人都按照汉语的思维习惯，无视俄语的词尾变化，认为只要把单词连在一起，话语的意义就产生了。这样做的结果反倒人为地延长了俄语语法规则学习的期限。此外，俄语学习大部分是在课堂上进行的，由于缺乏自然的真实言语交际情境，语法规则的学习和语言使用规则的掌握往往出现脱节现象。虽然学习者有时也自认为学到了不少的语法规则，并且对这些规则的运用也还算自如，但是一旦进入真实的言语交际情境中，不仅语言使用规则运用不尽如人意，就连语法规则在急于表达交际意图的过程中也变得磕磕绊绊起来。究其缘由，多半是因为缺乏语言使用规则知识，语法规则尚在学得状态，仍没有达到习得的程度。

三、了解目的语国家的思维方式

俄语学习者说出的话语是否恰当、得体主要取决于他们对俄罗斯文化的了解和掌握程度。从心理学角度来说，这其实是一种思维方式的转换，因为语言与思维是密切相连的。思维是人们对客观世界的概括和反映，它通过大脑的分析、综合活动，概括出客观世界的意义并形成概念。语言是对人们思维所概括出来的概念的命名，并用以交流思想。由于各民族的宗教、政治、历史、生活经验、风俗习惯、地理环境、物质生活条件等的不同，人们对客观世界的概念，以及概念划分的方式也不同。反映在语言上就呈现为各民族语言之间语义概念的差异。正如苏联心理语言学家别利亚耶夫所认为的：思维反映客观现实，不同民族反映的客观现实远不是等同的。各民族有其不同的历史，他们生活在不同的地理环境中，相互存在悬殊的物质条件，因此，反映客观现实的概念系统也是不同的。不同的民族不可能用完全相同的概念进行思维。既然思维是建立在各民族对客观世界的不同认识上，那么要说出恰当、得体的话语，就必须了解俄罗斯人的思维方式。而要了解俄罗斯人的思维方式，就必须走进这个民族的思想境地。那么，这个民族的思想境地在哪里呢？毋庸置疑，它全部积淀在这个民族的文化之中。可以说，俄语学习的最大的困难就在于学习者要掌握与母语的概念体系不完全一致的俄语的概念体系。如果俄语学习者是成年人，在俄罗斯以外的国度里学习俄语，其困难程度要增加几倍，因为他们已经形成了用母语概念思维的习惯。

四、进行大量的言语实践活动

（一）口头言语的生成过程

幼儿语言习得主要是通过模仿与转换最终完成的，俄语学习者熟练的言语机制的形成同样也离不开模仿和转换这两种方法。尤其是在教学过程中学习者学习说话时，模仿更是必不可少的。大量的言语实践活动可以把学习者的言语能力导向一个新的发展水平。

说的言语行为是在自然条件下，人与人之间用口语形式传递信息的过程。俄语学习中说的学习活动与自然条件下人与人用说的形式传达信息虽然同属说的言语行为，但说的性质有所不同。学习过程中的说是一种操练式的说，它是根据学习进程，依据所学语言结构、句型或话题内容，在课堂学习中进行大量机械性的仿说；进而替换句子成分，进行复用式地练习说；然后运用句型在新的情境中进行创造性的交际说，即机械性式仿说—复用式练习说—活用式交际说。这三个过程说明，说的能力的形成在学习中大致可分为三个水平阶段。这三个阶段是说的能力从低级向高级发展的形成过程，前者是后者的基础，后者总是在前者的基础上发展，逐渐脱离学习训练的特征，走向说的自由运用阶段。在学习过程中，这三个阶段是一个动态的循环过程。也就是说，针对每一个句型或每一个话题的说的训练过程都是一个圆周式的动态循环过程。诚然，操练意义的说是人为地在课堂上创造出一种模拟的交际情境，句型可能是事前规定的，交际信息可能是双方互知的，交际行为可能是事前设计的，交际过程也可能是在教师指导下进行的，甚至在交际过程中还可能是有提示的。的确，这样的说距离真实意义的交际的说还有相当一段距离，但却是必要的，它是走向真实交际的必不可少的训练过程。

虽然，俄语的句子是无限的，但句型是有限的。句型是句子的基本框架结构，它反映语言中具有一定代表性的句子结构。学习一门语言不可能学会说所有的句子，况且语言还是一个动态发展的体系。如果我们能掌握句子的基本结构，就可以根据交际情境，运用句子的基本结构创造出无数个句子。可见，掌握句型是学好俄语的关键环节之一。但是，掌握了句型结构并能流利地说出它们，这只能说明我们说的句子本身是正确的和流利的。要完全实现准确、流利、得体的表达能力，就必须把句子应用到实际情境中去，根据交际情境，创造性地进行话语表达。

（二）书面言语的生成过程

如前所述，一旦我们以动机激发为言语生成起点的话，那么，言语生成的过程就是遵循动机—思维—内部言语—外部言语的规律并逐步转换的过程。这个过程是复合的、动态的，它需要在动机的驱动下，形成自己的思想后，调动长时记忆中存储的信息，把内部言语中谓语化、习语化的结构转换成能被他人理解的，即句法合理、发音清晰的言语。在这个过程中，思维和言语的关系似乎是穿越一系列层面的运动：从激发一种思维的动机至思维本身的形成，先是在内部言语中呈现，然后在语义中选择恰当的词，最终在言语中用词语表达出来。请看下面这个例子：

Болезнь по причинам

Люди болеют по многим причинам.

Специалисты говорят, что иногда на здоровье ребёнка влияет неправильное воспитание.Если человека в детстве слишком много хвалили или ругали, то, когда он становится взрослым, он часто завидует другим, старается доказать, что он не хуже других. В школе такой подросток часто обижает слабых.

Врачи считают, что завидовать чужим успехам и чужому счастью нельзя. Это разрушает нервную систему человека и является причиной многих болезней.

Может ли сам человек бороться с такой болезнью? “Да,” —говорят специалисты. Для этого нужно всегда контролировать себя, честно оценивать свои способности, свои таланты. И всегда искать причины неудач в самом себе, а не в других людях.

病 因

人们生病的原因是多方面的。

专家们说，有时不正确的教育会影响孩子的健康。如果一个人在童年时被过多地夸奖或责骂，当他到成年时就会经常嫉妒别人，并努力证明他不比别人差。在学校这样的少年会欺负弱者。

医生们认为，嫉妒别人的成绩和幸福是不可以的，这会破坏人的神经系统，这也是许多病的根源。

人可以自己医治好病吗？“可以的。”专家们说。要做到这一点应该经常进行自我反思，实事求是地评价自己的能力、自己的天赋；同时要经常从自身寻找，而不是从其他人身上寻找失败的原因。

（选自普通高中课程标准实验教科书《俄语》人民教育出版社，第2册，第3课）[87]

我们以这篇文章为例，按照维果茨基的言语生成观来分析言语生成的过程以及每个阶段的言语特征。

第一个阶段是动机激发，即作者受社会环境的驱使，或身边所发生事物的影响，产生要写一篇关于健康方面的文章的动机。此时，其言语意旨是模糊的。

第二阶段是思维的产生，即作者在动机的驱使下产生了言语意旨。此时，作者确定基本的交际题目“Болезнь по причинам”（病因），接下来作者要确定交际话题和话语类型。从这篇文章的内容中可以看到，作者并没有从医学角度将得病的多方面的原因一一道来，而是选择当前社会较为突出的问题——青年人心理疾病产生的原因，作为文章写作的焦点和切入视角，即从心理学视角解释其与人的生理之间的关系，从科学分析中得出令人信服的原因，从而达到交际目的。这说明，作者在构思这篇文章时是站在社会学角度讨论青年人的心理健康问题，其核心词“Болезнь”（病）的语义内涵是引申的，其话语一定具有科学性的分析与解释的特点。

第三阶段是内部言语的编程。在这一阶段，作者要确定该篇文章的具体结构和内容。在本篇文章中，作者分为四个自然段阐述了该问题。第一段："Люди болеют по многим причинам."（人们生病的原因是多方面的。）。作者首先肯定了标题的观点，这是一般科学分析论题的常见结构。紧接着在第二段的首句"на здоровье ребёнка влияет неправильное воспитание"（不正确的教育会影响孩子的健康）中，作者把话题内容明确了下来，并直指病因。之后在第三段中直接借用医生的科学分析阐述问题"Врачи считают，что...（医生们认为……）"。最后在第四段提出"Может сам человек бороться с такой болезнью"（人可以自己医治好病）的结论。其实在写作中，内部言语阶段是作者确定言语计划的阶段，也就是作者要确定文章框架结构，制订文章计划。例如：

（1）Люди болеют по многим причинам.

（2）На здоровье ребёнка влияет неправильное воспитание.

（3）Врачи считают，что...

（4）Может сам человек бороться с такой болезнью.

第四阶段是外部言语阶段。这时作者要选择合适的词、短语、结构、句型等言语形式表达该话题。

我们看到，在第一段中只运用了一个句子："Люди болеют по многим причинам."（人们生病的原因是多方面的。）。作者采用一般阐述式言语形式给所提论题一个肯定答案，以此证明自己提出的观点。在第二段中，作者借用专家的观点进一步证明自己所提观点的正确性："На здоровье ребёнка влияет неправильное воспитание."（不正确的教育会影响孩子的健康。）。在这里作者运用了Если（如果）、слишком много（过多地）、или（或者）、то（那么）、когда（当）等关联词、副词、连接词等层层深入地介绍了发生该病的原因。在这里作者运用如下结构：на здоровье влияет...（影响健康），хвалили или ругали（夸奖或责骂），завидует другим...（嫉妒别人……），старается доказать...（努力证明），обижает слабых（欺负弱者）来进行科学分析，最终阐明了专家的观点："Специалисты говорят，что цнома на здоровье ребёнка влияет неправильное воспитание.Если человека в детстве слишком много хвалили или ругали，то，когда он становится взрослым，он часто завидует другим， старается доказать， что он не хуже других. В школе такой подросток часто обижает слабых."。

第三段作者进一步借用医生的分析证明自己提出的观点的正确性。该段第一句用“Врачи считают...”（医生们认为……）这样的肯定句式表示以下观点的权威性。观点1：“завидовать чужим успехам и чужому счастью нельзя.”（嫉妒别人的成绩和幸福是不可以的。）。观点2：“Это разрушает нервную систему человека.”（这会破坏人的神经系统。）。观点3：“Это является причиной многих болезней.”（这也是许多病的根源。）。在这里运用了“нельзя завидовать”（不能嫉妒）、“разрушает нервную систему”（破坏神经系统）“является причиной”（是原因）等肯定式结构阐明了来自医生的研究成果。

在第四段中，作者在完成了来自专家和医生的分析之后，运用疑问句提出问题：“Может ли сам человек бороться с такой болезнью?”（人可以自己医治好病吗？）。同时，运用了肯定式的方式：“‘Да，’говорят специалисты.”（“可以的。”专家们说。）。这样，作者便回答了自己在篇首提出的问题，从而帮助一些人通过正确认识自己，正确评价自己等方式自行医治疾病。同时也阐明了达到这一目标的前提条件：“Для этого нужно всегда контролировать себя， честно оценивать свои способности， свои таланты. И всегда искать причины неудач в самом себе， а не в других людях.”（要做到这一点应该经常进行自我反思，实事求是地评价自己的能力、自己的天赋；同时要经常从自身寻找，而不是从其他人身上寻找失败的原因。）。在这里运用了контролировать себя（反思自己），честно оценивать...（实事求是地评价……），всегда искать причины неудач в самом себе...（经常从自身寻找失败的原因）。最终完成了阐述“Может ли сам человек бороться с такой болезнью? ‘Да，’ говорят специалисты. Для этого нужно всегда контролировать себя， честно оценивать свои способности， свои таланты. И всегда искать причины неудач в самом себе， а не в других людях. ”。

以上我们看到，写作是一个艰苦的思维过程，任何写作都要求作者具有一定的思维能力和驾驭语言的能力。在写作过程中，人们需要运用语言创造性地思维，合乎逻辑地构思，从记忆中搜索各种语言知识来表达自己的思想。在这一点上，用外语写作与用母语写作是相同的。但是，用外语写作比用母语写作更为困难，它不仅要求学习者必须熟练掌握外语拼写、标点、段落分配、文章合理布局等基本知识，还要求学习者具有用外语遣词造句的能力，即准确地造出合乎语法的句子。这需要学习者在学习中进行长期的、持续不断的、有效的训练。然而，对俄语学习者来说，写作的困难还远不止于此。让大多数学习者感到困惑的是，要想写出合乎俄罗斯人思维的文章很难，这一点恐怕是写作能力形成的最大障碍。这是因为，一方面学习者的外语能力有限，他们不得不借助于母语；另一方面是因为学习者早已习惯用母语去思维，他们还没有形成外语思维的习惯。在练习写作的初期，学习者通常在大脑中产生要表达的思想，然后借助于母语找出需要的俄语词汇，再根据一定的语法规则将找出的词汇组成有意义的句子或语段，最后用文字形式表达出来。这样不仅写作的速度会受到影响，而且还常常出现一些汉语式的俄语句子。通过学习者大量的实践，随着其语言能力的提高，对所学语言国家文化的深入了解，写作技能的逐步形成，写作中出现的语法错误会逐渐减少，母语式的句子也会逐渐转换成地道的俄语表达。虽然写和说同属语言产生，都是在同一语言材料的基础上进行表达，但是写受规则支配的性质比说更为明显。写作不仅要求语言正确，逻辑严谨，还要求篇章的结构布局合理，段落分明，篇章内部意义连贯，外部结构衔接得当。这些关于写作的语言特点与说的简练性、省略性等特点形成了鲜明的对比。这就要求学习者在写作过程中要深思熟虑，仔细推敲词、句和段的形式，以及提高谋篇布局的能力和运用修辞手段的水平，充分运用俄语知识和技能来表达自己的思想。由此可以认为，写作能全面提高学习者的语言水平。同时，写作也是检查俄语知识与技能水平的重要手段，每位学习者都应该更好地运用这一手段来提高自己的语言综合能力。

在俄语学习中，写的技能包括书写（письмо）和书面语（письменная речъ）两个部分。书写是指掌握字母的写法，音组、词的拼写法，以及句子中标点符号、大小写规则的运用。这是俄语语言学习初始阶段最重要的学习内容。书面语指的是用书面语的形式表达自己的思想，它是在掌握书写技能的基础上逐渐向语言产生方面过渡的学习过程。可以说，书写是书面语的基础，不掌握俄语的书写技能，难以用俄语文字表达自己的思想。

俄语学习的实践证明：写作为一种学习方式，它具有听、说、读等学习方式所取代不了的作用。第一，从生理学角度讲，写的感官刺激比其他感官刺激的强度更大，所以写特别有助于记忆俄语的词形、语法规则和句子结构。学习中宜多采用写的方式强化在听、说、读中操练过的语言知识。第二，在学习俄语的最初阶段，由于学习者对俄语发音规则掌握得不是很好，词汇量少，又无处借鉴一些构词知识。例如，俄语词的发音与书写有许多不一致的情况，如清辅音浊化、浊辅音清化、辅音连缀、元音弱化等，造成一些书写错误。通过大量写的练习，能使学习者牢固地掌握上述规则，形成正确、熟练的书写技巧。第三，由于写能够用文字保存信息，写也是俄语学习常用的测试方式，这样，写就成为学习者用来反馈自己的学习情况，及时调整学习策略的一种好方法。

参考文献

[1]俞约法.俞约法集[M].哈尔滨:黑龙江大学出版社, 2008.

[2]王光荣.维果茨基与现代心理科学[J].兰州:西北师大学报(社会科学版),2003,40(5):38–41.

[3]高凤兰.俄罗斯心理语言学:A. A. 列昂季耶夫[1]言语活动理论研究[M].长春:东北师范大学出版社,2011.

[4]余震球.维果茨基教育论著选[M].北京:人民教育出版社,2005.

[5] Выготский Л С. Проблема культурного развития ребенка [M]. Москва: Изд. Педология, 1928.

[6] Выготский Л С. История развития высших психических функций [M]. Москва: Изд. Лабиринт, 1960.

[7] Леонтьев А А. Психологические основы обучения РКИ [M]. Москва: Изд. ЕдинториалУРСС, 1981.

[8] Леонтьев А Н. Общее понятие деятельности [M]//Основы теории речевой деятельности. Москва: Изд. ЕдинториалУРСС, 1974.

[9] Леонтьев А А. Основы психолингвистики [M]//Психология для студентов. Москва: Изд. ЕдинториалУРСС, 2005.

[10]高凤兰.论维果茨基心理语言学研究的哲学观[J].东北师大学报(哲学社会科学版),2009,242(6):144–147.

[11] Леонтьев А А. Слово в речевой деятельности [M]. Москва: Изд. ЕдинториалУРСС, 2003.

[12] Леонтьев А А. Языкиречевая деятельность в общей и педагогической психологии [M]. Воронеж: Изд. МОДЭК, 2001.

[13] Леонтьев А А. Теория речевой деятельности на современном этапе и её значение для обучения иностранцев русскому языку [M]. Москва: Изд. РЯР, 1977.

① 此处译名不改，本书其他地方已按《辞海》译为“A.A.列昂节夫”。

[14] Зинченко В П, Мещерядова Б Г. Большой психологический словарь[М].Москва:Изд. РЯР,2003.

[15]Леонтьев А А. Языковое сознание и образ мира[М]//Языки знание: парадоксальная рациональность.Москва:Изд. ЕдинториалУРСС,1993.

[16]Лурия А Р. Языки сознание[М].Москва:Изд.Лабиринт,1979.

[17] Леонтьев А А. Язык, речь, речевая деятельность [М]. Москва: Изд. URSS,2005.

[18]高凤兰.俄语学习论[M].哈尔滨:黑龙江人民出版社,2008.

[19]章兼中.国外外语教学法主要流派[M].上海:华东师范大学出版社,1983.

[20]Ярошевский М Г,Гургенидзе Г С, Выготский Л С.Исследователь проблем методологии науки[М].Москва:Изд. Вф,1977.

[21]Дубровина И В, Недбаева С В. Педагогическая психология: от теории к практике[J]. Педагогика,2008(2):61–69.

[22]Леонтьев А Н, Панов Д Ю. Психология человека и технический прогресс[М].Москва:Изд. ЕдинториалУРСС,1974.

[23] Леонтьев А Н. Об историческом подходе в изучении психики человека[М]. Москва:Изд. ЕдинториалУРСС,1975.

[24]维果茨基.思维与言语[M].李维,译.杭州:浙江教育出版社, 1997.

[25]Выготский Л С.Мышление и речь[М]. Москва:Изд. Лабиринт, 2005.

[26]桂诗春.新编心理语言学[M].上海:上海外语教育出版社,2000.

[27] Шедровицкий Г П. Языковое мышление и его анализ [М]. Москва:Изд. РЯР, 1977.

[28]Гоер А Э, Гоер И Г. Первый период языковой деятельности [М].Москва:Изд. Лабиринт,2005.

[29]李婷婷.中学俄语课堂教学过程与内容有效组合能力的实证研究:基于2008级俄语免费教育师范生教育实习的调查分析[D].长春:东北师范大学,2013.

[30]郭文安.教育学基础知识[M].武汉:湖北人民出版社, 1984.

[31]扈中平.现代教育理论[M].北京:高等教育出版社,2000.

[32]黄甫全,王本陆.现代教学论学程[M].北京:教育科学出版社,1998.

[33]王道俊,王汉澜.教育学(新编本)[M].北京:人民教育出版社, 1989.

[34]张传燧.教学过程新论[J].教育理论与实践,1995(3):14-17.

[35]高凤兰.俄语教育的理论与实践[M].长春:东北师范大学出版社, 2003.

[36]闫承利.素质教育课堂优化策略[M].北京:教育科学出版社,2000.

[37] Леонтьев А А. Психолингвистические единицы и порожение речевого высказывания[М]. Москва: Изд. КомКнига, 2003.

[38] Щукин А Н. Методика преподавания русского языка как иностранного [М]. Москва: Изд. Русский язык, 1990.

[39]Леонтьев А Н.Общее понятие деятельности[М]//Основы теории речевой деятельности.Москва: Изд. Наука,1974.

[40]Попов М И. К вопросу об овладении грамматическими элементами [М]. Москва: Изд. б. и, 2012.

[41] Щукин А Н. Методика прподавания русского языка как иностранного[М]. Москва: Изд. Русский язык, 1997.

[42]Потебня А А.Мысль и язык [М].Киев: Изд.Одесса, 1922.

[43]Потебня А А. Из записок по русской грамматике[М]. Москва: Изд. Лабиринт, 1958.

[44] Жуйков С Ф. Психология усвоения грамматики в начальных классах[М].Москва: Изд. Вф, 1964.

[45] Морозова Н Г. Воспитаниесознательногочтенияу глухонемых школьников[М].Москва: Изд. Вф, 1953.

[46]Леонтьев А А. Слово в речевой деятельности[М].Москва: Изд. ЕдинториалУРСС, 2005.

[47]ЛеонтьевА А. Языкиречеваядеятельностьвобщейипедагогической психологии [М].Воронеж: Изд.МОДЭК, 2001.

[48]张萌,张积家.维果茨基的心理语言学思想述评[J].华南师范大学学报(社会科学版),2006(1):122-128,160.

［49］吕慕樵.俄汉学习词典［M］.北京：商务印书馆，1997.

［50］许高渝.维果茨基和苏俄心理语言学［J］.心理学探新，2001(3)：3–6.

［51］石洛祥.中国英语学习者惯用语块习得研究［D］.重庆：西南大学，2009.

［52］马克西姆.汉俄惯用语对比研究［D］.长春：吉林大学，2012.

［53］辞海［M］.上海：上海辞书出版社，1979.

［54］Понгильская А Ф. Усвоение грамматического строя русского языка учащимися младших классов школы глухонемых［J］. Педагогика，1982：5-20.

［55］Зимняя И А. Педагогическая психология［M］. Москва：Изд. ЛОГОС，2005.

［56］Пятницкая А М. Образцовая типография［M］. Москва：Изд. Пешковский Госиздат，1922.

［57］Гальперин П Я. Развитие исследований по формированию умственных действий［M］. Москва：Изд. Лабиринт，1948.

［58］Эльконин Д Б. Экспериментальный анализ начального этапа обучения чтению［M］. Москва：Изд. Русский язык，1989.

［59］Леонтьев А А. Психолингвистика и проблема функциональных ед иниц речи［M］. Москва：Изд. ЕдинториалУРСС，2005.

［60］Формановская Н И. Речевоеобщение［M］. Москва：Изд. Русский язык，2002.

［61］Смирнов В А.Проблемы логики научного познания［M］.Москва：Изд. Искусство，1964.

［62］Станиславский К С. Статьи. Речи. Беседы. Письма［M］. Москва：Изд. Искусство，1953.

［63］高凤兰，曲志坚.语法教学的反思及基本理念的构建［J］.中国俄语教学，2009，28(1)：73–77.

［64］张奇.学习理论［M］.武汉：湖北教育出版社，1999.

［65］Беляев Б В. В сб.：Тезисы докладов межвузовской конференции на тему［M］.Москва：Изд.Язык и речь，1962.

［66］施良方.学习论［M］.北京：人民教育出版社，2001.

［67］Леонтьев А А. Психологические основы обучения неродному языку［M］.Москва：Изд. МОДЭК，2001.

［68］赵艳芳.认知语言学概论［M］.上海：上海外语教育出版社，2001.

［69］胡壮麟.语篇的衔接与连贯［M］.上海：上海外语教育出版社，2001.

［70］Гальперин И Р. Текстракобъектлингвистического исследования［M］.Москва: Изд. URSSЮ，2016.

［71］Руднев В П. Словарь культуры XX века. Ключевые понятия и тексты［M］. Аграф，1998:164–167.

［72］Красных В В. Основыпсихолингвистикиитеории коммуникации［M］.Москва：Изд. Русский язык，2001.

［73］Клюхина И В. Словарь литературных терминов［M］. Москва：Изд. ВАКО，2012.

［74］史铁强.俄语专业阅读教程 1［M］.北京：高等教育出版社，2006.

［75］黑龙江大学俄语系.俄语 2［M］.北京：外语教学与研究出版社，1998.

［76］黑龙江大学俄语系.俄语 3［M］.北京：外语教学与研究出版社，1998.

［77］王金玲.俄语泛读［M］.长春：吉林人民出版社，2000.

［78］人民教育出版社俄语部.俄语 4［M］.北京：人民教育出版社，2007.

［79］黑龙江大学俄语系.俄语阅读 2［M］.哈尔滨：黑龙江教育出版社，1993.

［80］人民教育出版社俄语部.俄语 5［M］.北京：人民教育出版社，2007.

［81］黑龙江大学俄语系.俄语阅读 1［M］.哈尔滨：黑龙江教育出版社，1993.

［82］罗国莹，刘丽静，林春波.语用学研究与运用［M］.北京：中国书籍出版社，2013.

［83］王利众，雷玉梅，项男.科技俄语教程［M］.哈尔滨：哈尔滨工业大学出版社，2015.

［84］史铁强.俄语专业阅读教程 2［M］.北京：高等教育出版社，2006.

［85］黑龙江大学俄语系.俄语 1［M］.北京：外语教学与研究出版社，2002.

［86］阮福根，达曼华.俄语泛读 1［M］.上海：上海译文出版社，1983.

［87］人民教育出版社俄语部.俄语 2［M］.北京：人民教育出版社，2007.

图书在版编目（CIP）数据

俄语教与学的心理过程研究 / 高凤兰著. -- 南宁：广西教育出版社，2022.1
（中国外语教育研究丛书 / 刘道义主编）
ISBN 978-7-5435-8767-0

Ⅰ. ①俄… Ⅱ. ①高… Ⅲ. ①俄语-教学研究 Ⅳ. ① H359.3

中国版本图书馆 CIP 数据核字(2019)第 272562 号

策　　划：黄力平　　装帧设计：刘相文
组稿编辑：黄力平　　责任校对：钟秋兰　叶　冰
责任编辑：罗丽娜　　责任技编：蒋　媛
封面题字：李　雁

出 版 人：石立民
出版发行：广西教育出版社
地　　址：广西南宁市鲤湾路 8 号　　邮政编码：530022
电　　话：0771-5865797
本社网址：http://www.gxeph.com
电子信箱：gxeph@vip. 163. com
印　　刷：广西壮族自治区地质印刷厂
开　　本：787mm×1092mm　1/16
印　　张：20.25
字　　数：320 千字
版　　次：2022 年 1 月第 1 版
印　　次：2022 年 1 月第 1 次印刷
书　　号：ISBN 978-7-5435-8767-0
定　　价：48.00 元

如发现印装质量问题，影响阅读，请与出版社联系调换。